# LES JARDINIERS DE L'ÂME

www.editions-jclattes.fr

Martine Roussel-Adam

Avec la participation de Véronique Stevens

# LES JARDINIERS DE L'ÂME

## Innover pour donner leur chance aux enfants en difficulté

Préface de Serge Tisseron

JC Lattès

Maquette de couverture : Atelier Didier Thimonier
Illustration : Hélène Crochemore

ISBN : 978-2-7096-3706-0


Première édition octobre 2011.

*À mes parents,*
*pour la richesse de leurs relations humaines,*
*les valeurs qu'ils m'ont inculquées et leur soutien indéfectible.*

*À Pierre, Laetitia, Dorothée, Joanna, Marie et Thomas,*
*pour qu'ils sachent qu'un monde plus humain est possible*
*et qu'ils aient envie de participer à sa construction.*

## Sommaire

# PRÉFACE

## Une résilience construite sur l'empathie

C'est possible ! Voilà le formidable message que veut nous faire passer Martine Roussel-Adam et elle y arrive. Il est en effet devenu banal aujourd'hui de dire qu'il faut « s'indigner » : des inégalités insupportables, de l'injustice partout présente, des formes d'oppression ouvertes ou masquées dont les pires sont celles que nous finissons par ne plus voir tellement nous y sommes habitués. Mais comment passer de l'indignation à l'action concrète ? Martine Roussel-Adam a pris son bâton de pèlerin pour aller à la rencontre de plus de cent initiatives qui ont tenté de franchir ce pas, et elle nous en rapporte dix projets qui concernent des pays aussi divers que l'Inde, la Suisse, la Sierra Leone ou la France. D'abord, elle évoque le cas des enfants confrontés brutalement à une situation terrible : l'urgence est de les aider à cicatriser leurs blessures et à les dépasser. Dans un deuxième temps, nous sommes invités à découvrir des projets qui visent à rendre l'estime de soi et le goût de la rencontre à des enfants marginalisés par leur milieu d'origine ou leur isolement culturel. La troisième partie aborde la question des adolescents et des jeunes adultes confrontés à des situations économiques catastrophiques et au risque de la délinquance : c'est alors l'espoir qu'il faut leur rendre et la confiance en eux-mêmes pour qu'ils puissent s'engager en même temps dans un projet de vie et un projet professionnel. Enfin, les deux dernières parties analysent les facteurs de bien-être et les conditions de réussite des projets eux-mêmes afin que leurs bénéficiaires aient une chance de trouver leur place dans la société.

Car tous ces projets partent d'une juste indignation : que des enfants puissent être laissés au bord de la route, celle de la vie sociale, affective, professionnelle ou tout simplement cantonnés dans une existence de souffrance comme les jeunes cancéreux auxquels des clowns rendent visite dans leur chambre d'hôpital. Tous contribuent à leur manière à lutter contre l'exclusion en essayant à la fois de connaître, de comprendre et de favoriser la création de liens nouveaux qui permettent un nouveau départ. Ils font prendre conscience à des enfants en difficulté ou en souffrance de leurs possibilités et leur redonnent confiance en eux et dans le monde.

Ces diverses composantes, nous le savons aujourd'hui, contribuent ensemble à édifier ce qu'on appelle la résilience, c'est-à-dire la capacité de surmonter un traumatisme, et/ou de continuer à se construire dans un environnement défavorable.

Les chemins qui y conduisent sont nombreux, mais semés d'obstacles. Citons-en quelques-uns : croire qu'il s'agisse d'une aptitude que certains posséderaient et d'autres pas, prétendre la prédire, penser que les chemins que nous privilégions pour nous reconstruire seraient forcément bons pour les autres, ou encore idéaliser la création et ignorer le clivage comme moyen défensif utilisé aussi bien par les agressés que par les agresseurs. C'est que derrière le mot de résilience, trois théories bien différentes sont à l'œuvre[1]. La première, qui a correspondu aux travaux des pionniers, a eu l'immense mérite d'attirer l'attention sur la possibilité de surmonter de graves difficultés dans des conditions *a priori* défavorables. Mais elle pourrait faire courir le risque de diviser l'humanité en deux : ceux qui posséderaient cette qualité et les autres. D'autres chercheurs ont alors proposé d'envisager la résilience non plus comme une qualité, mais comme un processus permettant à chacun de devenir résilient à condition d'y être aidé. Mais, sur ce chemin, un autre danger guette : celui de penser que tout le monde peut construire sa résilience en suivant les mêmes étapes, comme si celle-ci était un chemin balisé. Heureusement, une troisième vague de travaux a rompu avec ces approches en considérant la résilience comme une force – ou si on préfère une aptitude – que chacun possède à un degré ou un autre. Cette force est ce qui nous permet de négocier avec les ruptures de l'environnement et les bouleversements intérieurs qui en résultent. Et pour éviter toute confusion, l'orthographe du mot change : ce n'est plus la « résilience », mais la « résiliance »[2].

C'est dans cette ligne que se situent ceux que Martine Roussel-Adam appelle si justement les « jardiniers de l'âme ». Ils nous montrent que chacun peut être porteur d'un changement, mais à condition de savoir mobiliser tous les partenaires concernés, de près ou de loin. C'est la condition indispensable pour que leurs bénéficiaires soient toujours appréhendés de façon globale : au physique et au mental, dans leurs dimensions émotionnelle et affective, mais aussi du point de vue de leur intégration dans leur famille et leur communauté. C'est ici que le rôle des innovateurs sociaux prend tout son sens. Proches du terrain, ils connaissent à la fois les problématiques et les acteurs locaux. Car le changement fait peur. Impliquer les communautés, leur offrir la possibilité de s'exprimer sur leurs craintes et attentes est essentiel à la réussite des projets. Mais tout cela ne suffit pas encore. Il y faut aussi une assise financière durable et une validation de son impact social. Le double regard de Martine Roussel-Adam, en tant que chef d'entreprise et présidente d'association, s'avère ici précieux. Elle invite les structures sociales à se « professionnaliser », à assurer la pérennité de leurs actions et à s'allier avec d'autres acteurs afin de pouvoir ensemble coconstruire le changement.

À un moment où il est beaucoup question de dépister précocement les enfants supposés « à risque » avec le danger de les stigmatiser durablement, ces projets montrent que des alternatives existent et fonctionnent, et qu'elles n'ont pas l'ambition de remplacer les politiques publiques, mais de montrer le chemin. En outre, à un moment où l'entrepreneuriat social est parfois accusé de se mettre au service d'une vision hyper individualiste du développement personnel et social, ces projets sont autant de preuves qu'il existe des réalisations qui mettent au premier plan le caractère indissociable de l'individu et de son milieu, les pratiques de coopération et la valorisation de l'interdépendance. Car telles sont les clés pour bâtir notre monde futur.

Y a-t-il un mot qui en résume tous les aspects ? Oui, c'est celui d'empathie. Une empathie qui ne consiste pas à s'apitoyer sur le sort de gens qui vivent à des milliers de kilomètres de nous – et que nous ne verrons jamais autrement qu'à travers notre écran –, mais à partir à la rencontre de ceux que nous côtoyons chaque jour. Une empathie qui n'est pas seulement le fait de se mettre à la place de l'autre, mais d'en être curieux. Une empathie, enfin, qui ne cherche pas une image de soi chez l'autre, mais qui accepte de se confronter à l'étranger qui sommeille en chacun de nous. Cette attitude est exigeante. Elle implique de reconnaître à autrui le droit à l'estime de soi, et la liberté d'aimer et d'être aimé selon ses choix. Dans sa forme complète, cette empathie est même inséparable du fait de nous découvrir nous-mêmes à travers le regard qu'autrui porte sur nous et de remodeler nos repères en tenant compte de son avis[3]. La plasticité psychique en est évidemment une condition essentielle, ainsi que le renoncement au désir de contrôler l'autre. Pour parvenir à ce résultat, les projets présentés ici privilégient le jeu, l'activité physique, le sport, le travail sur le corps, l'art et l'humour. Beaucoup de ceux qui en ont bénéficié témoignent d'ailleurs de leur désir de donner et de transmettre à leur tour en se tournant vers la formation, devenant ainsi les pionniers d'une chaîne de solidarité et de coopération ininterrompue qui ne se réclame d'aucune autre nécessité que l'appartenance à la vaste communauté des hommes.

Serge TISSERON
Psychiatre, docteur en psychologie HDR

# INTRODUCTION

## De la marge brute aux sourires d'enfants

Un homme au regard lumineux, aux mille rides comme autant d'émotions à partager, parle encore et encore de l'Inde, des enfants orphelins, des veuves et surtout comme un leitmotiv de la beauté et de la dignité des pauvres. Il émaille son discours d'expressions qui résonnent au plus profond de votre cœur « Tout ce qui n'est pas donné est perdu[1] » ; « L'Inde est riche de pauvres gens » ou encore « Il faut allumer des étoiles dans les yeux de ces enfants abandonnés de toutes parts ». Ceux qui écoutent le père Ceyrac sont bouleversés. Et je fais partie de ceux-là.

La vie nous éloigne parfois fortement de notre vocation première. Adolescente, je me rêvais « médecin sans frontière » et je suis devenue chef d'entreprise accrochée à une frontière : celle de la marge brute.

Pendant dix-huit ans, j'ai dirigé deux sociétés que j'avais créées dans le domaine de l'information juridique et du conseil par téléphone. Chaque année, nous nous fixions des objectifs toujours plus hauts, nous réfléchissions à la stratégie à moyen terme, élaborions des plans d'action, mettions en place toutes sortes d'indicateurs, c'était très excitant !

Sur le plan familial, j'avais aussi de grandes satisfactions. Trois enfants avec le lot quotidien de joies, et parfois de soucis, mais tant de bonheur à les voir évoluer, à les accompagner dans leur ouverture au monde et à l'humanité, et à partager avec eux des moments de complicité.

Ma vie aurait pu continuer sur cette lancée gourmande en temps, où l'instant présent prenait le pas sur une recherche, pourtant bien ancrée en moi, autour du sens profond de l'existence. Dans les rares moments où je parvenais à arrêter le tourbillon, cette quête se faisait plus lancinante... Quel sens trouver à mon action ? Comment la chef d'entreprise que j'étais pouvait-elle apporter sa contribution pour que le monde soit un peu plus juste ?

Un jour que je confiais mes interrogations à une amie, elle me dit : « Je connais quelqu'un en Inde... »

L'Inde, qui a cristallisé tant de rencontres essentielles à mon parcours et a tracé ma route vers *Chemins d'enfances*, l'association que je dirige aujourd'hui, puis vers ce livre.

Il y eut d'abord Pierre Ceyrac, ce missionnaire jésuite français qui œuvre en Asie pour les plus défavorisés depuis plus de soixante-quinze ans. Lorsque je le rencontrai pour la première fois à Paris, j'eus immédiatement la volonté de soutenir ses actions et je l'interrogeai sur la façon de m'y prendre. Il répondit humblement : « Venez nous voir, regardez, écoutez, sentez. » Et d'ajouter, plus bas : « Je sais que vous trouverez. »

## Le pays où sont cachés les secrets de l'âme[2]

Je pars donc en Inde au mois d'août 2000. Pendant quinze jours nous sillonnons le Tamil Nadu où le père

Ceyrac mène de nombreux projets. Les longs trajets en voiture sont l'occasion de parler des heures durant du pays, de sa culture, de ses traditions et surtout des enfants en difficulté, leur beauté, leur fragilité, leurs besoins. Il m'explique l'importance du développement de l'être dans toutes ses dimensions. Grâce à sa longue expérience, il a pu suivre l'évolution des enfants malmenés par la vie. Pour sortir à l'âge adulte du cercle infernal de la misère, il faut avoir reçu une éducation bien sûr, mais aussi savoir que le bonheur peut exister. Permettre à un enfant d'expérimenter, ne serait-ce qu'une fois, la joie de vivre est un cadeau pour toute sa vie.

De retour à Paris, et malgré la reprise de ma vie trépidante, une foultitude d'images défile dans ma tête, scènes de rues dans l'effervescence des grandes villes, visages entrevus, artisans, mendiants, regards d'enfants… Une nuit, l'une d'elles s'impose : une petite bâtisse dans un quartier très pauvre de Madras. Le bruit y est infernal : grondement des moteurs, klaxons de voitures, camions et « auto rickshaws », ces petites motos à trois roues qui pétaradent dans toute la ville. Pas une place pour jouer ou même être au calme. Une cinquantaine d'enfants sont assis en tailleur dans une pièce de 25 $m^2$, un livre sur les genoux. Ils portent un uniforme blanc et marron. Les filles ont des rubans assortis dans les cheveux. Rassemblés là pour les cours du soir et malgré la chaleur accablante, ils répètent en chœur les leçons de façon très appliquée. Je me rappelle la question que je n'ai pas pu retenir : « Et après, où vont-ils jouer, où dorment-ils ? » Je revois la mâchoire du père Ceyrac se contracter dans une expression douloureuse : « Ici même, nous n'avons aucun autre lieu que cette pièce pour ces enfants des slums [bidonvilles] de Madras. » Le sentiment d'impuissance de cet homme, qui pourtant donnait tout, m'a profondément marquée.

L'idée jaillit alors comme une évidence : offrir aux enfants démunis un endroit pour courir, jouer, respirer un air non pollué, si possible près de la mer. J'appelle le père Ceyrac. Il acquiesce immédiatement. Quelques semaines à peine lui suffisent pour trouver un lieu calme et aéré au bord de la côte de Coromandel, à une soixantaine de kilomètres au nord de Pondichéry. Son nom est prémonitoire : Paraman Keni, le lac de la transcendance. Avec un ami, nous arrivons à financer le terrain puis les constructions. C'est le début d'une grande aventure.

Au cours des trois années suivantes, tout en continuant mes activités, je m'échappe, dès que je le peux, vers l'Inde pour faire avancer notre projet de centre de vacances pour les enfants orphelins, abandonnés ou en situation d'extrême pauvreté[3]. Nous établissons les plans, achetons une machine à fabriquer les briques avec la terre du pays, faisons participer les villageois tout en les formant à la maçonnerie et en 2003, après de multiples péripéties, la construction est achevée. Mêlant tous les dieux d'Orient et d'Occident, la cérémonie d'inauguration est un pur moment de bonheur partagé, rassemblant des centaines d'enfants dévalant de tous les coins, par cars entiers.

Mais, au milieu de la jubilation générale, je décèle, dans le regard des enfants, quelque chose de beaucoup plus important que le simple plaisir de bénéficier d'un bel espace : une sorte de satisfaction profonde, presque solennelle. Comme si les choses avaient trouvé leur juste place. Et cela m'ouvre les yeux. Les rapports qu'ils entretiennent avec les adultes sont toujours verticaux. Ceux-ci décident de leur vie sans leur demander leur avis. Dans le meilleur des cas, ils leur offrent le gîte et le couvert ainsi que la possibilité d'aller à l'école, mais la relation est toujours du haut vers le bas. Avec ce nouveau centre de vacances où ils vont pouvoir s'amuser et faire autre chose qu'apprendre, ils sentent que leurs besoins d'enfants ont été pris en compte. En clair, les adultes ont su faire preuve d'empathie.

Il y a là, je crois, quelque chose de fondamental pour tous ceux qui accompagnent des enfants, parents ou éducateurs. Savoir déceler l'attente profonde de l'autre, sans se préoccuper de savoir si, de son propre point de vue, cela pourrait sembler superflu. L'empathie est bien cette capacité à percevoir avec précision ce que Carl Rogers appelait « le cadre de référence de l'autre[4] », autrement dit comprendre, et par extension accepter l'autre, dans son altérité.

Rentrée en France, les notions de progression de chiffre d'affaires, de marge brute, de résultat net avant impôt m'apparaissent bien pâles lorsque je me remémore les longues routes indiennes bordées de flamboyants, traversées par de maigres vaches nonchalantes, et les yeux pleins d'espoir et de gaieté des enfants du Centre. Mon désir de renforcer les actions en leur faveur se fait de plus en plus pressant.

Et puis, hasard ou coup de pouce du destin, une offre m'est faite d'acquérir les entreprises dont je suis encore en partie actionnaire. La décision est difficile à prendre. Remettre en d'autres mains ce qu'on a bâti jour après jour, quitter les équipes avec lesquelles des aventures passionnantes ont été partagées, renoncer à un certain statut social, nécessitent une vraie réflexion. Mais, après obtention de garanties sur la continuation de l'entreprise et le maintien des principaux collaborateurs à leur poste, je finis par sauter le pas. Au passage, j'y gagne une grande leçon d'humilité : l'amitié qu'on nous témoigne chaleureusement dans le milieu professionnel est parfois plus due à notre posture sociale qu'à notre personne !

Quand je relis le passé, je m'aperçois avoir vécu alors une succession de rencontres qui sont venues à point nommé pour répondre à mes préoccupations. Un ami, originaire du nord de l'Inde, me fait découvrir les résultats extraordinaires obtenus grâce à l'expérience du Libre progrès de l'école de l'Ashram de Sri Aurobindo à Pondichéry. Laisser à chacun la possibilité de progresser à son rythme, de prendre conscience de ses domaines de prédilection dans le développement harmonieux de tout son être. Un autre ami, un Français marié à une Indienne, qui a ouvert plusieurs écoles fondées sur cette même pédagogie m'explique : « Un enfant c'est comme une fleur, donnons-lui simplement la possibilité de s'épanouir. » Avec eux, je comprends combien chaque enfant est porteur d'un trésor. L'éduquer, c'est lui permettre de répandre cette richesse.

## Une nouvelle page s'écrit…

Et voilà que, sur ces prises de conscience en toiles de fond, l'émotion d'un instant donné va jouer un rôle déterminant dans mes choix futurs.

À l'occasion d'un voyage dans la région de Bangalore, au sud-est de l'Inde, je suis touchée par une femme remarquable qui, paralysée des deux jambes à la suite d'une poliomyélite, a décidé de sortir de la réclusion dans laquelle elle était enfermée pour se consacrer à l'amélioration du sort des personnes handicapées. La visite de son centre terminée, nous nous apprêtons à repartir, nous sommes pressés. Mais soudain mon attention est attirée par des sons qui émanent de l'arrière des bâtiments. Je m'éloigne subrepticement du groupe, comme aimantée par la musique. Et ce que je vois et entends me fige sur place : de jeunes adolescents, tous handicapés, dansent et chantent ensemble dans une joie et une solidarité incroyables. Les handicaps sont de différentes natures, et chacun donne le meilleur de lui-même avec ce qu'il peut utiliser, les bras, les jambes, le souffle. Le spectacle a quelque chose d'unique qui me transporte d'émotion. Au-delà de leurs grandes difficultés, je comprends que tous ces enfants peuvent éprouver un bonheur sincère, si on leur donne l'occasion d'exprimer leur créativité.

À ce moment précis, j'ai su le défi auquel je voulais désormais m'attaquer : donner une chance à chaque enfant, à chaque jeune de trouver sa juste place dans la société, en s'appuyant sur la partie valide, au sens physique ou psychique, de son être. Il n'y a rien de plus injuste que ces centaines de millions de vies à peine commencées et déjà frappées par des difficultés considérables, que celles-ci proviennent de maladies ou handicaps, de guerres, de mauvais traitements, de situations de violence, d'extrême pauvreté ou d'exclusion… Ce ne sont pas tant les causes qui importent, car, malheureusement, nous sommes le plus souvent impuissants à les faire disparaître, tout au moins à court terme. En revanche, nous devons pouvoir agir sur les conséquences.

Cette volonté chevillée au corps me mènera quelques années plus tard à la création de *Chemins d'enfances*, association qui soutient, financièrement et par apports de compétences, des structures œuvrant pour le mieux-être des enfants en difficulté.

Dès cette époque, je commence une recherche approfondie sur les innovations dans le domaine de l'épanouissement des enfants ou des jeunes fragilisés. Mes sources sont diverses : rencontres au fil des voyages, bouche à oreille, navigation sur Internet, réseau de *Chemins d'enfances*. Je m'appuie aussi sur la sélection rigoureuse d'entrepreneurs sociaux innovants réalisée par Ashoka, organisation internationale dont j'ai, avec d'autres, soutenu le développement en France.

J'ai pu ainsi rencontrer des personnes extraordinaires qui, hors des sentiers battus, luttent au quotidien pour permettre aux enfants en situation de fragilité de retrouver la gaieté, la joie de vivre, le goût d'apprendre, d'imaginer et la possibilité de se réconcilier avec eux-mêmes et leur entourage.

Utilisant des vecteurs non conventionnels comme l'humour, le jeu, les activités artistiques, ils se mettent en lien direct avec le cœur de chaque enfant, lui montrent qu'il est aimé, unique et important, et lui font éprouver des moments de bonheur. À une aide souvent cantonnée aux biens matériels, ils substituent une approche globale de l'individu qui intègre aussi ses besoins affectifs, psychologiques, cognitifs et sociaux. Pour qu'il puisse s'insérer de façon positive et durable dans la société.

Dans ces instants dérobés à la souffrance du quotidien, l'enfant puise de nouvelles ressources pour se développer plus harmonieusement. Autant de graines d'espoir qui germent petit à petit et lui confèrent, pour toute sa vie, des références sur lesquelles il pourra s'appuyer.

S'occuper de ces jeunes malmenés par la vie nécessite beaucoup d'attention, d'amour, de patience et de créativité. Il faut aussi savoir composer avec la soudaineté, parfois la violence des circonstances extérieures et garder la volonté inébranlable de faire émerger le meilleur de chacun. Avec la même passion que les jardiniers, qui, jour après jour, veillent à révéler la beauté de chaque fleur. Ces personnes, capables de cultiver des semences de lumière en chaque enfant, de faire comprendre que la souffrance n'est pas une fatalité, que le bonheur est toujours possible et que chacun sur cette terre a un rôle à jouer, je les ai appelées *les jardiniers de l'âme*.

## Des découvertes à partager

Il n'était pas possible de garder pour moi ces découvertes passionnantes. J'ai eu envie de les partager et ce, de la même façon que je les ai vécues, comme des récits vivants. Derrière les dix projets présentés dans cet ouvrage, c'est d'abord un homme ou une femme que vous allez rencontrer. C'est souvent leur propre histoire qui les a conduits, à un moment donné, à quitter le confort d'une pensée dominante pour expérimenter des pistes nouvelles face à des problèmes qu'eux-mêmes avaient vécus. Jour après jour, ils en sont venus à inventer des solutions, les affinant, les travaillant sans répit jusqu'à obtenir des résultats exemplaires.

Limiter le choix à dix n'a pas été facile car, parmi la centaine de projets étudiés, beaucoup étaient porteurs de concepts puissants (voir en annexe « Autres initiatives remarquables : tour d'horizon »). Avec la petite équipe qui m'a assistée dans la rédaction de ce livre, nous avons eu des débats animés pour sélectionner les cas. Notre choix n'a pas été guidé par la volonté de présenter les modèles parfaits que chacun devrait imiter, mais plutôt de montrer, tant par le type d'enfants ou de jeunes soutenus que par les lieux géographiques ou l'approche utilisée, la diversité de la palette des réussites possibles. Tous les projets choisis ont en commun d'être porteurs d'un changement sociétal. Les uns sont plus axés sur l'aide à surmonter l'adversité et à renouer avec la vie, d'autres combattent l'exclusion et apprennent à mieux vivre ensemble et le troisième groupe propose des solutions innovantes pour aider les jeunes à bâtir un projet de vie et s'insérer dans la société. Après l'analyse de ces dix « moments forts », nous cherchons à dégager, avec l'appui d'experts de différents domaines de l'enfance et de la psychologie, les facteurs qui favorisent le mieux-être des enfants ainsi que les conditions de réussite des projets eux-mêmes.

Ce livre n'a pas la prétention de fournir de recette miracle au très grave problème de société qu'est le fait de laisser tant de jeunes sur le bord de la route, de ne pas trouver les moyens de leur permettre de construire leur juste place dans la société. Il a pour objet d'apporter des éclairages nouveaux grâce à des dynamiques menées avec succès par des gens de terrain, engagés à cent pour cent. Innovateurs, prêts à surmonter tous les obstacles, ils montrent que des solutions existent. Face à l'impuissance des pouvoirs publics à résoudre ces problèmes, ne sont-ils pas porteurs d'un vrai changement ?

# I.

# SURMONTER L'ADVERSITÉ POUR RENOUER AVEC LA VIE

Les quatre premiers projets abordent des situations d'autant plus difficiles à surmonter pour des enfants qu'ils les subissent sans en comprendre la raison. Un événement les frappe et les prive de l'insouciance de leur enfance et souvent les coupe des autres : une situation insupportable qui conduit droit à la rue, l'hospitalisation, le deuil d'un parent, un divorce, ou encore l'enrôlement comme enfant-soldat.

Les initiatives présentées dans cette partie visent à les aider à faire face à ces réalités, à cicatriser peu à peu leurs souffrances et à les dépasser. Elles parviennent à transformer ce qui aurait pu mettre en échec durablement l'enfant en événement qui le fait grandir et l'aide à renouer avec la vie.

Partant de l'Inde, où *Nanban* arrive, à travers toute une palette d'approches, à redonner confiance aux enfants des rues, nous irons ensuite en France, dans les couloirs de l'hôpital, où de petits patients attendent leurs amis, les clowns hospitaliers du *Rire médecin*. Puis en Suisse où de jeunes enfants ayant vécu la perte d'un être cher apprivoisent progressivement, avec *As'trame*, leur « nouvelle famille ». Enfin la dernière étape nous emmènera en Sierra Leone où des ex-enfants-soldats dansent avec *David Alan Harris* pour réapprendre à vivre.

## James Sebastine
## *Nanban*, Inde

# Favoriser la résilience chez les enfants des rues et agir en prévention, à travers le ludique et l'entraide

> « Arrêtons de considérer les enfants comme des objets d'assistance et intéressons-nous à eux en tant que sujets. Aidons-les à s'exprimer à travers des activités ludiques et artistiques. Encourageons leurs capacités à aider d'autres enfants ! »
>
> James Sebastine

***Les enfants des rues vivent et dorment dans la rue et n'ont plus de contact avec leur famille d'origine. Généralement, ils ont moins de quinze ans. Souvent ils ont été abandonnés à cause de la misère, la famille ne pouvant assumer une bouche de plus à nourrir ou à la suite d'un décès ou d'une séparation, plus personne ne pouvant s'occuper d'eux. Parfois, ils ont fugué du fait de mauvais traitements au sein du foyer familial, à l'école ou dans le cadre de l'apprentissage. La raison de l'abandon peut aussi être le handicap : l'enfant coûte cher et ne fournit aucune sécurité pour entretenir les parents lorsqu'ils seront âgés. Comment, si jeunes et si seuls, ces***

***enfants se débrouilleront-ils pour survivre ? Les dangers sont innombrables et les chances de se construire bien minces. On considère qu'un enfant des rues âgé de huit ans a seulement une chance sur deux d'atteindre l'âge de douze ans[1].***

***James Sebastine a connu de près la vie de la rue en Inde. En créant l'Association*** **Nanban,** ***il veut donner à ces enfants et ces jeunes confrontés à la solitude et aux dangers l'opportunité d'une seconde vie. Et surtout agir en amont auprès des enfants « à risques » et de leurs parents pour prévenir ce fléau.***

Lors de mes voyages en Inde, j'ai visité de nombreux centres d'accueil pour les enfants des rues. Même si leur travail est, le plus souvent, remarquable, les résultats ne sont pas toujours à la hauteur des attentes. Ils remédient aux questions les plus urgentes – maladie, saleté, violences – mais ne traitent pas le problème de fond. Du coup, certains enfants retournent à la rue car ils se sentent mal à l'aise dans ces structures qui ne répondent pas à leur besoin fondamental : combler le vide abyssal qu'ils ont au fond d'eux-mêmes. Sans bien comprendre qui ils sont ni où ils vont, ils se sentent enfermés et sont de nouveau attirés par la liberté, pourtant illusoire, de la rue.

Ils retrouvent alors un rituel malheureusement familier. Le jour, ils essaient de récolter quelques pièces en triant les ordures à la recherche d'objets à revendre, en proposant de menus services comme laver les voitures, porter des paquets, surveiller des voitures en stationnement ou encore en mendiant. En moyenne, les gains de ces enfants ne dépassent pas 20 centimes d'euro par jour, ce qui correspond tout juste au prix d'un bol de riz. Ils sont donc souvent amenés à voler au risque d'être battus ou emprisonnés.

La nuit est encore plus dangereuse. Ils doivent se cacher des plus grands, prompts à leur dérober le peu qu'ils ont gagné mais aussi des adultes qui bien souvent abusent de ces proies faciles. Leur sommeil est léger car ils doivent toujours rester sur leurs gardes. Fatigués, affamés, souvent violentés, ces enfants sont atteints de toutes sortes de maladies. Pour essayer de tenir le coup, ils basculent dans la drogue et l'alcoolisme.

Comment permettre à ces enfants de sortir de cet engrenage infernal ? Comment les aider à reprendre goût à la vie après tant de souffrances ?

À la recherche de réponses à ces questions, je m'étais adressée, il y a sept ou huit ans, à une association spécialisée dans la problématique des enfants des rues[2]. Je voulais savoir si, quelque part sur le globe, il existait des organisations s'occupant de ces enfants, pas seulement sous l'angle matériel et scolaire mais aussi sous celui de leur mieux-être. Quelle ne fut pas ma surprise de me trouver réorientée vers l'Inde ! À l'extrême sud du Tamil Nadu existait une association qui, depuis de nombreuses années, axait toutes ses actions sur l'épanouissement global des enfants des rues !

J'ai visité l'association à Madurai et je me suis longuement entretenue avec James Sebastine, son directeur. Nous avons parlé de résilience, cette « capacité à réussir, à vivre, à se développer en dépit de l'adversité » comme la définit Boris Cyrulnik[3]. À l'époque j'avais eu la chance de rencontrer ce célèbre spécialiste de la résilience. Il m'avait notamment appuyée pour la formation de jeunes en partance pour un chantier humanitaire en Inde. J'ai pu organiser un déjeuner à Paris entre les deux hommes : le neuropsychiatre français et le travailleur social indien, tous deux marqués par une enfance douloureuse. Ce fut un moment d'échanges passionnant et chaleureux.

## *Nanban*, comme « ami »

Ayant passé une partie de son enfance dans la rue, James connaît bien ce monde et ses problèmes. Alors qu'il était gamin, il a été accueilli plusieurs fois dans de sinistres orphelinats indiens. Ce qui l'a le plus frappé ? Ce ne sont pas tant les punitions, il pouvait accepter la privation de nourriture pendant deux jours ou les coups s'il avait fait une bêtise ou avait désobéi. Le plus dur pour lui, c'était l'absence totale d'écoute et de sourire. Et le maître absolu s'appelait : la cloche ! Chaque fois qu'elle retentissait, il fallait se précipiter pour passer à l'action suivante. C'est elle qui gouvernait toute la vie de ces centres. Aucune place pour la fantaisie, la créativité ou l'imaginaire. Il a souvent fugué, préférant encore la rue à la sévérité et la rigidité de ces organismes. Et pourtant, chaque fois il y revenait. Pourquoi ? Sans doute cette petite voix intérieure qui lui soufflait que seule l'éducation pouvait le sortir du cycle infernal de la misère.

Il s'acharne tant sur le travail qu'un de ses professeurs finit par le remarquer. Pour la première fois, quelqu'un s'intéresse à lui. Il lui trouve d'ailleurs des qualités de profondeur et de compassion si exceptionnelles qu'il lui conseille de devenir prêtre. Pourtant James n'en est pas convaincu. Jusqu'au jour où arrive dans son école un prêtre espagnol. Il se souvient encore de son nom : Emiliano Diaz. « J'ai été très impressionné par le fait qu'un homme blanc, de belle prestance, se déplace de si loin pour rencontrer des enfants indiens d'origine modeste. Qui plus est, il parlait notre langue : le tamoul », raconte James. C'est sans doute ce qui provoque le déclic. « Si cet homme est capable de faire tant de kilomètres et d'efforts linguistiques pour venir en aide aux enfants indiens, alors moi, qui suis l'un d'entre eux, comment pourrais-je rester sans agir ? »

Il a alors quatorze ans. La voie religieuse lui paraît être le meilleur moyen d'y arriver. Il avoue, avec un sourire malicieux, qu'une autre raison a joué un rôle non négligeable dans sa décision de devenir prêtre. « Quand j'étais face à mon plat de riz blanc, fade et sans saveur, le même à chaque repas tous les jours sauf le dimanche, et que les effluves parfumés des mets des prêtres me parvenaient aux narines, je me disais qu'ils avaient le plus beau métier du monde ! »

Sa vocation trouvée, il travaille très dur pendant plus de douze ans. En plus des études théologiques, qui le mèneront à la prêtrise, il passe un diplôme de sociologie. Au moment du choix de son sujet de mémoire, il n'a aucune hésitation : les enfants sans famille obligés de vivre dans la rue.

Pour les comprendre encore mieux, il décide de retourner lui aussi dans la rue pour partager la difficulté de leur quotidien. Des liens forts se créent. Puis arrive le jour où il a terminé son étude. Pour leur dire au revoir, il réunit les enfants autour d'un goûter. Mais les visages sont fermés. La tristesse est pesante. « Alors tu nous abandonnes ? » finit par lancer un des enfants. James leur explique que non, qu'il reviendra les voir. Mais chacun sait que ce ne sera plus pareil. James réfléchit longuement. Les prendre en charge lui semble trop lourd pour ses épaules. Et puis il est temps maintenant pour lui de penser à son propre avenir.

Un mois plus tard, il passe en voiture devant un arrêt de bus. Il pleut à verses. À travers l'épais rideau de pluie, il aperçoit tout à coup la silhouette de Muthu, un jeune enfant des rues qu'il connaît bien, trempé et grelottant de froid. James l'interpelle et lui demande ce qu'il fait là. La réponse est sans équivoque : « Où veux-tu que j'aille ? Il n'y a nulle part où aller. » James reste sans voix. En un éclair, il se rend compte que le sens et le défi de sa vie est de donner leur chance à ces enfants abandonnés. Lui-même sait bien que, sans certains adultes qui ont su lui tendre la main, il ne serait jamais là où il en est aujourd'hui.

Avec deux amis, l'un hindou, l'autre musulman, il reprend le chemin de la rue. Au début, ils se sentent rejetés. La population se demande qui ils sont, certains les prennent pour des dealers ou des trafiquants d'enfants. En 1990, ils créent un trust (association indienne) pour se doter d'un statut légal. Reste à lui donner un nom. Ce sont les jeunes qui le trouvent : *Nanban*, qui signifie en tamoul « ami ». Ami comme celui qui écoute, sans jugement, ami comme celui qui accueille, ami comme celui qui laisse un espace de liberté et de silence pour aider celui qui a souffert à guérir, à son rythme.

Aujourd'hui James Sebastine est quelqu'un de reconnu au niveau international. Il parcourt le monde pour parler de résilience. Mais il n'est plus prêtre et son visage s'assombrit lorsqu'il parle de la façon dont il a été évincé de la communauté des Frères. Le devoir d'obéissance, il le connaît bien et l'avait toujours respecté scrupuleusement. Mais le jour où on lui a demandé d'arrêter son travail pour *Nanban*, ce fut comme un déchirement. Comment et pourquoi abandonner ceux auxquels il consacrait sa vie ? Il tente de se battre mais un jour d'octobre 2002, il reçoit une lettre émanant du Vatican : il est exclu sans autre explication.

À quarante ans passés, le voilà sans métier ni idéal, écarté comme un malpropre. Et c'est la dépression. Par un hasard heureux, il avait été invité à un colloque en France le mois suivant. Sa première réaction est d'annuler mais les prêtres bretons qui devaient le recevoir insistent pour qu'il vienne. C'est ce qui l'a sauvé. Il rencontre tant de compréhension et d'affection auprès d'eux qu'il se décide à continuer son action, et à faire vivre *Nanban*, coûte que coûte, même sans l'habit.

Deux ans plus tard, il se marie et aujourd'hui vit heureux avec sa femme et ses deux enfants. Non sans humour, il aime à dire : « La résilience, je connais, car j'ai été deux fois résilient ! »

## La confiance, c'est par là que tout commence

La règle d'or de *Nanban* est d'accroître les capacités de résilience des enfants et de développer leurs aptitudes à prendre des décisions éclairées et rationnelles pour les aider à devenir des adultes responsables. Le tout dans un climat d'écoute et d'ouverture. Une seule interdiction : la cloche ! Elle ne sera présente dans aucun des locaux.

Les professionnels de l'association vont à la rencontre des enfants. Ceux-ci ne sont pas faciles à repérer car ils sont méfiants, souvent honteux et se cachent. Mais les douze éducateurs et travailleurs sociaux ont identifié les endroits où ils peuvent se trouver. Chaque jour ils arpentent la gare, les arrêts de bus, le temple Meenakshi Amman (un des plus grands temples du Tamil Nadu), le marché central et les parcs. Ils y passent chacun plus de six heures par jour, surtout très tôt le matin et à la tombée de la nuit. Ils sont aidés par un réseau de cinq mille personnes – conducteurs de rickshaws, de bus, vendeurs à la sauvette, balayeurs – mobilisées pour repérer les enfants seuls. Le plus délicat est d'établir le contact avec eux. « En général il se crée à l'occasion d'un besoin concret du jeune : une plaie à soigner, une faim à soulager », explique James. L'adulte apporte la solution au problème immédiat et essaie alors d'engager la conversation. C'est un travail qui demande beaucoup de patience et d'écoute. Au moindre faux pas, l'enfant se sauve et ne revient jamais.

En établissant un lien amical avec eux, les éducateurs cherchent à connaître la raison pour laquelle le jeune en est arrivé là et cerner si celle-ci est remédiable. Si l'enfant a vécu une crise familiale qui a pu se résoudre entre-temps, ils essaient de le convaincre de retourner dans sa famille. C'est le plus souvent la meilleure solution ou la moins mauvaise. Ils proposent leur aide pour la reprise de contact et tempérer la réaction des parents.

Lorsque les enfants refusent tout contact avec la famille, ils sont invités à se rendre au « centre de transit temporaire ». Là, ils y trouvent une douche pour se laver, une nourriture simple et de quoi se reposer en toute sécurité. Ils ont aussi à leur disposition du matériel pour dessiner et peindre. « La forme et la couleur des dessins en disent souvent plus long que toutes les paroles du monde ! » s'exclame Selvam, directeur opérationnel de *Nanban*. Ils peuvent rester dans ce centre un ou plusieurs jours et, en tout état de cause, en sortir quand ils le veulent. Leur montrer qu'ils sont libres est un élément essentiel pour les inciter à revenir. Tant qu'ils gardent un contact avec *Nanban*, même s'ils font des allers et retours avec la rue, les éducateurs peuvent continuer à les faire réfléchir.

Ils sont ainsi mille cinq cents enfants des rues à passer chaque année par ce centre.

La priorité est de leur redonner confiance en eux-mêmes. Sales, abandonnés par leur famille, chassés de toutes parts, ayant souvent été amenés à commettre des actes répréhensibles, ils s'estiment inutiles, mauvais, bons à rien. Par l'écoute active, l'association leur reconnaît une existence. Peu à peu ces enfants commencent à comprendre qu'ils ne sont pas seuls au monde, que tout n'est pas leur faute et qu'ils peuvent, en tant que personnes, susciter de l'intérêt.

Une fois cette étape franchie, reste à trouver une solution de vie pour eux. Lorsque les familles sont identifiées, les travailleurs sociaux vont leur rendre visite. Ils leur rappellent leurs devoirs de parents, leur expliquent ce que peut ressentir l'enfant et les dangers qu'il encourt. Ils leur montrent que, quoi qu'il ait pu faire, il n'en est pas le seul responsable.

Ce travail pédagogique permet, en moyenne, de replacer un tiers des enfants dans leur famille.

Souvent la raison de la fugue vers la rue est due à un rejet de l'école : maître brutal, élève inadapté à la classe ou souffre-douleur des autres. Une fois que les jeunes ont réalisé qu'ils étaient en droit d'aspirer à un avenir autre que celui de rester dans la rue, les éducateurs essaient de trouver une solution pour qu'ils reprennent l'école, quitte à en trouver une nouvelle, en meilleure adéquation avec leur situation. En 2010, 80 % d'entre eux ont pu reprendre le chemin de l'école. Ils peuvent aussi les orienter vers la formation professionnelle.

Mais restent les cas où la fuite est due à des situations insupportables et inacceptables, comme les violences, l'inceste ou le travail forcé. Sauf changement radical, les enfants ne peuvent alors rejoindre leur famille et sont orientés vers une ONG partenaire ou, pour les filles, dans le centre d'hébergement de *Nanban*.

Celui-ci accueille une trentaine d'adolescentes de douze à dix-sept ans, placées sous la responsabilité d'une « mère ». Les jeunes filles participent à la gestion de leur centre : organisation, ménage, cuisine. Elles vont toutes à l'école. En dehors du temps scolaire, elles bénéficient d'activités destinées à développer leur expression et leur créativité comme la musique, la danse, le théâtre et le sport. Loin du caractère impersonnel de certains pensionnats, chaque enfant du centre est reconnu en tant que personne, avec ses principaux traits de caractère et ses goûts particuliers.

## La joie et l'humour, clés de mieux-être

*Nanban* organise de nombreuses activités ludiques et artistiques : dessin, théâtre, ateliers de danse. « Ce qui compte n'est pas tant l'activité elle-même, explique James, c'est que l'enfant y trouve de la joie car c'est cela qui donne un sens à ce qu'il fait. »

Par exemple, l'association s'appuie sur une variété de jeux de rôle ayant fait leurs preuves, destinés à favoriser la résilience des enfants et à les réadapter à la vie sociale. Elle fait aussi appel à des témoignages d'anciens enfants des rues qui expliquent comment ils ont pu rebondir et ce qu'ils sont devenus.

Dans la pédagogie développée, les jeunes sont également incités à définir leur propre projet. Un des jeux consiste, par exemple, à écrire une « charte de vie » sous la forme de deux bandelettes de papier qui se superposent en forme de croix. Dans la partie inférieure, le passé, dans la partie supérieure, l'avenir. L'horizontale est réservée au présent : ce que je fais aujourd'hui, les difficultés que je rencontre, mes points forts. « L'important, soulignent les éducateurs, est qu'ils comprennent que la solution est en eux. Nous ne sommes que des catalyseurs, une main tendue. » Les enfants bénéficient aussi d'entretiens personnalisés : quels sont mes objectifs à court terme ? Comment vais-je m'y prendre pour les atteindre ? Quels sont les freins à retourner dans ma famille ?

J'ai été frappée par l'ambiance qui y règne. Contrairement à la gravité de la situation vécue, c'est la légèreté qui domine, des éclats de rire fusent ici ou là. James m'explique : « Apprendre à rire de ses erreurs est fondamental. L'humour est un de nos principaux atouts. »

**Quand économique rime avec social…**

Au fil des années se sont greffées d'autres activités dans le périmètre de l'association : un atelier de mécanique, une formation à la conduite de rickshaws, une ferme et une école de boulangerie. Elles permettent de former les jeunes à un métier et de générer quelques revenus.

Le plus remarquable chez James, cet homme à la forte stature et au sourire toujours bonhomme, est l'extrême détermination et la créativité qui se cachent derrière sa grande simplicité. Tout semble couler de source lorsqu'on l'écoute. Et plus on rentre dans le détail de ses actions, plus on découvre une mécanique dont chaque rouage est pensé.

L'exemple de la ferme est très significatif. Ce domaine de cinq hectares, planté de cocotiers, de goyaviers et de fleurs multicolores, abrite toutes sortes d'animaux qui se promènent en liberté. Il y règne une atmosphère de paix et de tranquillité. Un espace rutilant de propreté est réservé aux vaches. Elles sont une soixantaine à produire un lait de bonne qualité qui est vendu aux villageois. Derrière une petite barrière se trouve un enclos où logent les cochons. Une truie allaite trois bébés. « Ils sont nés la nuit dernière », nous chuchote fièrement James. Il ajoute : « C'est grâce aux jeunes qu'ils sont si bien soignés. Ils font un énorme travail. »

Ces jeunes, ce sont les toxicomanes de la rue que *Nanban* accueille et réinsère à travers ce programme. Dans cet environnement magnifique, bien loin de la ville et de toutes ses tentations, ils jouissent de la nature, se concentrent sur des tâches physiques, cultivent les plantes, s'occupent des animaux. Le tout dans un climat serein où ils sont encouragés et se sentent utiles. Le travail avec la nature, son éternel recommencement, leur donne une nouvelle chance de reprendre leur vie en main. Le salaire mensuel versé sur un compte bancaire qu'ils pourront percevoir à leur sortie leur permettra de se lancer vers un nouvel avenir. Et à la ferme tout a une valeur, rien n'est perdu. Les bouses de vaches ramassées quotidiennement sont placées dans une grande cuve, leur combustion donne de l'énergie pour faire cuire les aliments et éclairer la ferme. Quant aux matières restantes, elles sont soigneusement récupérées puis installées dans de grands récipients rectangulaires. Des petits vers jaune pâle y sont jetés. C'est alors à eux de travailler, ils mangent tout ce qui est mauvais et permettent d'obtenir un engrais très pur qui se vendra à bon prix. Enfin les vers grassouillets constituent une excellente nourriture pour les canards et les poules qui, quant à eux, finissent dans les assiettes !

Chez *Nanban*, la vie est un cycle continu. Tout se perpétue, tout renaît sous une autre forme et participe à la réussite globale. Il y a une forme de respect de chaque plante, chaque animal, chaque individu, du plus humble au plus noble. Chacun participe au tout, y compris les jeunes déshérités de la vie qui puisent là une force régénératrice.

Si le principal atout de la ferme est la réhabilitation et l'apprentissage des jeunes, elle est aussi source de financement pour l'organisation grâce à la vente du lait, des animaux et de l'engrais.

## Les clubs d'enfants, pour agir en prévention

Avec le recul de vingt ans d'expérience et toutes les difficultés qu'il a rencontrées pour réinsérer les enfants dans leur famille, toutes les vies brisées dont il a été le témoin, James est de plus en plus convaincu de la nécessité d'agir en prévention. Intervenir dans les zones où règne la misère pour expliquer aux parents, et surtout aux femmes généralement plus à l'écoute, les dangers que court un enfant qui fugue et l'importance de s'entraider pour éviter ce risque. Sensibiliser les enfants à tous les dangers de la rue et les exhorter à ne pas écouter le mirage de pseudo liberté que certains veulent leur faire miroiter.

Il a donc identifié plusieurs bidonvilles à Madurai, le long de la rivière. C'est là que s'entassent les familles qui, attirées par l'espoir d'une vie meilleure, ont migré vers la dernière grande ville du sud-est de l'Inde. Miroir aux alouettes, elles se retrouvent sans travail, ont peu accès à l'eau, à l'électricité et aux soins. Les hommes, dépités par le manque d'opportunité, sombrent souvent dans l'alcool et les femmes sont obligées d'arpenter les routes à la recherche de subsides en échange de menus services comme porter des briques sur un chantier, faire du ménage ou de la cuisine. Du coup, les enfants sont livrés à eux-mêmes. Beaucoup abandonnent l'école car ils ne s'y sentent pas à l'aise et y sont souvent même rejetés par les autres. Contraints à rechercher des petits boulots pour s'occuper et aussi pour contribuer aux dépenses familiales, ils sont alors exposés à la rue et à tous les dangers qui l'entourent : prostitution, drogue, alcool.

Les familles ont tendance à « fermer les yeux » sur cette situation, par ignorance des dangers tout d'abord mais aussi par le besoin impérieux d'argent. Il est difficile de leur faire comprendre qu'aller à l'école, s'exprimer, jouer ne sont pas des pertes de temps pour leurs enfants et que, même si ces activités peuvent induire à court terme un léger manque à gagner, ce n'est rien en comparaison de la construction de leur vie future.

C'est pourtant la tâche à laquelle *Nanban* s'est attelée. Tout d'abord en suscitant la création de groupes de femmes appelés Kalassam, dans lesquels elles peuvent échanger sur leurs difficultés, parler de l'éducation des enfants et de la façon de les protéger. Ces groupes, rassemblant aujourd'hui plus de trois mille deux cents femmes, constituent de véritables relais pour diffuser des informations dans toute la communauté.

Conscientes de la nouvelle force que leur ont apportée les Kalassam, les femmes ont voulu que leurs enfants aient aussi leur propre club. Le mouvement est en marche. Douze clubs d'enfants ont donc été lancés avec le soutien de *Chemins d'enfances*, l'association que je dirige. Il devrait y en avoir vingt l'année prochaine.

En quoi ces clubs diminuent-ils le risque pour un enfant de partir à la rue ? Le club est d'abord un lieu où l'enfant est protégé. Plutôt que de subir de mauvaises influences en traînant dans la rue après l'école, il se rend dans un endroit où il est en sécurité sous la surveillance d'une animatrice.

Il y fait son travail scolaire, est informé sur ses droits et devoirs, aux dangers de la rue et aux moyens d'y résister. Le ludique, à travers les jeux collectifs, les activités artistiques ou sportives, y joue un rôle fondamental. C'est une des raisons qui poussent les enfants à s'y rendre massivement chaque soir. Deux fois par semaine, des malles de jeux sont apportées dans les clubs. Il faut voir le bonheur des enfants dès qu'ils perçoivent le bruit du moteur de la mobylette sillonnant les ruelles encombrées et sales de leur bidonville. Ils sortent alors de partout poussant des cris de joie et courant pieds nus derrière le véhicule ! Arrivés au lieu d'activité, le plus souvent la terrasse d'une maison ou une place de village, les coordinateurs de *Nanban* déploient alors une grande bâche sur le sol et les jeux y sont installés selon une méthodologie bien précise qui s'appuie sur les stades de développement de l'enfant et les compétences de chaque âge[4].

En effet, il ne s'agit pas de présenter des jouets rutilants pour le seul divertissement des enfants. C'est tout un système aux effets psychologiques et sociaux éprouvés, notamment auprès d'enfants en difficulté. La gamme des jeux est prévue de façon à stimuler tour à tour les différentes capacités de l'enfant : cognitives, fonctionnelles, langagières mais aussi les comportements sociaux et les conduites affectives.

Les jeux d'exercice, comme les jeux sonores ou à toucher, tirer, pousser, stimulent le développement psychomoteur et la capacité d'exploration, très peu sollicités dans ces milieux très défavorisés.

Grâce aux jeux symboliques, les enfants découvrent la représentation. Ils peuvent imiter ou imaginer des situations à travers des personnages ou objets divers. Ils peuvent exprimer. Les poupées sont, par exemple, un excellent moyen de faire comprendre d'éventuels mauvais traitements subis.

Les jeux d'assemblage initient à la construction. Ils permettent d'assimiler comment combiner des éléments dans un but précis.

Enfin les jeux de règles apprennent à comprendre et à respecter une consigne, à savoir gagner mais aussi perdre, à élaborer des stratégies. Ils sont aussi un moyen de progresser scolairement sans avoir l'impression de travailler. Comme me le disait, en exhibant deux dés qu'il tenait dans sa main, un garçonnet avec un fier sourire édenté : « Tu vois, maintenant je sais toutes mes tables d'addition. »

Cet ensemble pédagogique et ludique permet de libérer des tensions, de surmonter symboliquement des problèmes et de favoriser la créativité.

Les animatrices ont un rôle clé dans le dispositif. Issues de la communauté, elles sont les médiatrices entre le monde des adultes et l'univers ludique offert aux enfants. Elles veillent au respect de l'espace et du temps de jeu des enfants. La qualité de la relation qu'elles entretiennent avec eux, leur façon d'inviter à jouer sans imposer sont des éléments fondamentaux pour que chacun puisse bénéficier pleinement de l'activité ludique. Elles sont aussi les garantes de la règle.

C'est pourquoi elles ont reçu préalablement au démarrage des activités une formation très complète portant tant sur les aspects psychologiques de l'enfant (représentations de l'enfance, stades de développement, santé mentale) et les valeurs du jeu que sur le fonctionnement d'un centre, le rôle de l'animateur et le travail social et communautaire. *Chemins d'enfances* a missionné un expert dans cet objectif. L'effet a été spectaculaire car il y a eu une vraie prise de conscience des personnes formées. Elles sont devenues nos meilleures ambassadrices au sein de la communauté, ce qui a permis un développement rapide des clubs.

Enfin, le club est une plate-forme d'expression. Dans leur cadre familial, les enfants vivent des situations difficiles dans ces bidonvilles. Par honte ou par peur de choquer les adultes, ils n'osent pas en parler et restent avec leurs souffrances figées en eux-mêmes. Dans le club, ces questions sont nommées et débattues entre enfants. Le fonctionnement est inspiré du Panchayat, mode de gouvernance traditionnel en Inde et au Népal, qui permet une résolution démocratique et participative des questions locales.

Les enfants apprennent à échanger des idées et à décider après avoir écouté les autres. Ils prennent conscience de leurs droits mais aussi de leurs devoirs. Ils acquièrent la volonté de vouloir changer les choses dans leur vie et leur environnement.

### Le club d'enfants : Exprimer et partager

Avec un ami, nous eûmes l'honneur d'être invités au sein d'un club à une réunion, en général privée car elle concerne la gestion entre eux de leurs problèmes.

Une vingtaine d'enfants formant un grand cercle sont assis par terre. Ils sont âgés de huit à quatorze ans, à peu près autant de garçons que de filles. Ils chuchotent entre eux et nous lancent des regards furtifs. Deux petites filles pouffent de rire. Un jeune d'une douzaine d'années, qui semble être le président élu, commence à parler en tamoul. Il a un air solennel. À côté de lui une fillette avec un grand cahier prend des notes. Plus un bruit dans le groupe. Il explique sans doute la présence de deux Français car tous les regards convergent vers nous. La traductrice nous expliquera qu'il leur demande aussi de tenir la séance comme d'habitude, comme si nous n'étions pas là.

Il donne ensuite la parole à un garçon qui se lève et raconte que dans la partie du slum dans laquelle il habite, il n'y a pas d'électricité et que cela est très dangereux le soir pour les enfants car les ruelles sont étroites et peu fréquentées. Il ajoute qu'il y a déjà eu des problèmes mais que les adultes n'ont rien fait. Suit une discussion animée où chacun prend la parole à son tour. Ils sont très attentifs les uns aux autres mais ne sont pas toujours d'accord, parfois même le ton monte sans jamais déborder. Quand les débats sont terminés, le président tranche : la solution est d'écrire une lettre circonstanciée aux autorités locales et de relancer jusqu'à avoir une réponse précise. Il pose des questions : Qui l'écrit ? Qui l'envoie ? Qui relance ? Les mains se lèvent et les rôles sont répartis. D'autres interviennent sur des problèmes d'eau, d'insalubrité ou d'inégalités qui sont débattus et résolus de la même façon.

Et puis c'est une petite fille qui se lève, elle est timide, pas très élégante avec ses cheveux mal peignés et ses vêtements tachés. Elle a les yeux baissés, elle bafouille un peu, elle tord la bouche de façon un peu grotesque. Personne ne s'impatiente, personne ne se moque d'elle. Alors elle commence à s'exprimer, l'émotion la trahit, les larmes coulent. C'est une histoire de violence familiale. Tout le monde l'écoute, elle est totalement portée par le groupe. Quand elle a fini, les enfants témoignent d'expériences similaires et discutent. Ils s'orientent vers la décision qu'une délégation du groupe aille parler aux parents. Quels que soient les résultats qui seront obtenus, on sent déjà la fillette soulagée. Son visage s'est détendu. Elle a pu partager avec d'autres le lourd fardeau qu'elle gardait pour elle. D'un seul coup, elle ne se sent plus seule.

Cet encouragement à la citoyenneté et au partage entre jeunes est une idée très chère à James. Lors d'une conférence récente en Australie[5], il exprimait que les enjeux fondamentaux du mieux-être des enfants en difficulté portent sur le renforcement de leurs capacités et, derrière eux, celles de leurs familles, à résoudre les problèmes dans la communauté. « Il faut encourager l'entraide et le dialogue intergénérationnel, utiliser toutes les forces de créativité artistique pour leur permettre d'exprimer leurs émotions. Nous devons considérer les enfants comme des personnes de droit et non comme des bénéficiaires », martela-t-il sous un tonnerre d'applaudissements.

**Association *Nanban***

**Création** : 1990

**Mission** : Développer des programmes de réinsertion et de prévention à destination des enfants de la rue ou ceux en risque de le devenir. Promouvoir les droits des enfants et des femmes.

**Implantation du projet** : Inde du Sud, Madurai

**Équipe**
– 12 éducateurs et travailleurs sociaux salariés ;
– 5 000 personnes de la société civile mobilisées pour repérer les enfants seuls.

**Bénéficiaires**
– 1 500 enfants accueillis chaque année au « Centre de transit temporaire », dont 33 % seront replacés dans leur famille et 80 % reprendront l'école ;
– 30 jeunes filles accueillies au sein du Centre d'hébergement ;
– 330 enfants accompagnés dans les Clubs d'enfants.

**Finances**
Budget annuel : 1,2 million d'euros ;
Ressources : 70 % donateurs, 30 % ressources propres de l'association.

**Distinctions** : James Sebastine participe à de nombreuses conférences sur la résilience et est connu au niveau international pour son action.

En savoir plus : www.nanbanindia.org

CAROLINE SIMONDS
*LE RIRE MÉDECIN*, FRANCE

## Soulager l'anxiété des enfants hospitalisés par le rire, le rêve et la poésie

> « Après avoir vu disparaître des enfants, après avoir été témoin du chagrin des parents et des infirmières, il m'arrive de sombrer dans le désespoir […]. Très vite pourtant je remonte la pente. Les jours où à l'hôpital le rire et la poésie sont au rendez-vous, je suis folle de joie et sûre de moi […], je sais alors que le jeu en vaut la chandelle[1]. »
>
> Caroline SIMONDS

***En France, un enfant sur deux est en contact avec l'hôpital avant l'âge de quinze ans. Un séjour dans ce lieu est souvent synonyme d'angoisse, de solitude, voire de souffrance. Très vite les enfants désapprennent le rire. Et cette expérience peut influencer significativement leur futur.***

***Comment dire à ces êtres que la vie ne fait pas que des mauvaises blagues, leur rappeler que le soleil brille au-delà des murs gris ? C'est ce que les merveilleux clowns du*** **Rire médecin,** ***l'association créée par Caroline Simonds, s'appliquent à réaliser chaque jour.***

***Leur mission : intervenir auprès d'enfants hospitalisés, non seulement pour les distraire mais aussi pour participer au traitement thérapeutique en apportant des moments de bonheur, au côté du personnel soignant.***

***Ils aident leurs petits patients à continuer d'exister comme des « enfants » avec leur monde imaginaire et leurs émotions, avant d'être des « malades ». Afin qu'ils puissent ensuite reprendre le cours normal de leur vie sans se sentir décalés par rapport aux autres.***

***L'humour est-il si puissant qu'il puisse soulager la souffrance, voire aider à la guérison ?***

C'était dans une petite rue du Marais. En poussant la porte, je me trouvais nez à nez avec un groupe bigarré et désordonné qui semblait sous le charme d'une femme, qui les dépassait tous d'au moins une tête et leur donnait des explications avec force gestes. D'emblée, Caroline Simonds m'interpella avec son léger accent américain en me proposant de m'asseoir au milieu d'eux et j'assistais à la fin d'une formation de « clowns hospitaliers ». À la fois exubérante et d'une grande simplicité de contact, Caroline Simonds est une de ces personnes qui subjugue par sa force de caractère et son enthousiasme et, dans le même temps, vous met en confiance.

## Saltimbanque par vocation

« Je vois mon enfance comme une sorte de sandwich : une tranche d'hilarité, une couche de culpabilité, une tranche d'ennui, une couche de peur, une tranche de rébellion, raconte Caroline Simonds[2]. À l'école je passais 90 % de mon temps à rêvasser. [...] Je m'imaginais vivant dans un monde libre de contraintes, où les humains pouvaient voler. » La tête dans les étoiles et les pieds sur terre, Caroline Simonds a toujours été tiraillée entre le désir de devenir médecin et un goût prononcé pour le milieu artistique. Après un passage bref sur les bancs de la faculté de médecine à New York et surtout un premier stage en milieu hospitalier qui ne correspond pas à son rêve essentiel de « sauver l'humanité », elle choisit de suivre son cœur et s'oriente vers le théâtre. En 1971, la jeune Américaine rejoint la France, où la folie artistique s'exprime beaucoup plus librement que dans l'Amérique conventionnelle de Nixon. Elle n'a pour tout bagage qu'un diplôme de cirque musical. Qu'à cela ne tienne, elle y exerce les métiers les plus divers – chanteuse, musicienne, mime, metteur en scène – et d'une façon générale tout ce qui a trait aux spectacles de rue. Pendant dix-sept ans, elle se produit dans les villes du monde entier avec deux compagnies théâtrales. Elle y incarne la libellule. « C'était une façon d'assouvir mon désir d'avoir des ailes, de grandes ailes irisées », raconte-t-elle. De cette vie trépidante, elle a gardé une énergie sans relâche, une capacité à affronter n'importe quelle situation. De retour à New York, l'année 1988 est le tournant de sa vie. Elle rencontre la compagnie de cirque *Big Apple Circus* et découvre en son sein une unité dédiée qui envoie des clowns à l'hôpital pour distraire les enfants malades, une première à l'époque. La jeune Américaine – qui n'est pas avare de défis – décide aussitôt de s'engager au sein de la *Clown Care Unit*. Elle y passera plusieurs années contribuant avec les autres pionniers à créer le métier de « clown hospitalier ». Loin d'être un simple divertissement pour enfants malades, c'est une nouvelle profession qui est en train de naître. Caroline Simonds perçoit très vite l'importance de structurer l'activité et de mettre en place une déontologie. Les rapports avec le milieu hospitalier gagneraient à être formalisés, et les clowns spécifiquement formés. Comme tous, outre-Atlantique, ne partagent pas ses intuitions et sa vision, la jeune Américaine décide de tenter l'aventure sur le Vieux Continent, dans un pays cher à son cœur où on la laissera construire le cadre *ad hoc* pour l'action des clowns hospitaliers. De retour en France, elle fonde le *Rire médecin* en 1991.

### La vie à l'hôpital

Le séjour à l'hôpital est toujours une période traumatisante pour l'enfant, *a fortiori* lorsqu'il dure longtemps. Quelle que soit la gravité de la maladie, il est particulièrement difficile pour lui de faire face à la douleur, à la transformation de son corps, à des contraintes de traitement qui entravent la possibilité de s'adonner aux jeux et activités propres à son âge.

Lorsque la douleur est présente, elle occupe toute la place, empêche de penser, parfois de parler. Elle interdit de se projeter dans le futur, elle coupe l'enfant de son meilleur allié, son imaginaire, et l'ancre dans un présent sans avenir. C'est une épreuve pour l'entourage car il n'est pas rare de voir des répercussions sur le caractère du malade, de l'irritation fréquente à la dépression. Juguler la douleur est possible mais souvent au prix de médicaments qui fatiguent l'enfant et le mettent dans un état de somnolence.

Indépendamment de la sensation de souffrance, ce corps blessé qui ne répond plus comme avant devient souvent incompréhensible. Les dessins d'enfants montrent qu'ils attachent dans un premier temps une importance démesurée à la zone douloureuse, puis la réduisent, et enfin la font disparaître. La partie malade se trouve désolidarisée du reste et le risque est alors celui du déni. Certains enfants refusent leur maladie tant elle bouleverse le rapport à leur propre corps et au monde. Mal à l'aise dans ce corps étranger, l'enfant peut même parfois refuser les caresses et les baisers. Et l'entourage se trouve à nouveau mis à l'épreuve dans son face-à-face avec la maladie.

Et comment jouer ou lire lorsque l'on doit souvent rester allongé, que l'on n'a qu'un plafond blanc pour titiller son imaginaire, que ses mouvements sont entravés par une perfusion, ou que les traitements en cours vous plongent dans une sorte de léthargie ? La télévision, souvent allumée, est une présence, un lien avec la vie extérieure, mais elle fatigue rapidement. Si un proche est à leurs côtés, les enfants se sentent mieux mais les conversations et les activités sonnent souvent un peu faux. Comme une éponge, l'enfant perçoit l'anxiété et la souffrance de ses parents. Elles s'ajoutent à ses propres inquiétudes, celles sur les possibilités de guérison et surtout la peur du prochain examen médical, de la piqûre ou de la ponction lombaire à venir souvent douloureuse.

Autre réalité à affronter parfois, le bouleversement des liens, à commencer par celui avec les parents, repères essentiels dans la construction de l'enfant. Certains passent par des phases de mutisme, d'autres peuvent se sentir incompris, voire abandonnés. D'une façon générale, l'enfant malade projette sur son entourage, y compris le personnel médical, les contrariétés qu'il peut ressentir, à tort ou à raison.

Malgré toute la qualité des équipes soignantes et l'aide des parents, l'enfant hospitalisé traverse des périodes d'anxiété, de doutes, d'ennui qui effacent les souvenirs d'un passé heureux et entravent son imaginaire.

Un des effets majeurs de la visite des clowns hospitaliers auprès des enfants malades est le retour dans leur vie du

« merveilleux » qui agit sur leur état psychologique. Le rire fait oublier à l'enfant sa douleur et son ennui. Pour quelques instants, il quitte son statut de malade et redevient un enfant comme les autres. Son énergie est toute entière canalisée vers le jeu du clown, ce qui lui demande de s'investir tant physiquement que psychologiquement et intellectuellement. Il est absorbé et le reste ne compte plus. Le fait d'atteindre cet « état de grâce » lui redonne goût à la vie et l'envie de lutter davantage contre la maladie.

## Un parcours du combattant

Les débuts du *Rire médecin* sont très difficiles. Caroline Simonds doit trouver des financements pour lancer son action sur un terrain vierge d'expériences en France et former les premiers « clowns hospitaliers ». C'est le mécénat de plusieurs organismes, notamment la Fondation de France et le ministère de la Culture, qui va lui mettre véritablement le pied à l'étrier. Mais la plus grande difficulté est encore ailleurs : il s'agit de convaincre le personnel soignant des bienfaits des clowns hospitaliers. « Les milieux médicaux sont inquiets de l'arrivée au sein de l'hôpital de personnes extérieures. » Il y a tout d'abord le risque de contamination auprès d'enfants particulièrement fragiles. Les obstacles d'ordre psychologique sont encore plus importants. Pour le personnel hospitalier, c'est paradoxal, voire incongru, de faire entrer la gaieté et la fantaisie dans un lieu où rôde la mort, où les familles sont fragilisées par le lourd fardeau de voir leur enfant gravement malade. Et l'enfant qui souffre, ou qui est peut-être angoissé, aura-t-il la force – notamment lorsqu'il est sous l'effet de traitements lourds – de rire ? En aura-t-il seulement l'envie ? On ne voit pas non plus d'un bon œil l'idée de distraire le personnel médical qui a tant à faire avec les petits malades, outre la pression du métier et la gestion de ses propres émotions.

S'ajoutent à ces inquiétudes les sempiternelles querelles de clocher communes à toutes professions. Qui sont ces nouveaux arrivants qui veulent avoir un rôle dans l'hôpital sans être ni médecins, ni infirmières, ni même psychologues mais simplement en se disant « clowns » ?

Caroline Simonds aime à raconter sa première rencontre avec le personnel du service d'hématologie d'un grand hôpital de la région parisienne. Une vingtaine de médecins et d'infirmières l'attendaient en silence dans une petite pièce froide. De leurs visages émanait un certain agacement de perdre un temps précieux. « Difficile de parler d'humour lorsque quarante yeux hostiles sont braqués sur vous ! Comment arriver à les dérider, à créer le contact ? » Il lui a fallu, ainsi qu'à son coéquipier, beaucoup de tact et de patience. Et d'astuces aussi. Une projection de photos montrant en images la vie d'un clown hospitalier à l'hôpital aura raison des premiers *a priori* en touchant la corde sensible de l'auditoire. Comment ne pas être ému par des sourires d'enfants pourtant alités ou par cette infirmière qui administre une piqûre en toute sérénité, l'attention de l'enfant étant absorbée par un clown qui joue de la flûte ? Très vite les questions essentielles fusent, un peu agressives au départ – « Pourquoi vous appelez-vous docteurs ? » L'atmosphère se dégèle et grâce à des réponses très professionnelles, la confiance s'instaure peu à peu. À chaque présentation du *Rire médecin* à l'hôpital, Caroline s'applique à montrer que les clowns hospitaliers travaillent toujours main dans la main avec le personnel soignant et dans le strict respect du fonctionnement de l'institution.

Quel est le secret de cette collaboration juste ? Avoir la modestie d'abandonner toute initiative si elle n'est pas approuvée à 100 % par le corps médical. À l'instar des échanges de missives entre chambres. Constatant par exemple l'état d'isolement dans lequel se trouvent beaucoup de malades enfermés dans leur chambre, les clowns avaient eu l'idée de les faire communiquer entre eux par le biais de dessins. Un succès immédiat ! Quel bonheur de recevoir une « lettre » écrite à son intention et de commencer à connaître ses voisins de chambre. Dessiner pour correspondre avec les autres enfants est devenue une vraie activité à laquelle les enfants s'adonnaient avec une grande joie, profitant des clowns transformés en facteurs, courant d'une chambre à l'autre pour transmettre les précieuses missives. Jusqu'au jour où une petite fille a ajouté à son dessin quelques lignes. Petit à petit, avec sa correspondante, elles se sont mises à parler de leur maladie, de ce qu'elles ressentaient. Le corps médical a aussitôt vu un risque car la description d'un traitement ou de ses effets, en fonction des ressentis d'un enfant, peut créer des angoisses chez d'autres enfants, notamment parmi les nouveaux arrivants. Les clowns ont donc dû renoncer à cette action.

## Quand Caroline devient Dr Girafe

Caroline m'avait invitée à assister à une journée avec les clowns hospitaliers. Elle m'attendait dans sa « loge » à l'institut Gustave-Roussy, une petite chambre où dorment habituellement les internes de garde. Affublée d'une perruque rose fuchsia, d'une robe blanche à grosses marguerites bleues moulant une poitrine généreuse et laissant découvrir un « panty » turquoise à dentelles auquel est suspendu un canard en peluche qui couine, elle est déjà irrésistible. Son comparse, aux cheveux épais et bouclés retenus par une pince à linges vert prairie en guise de barrette, avec un énorme grain de beauté sur la joue gauche et un pantalon bariolé tombant en accordéon sur les chevilles, ne dépareille pas.

Mais le plus frappant dans leur attitude est leur calme et leur application à se préparer. Étape par étape, ils entrent dans la peau de leur personnage. La vraie transformation se fera avec la pose du nez rouge dont ils m'expliquent le rôle fondamental : « Nez levé », ils sont Caroline et Bruno ; « Nez posé », ils sont Dr Girafe et Dr Jean et changent radicalement d'attitude. Ils prennent une voix, se mettent à gesticuler de façon différente et se chamaillent à tout propos. Tout le monde respecte ce code : médecins, infirmières, parents, enfants. Quelque chose de sérieux à leur dire ? On leur demande de retirer préalablement leur nez, sinon tout sera pris à la plaisanterie. Et le code s'applique aussi entre eux.

Le maquillage fait l'objet d'une précision extrême. Ils choisissent avec beaucoup de minutie chaque pinceau, chaque couleur. Enfin, instant solennel, Caroline met ses oreilles et sa queue détachable et devient… girafe. Depuis qu'elle vient à l'hôpital, elle se prête à ce rituel toujours avec la même concentration et le même bonheur.

Tout en affichant une apparente décontraction, Dr Girafe et Dr Jean surveillent attentivement l'heure. Hors de question de faire attendre les enfants. Plus que sept minutes. À 13 h 55 pile, ils sortiront de leur loge et s'avanceront bruyamment vers les chambres. Chaque mardi et chaque jeudi, les petits malades égrènent les minutes dans l'attente de leur divertissement favori. Reste que la première visite des clowns est pour l'infirmière-chef, c'est l'incontournable « transmission clown ». Sous le sceau du secret médical, le cas de chacun des enfants est passé en revue : son prénom, son sexe, son âge mais aussi l'évolution de sa maladie, sa fatigue, son état psychologique, la douleur qu'il ressent, l'état d'esprit de ses parents. Depuis vingt ans qu'elle vient à l'hôpital, Caroline et le personnel médical se comprennent à demi-mot. Elle suit même certains enfants dans la durée car malheureusement les récidives ne sont pas rares.

## Clown hospitalier, un métier

Aujourd'hui, l'association qu'elle a fondée est présente dans trente-sept services pédiatriques en France. Les clowns interviennent toujours en duo pour élargir la gamme de mises en scènes et se soutenir en cas de baisse d'énergie, pour donner le meilleur à chacun des petits patients lors du spectacle improvisé et personnalisé qui lui est donné. Le jeu des relations entre les deux clowns évolue entre l'affection, l'amour, les disputes, la haine et place souvent l'enfant en situation d'arbitre entre eux. Chansons, musique, tour de magie, théâtre…, les clowns hospitaliers arrivent avec leur répertoire multiforme et leurs fameux dons d'improvisation sachant que chaque visite du binôme se fait dans le respect de l'enfant, de son état, de son humeur et de son rythme.

La régularité des interventions, à raison de deux journées chaque semaine, rythme le quotidien des enfants, des familles et du personnel soignant, tout au long de l'année. Ce rituel est précieux pour les enfants en hospitalisation longue durée à qui il apporte une vraie bouffée de bien-être et contribue aussi à leur donner des repères. Si l'enfant doit subir un examen difficile, la perspective de la visite des clowns le lendemain l'aidera à passer le cap.

Tous les mois, les quatre-vingt-sept clowns du *Rire médecin* se réunissent pour échanger des informations et idées. C'est un moment de ressourcement et de consolidation des équipes. Parallèlement ils reçoivent une formation continue qui intègre des aspects à la fois médicaux et psychologiques, en plus du perfectionnement de leurs techniques artistiques.

La spécificité de leur mission à l'hôpital impose une grande exigence dans le choix des candidats. Caroline Simonds se souvient encore de la sélection des premiers clowns. Elle en avait rencontré près de cinquante pour recruter ses cinq perles rares. En plus de leurs qualités de comédiens professionnels et de leur capacité à improviser, les clowns hospitaliers doivent en effet faire preuve d'un bon équilibre émotionnel, d'une solide réserve d'énergie positive et de beaucoup de délicatesse. Sans oublier une grande rigueur, formalisée dans un code de déontologie qui précise notamment les exigences de la profession vis-à-vis des patients et du personnel soignant.

## Jour de fête à l'hôpital

Dans une joyeuse parade musicale, les clowns se dirigent vers leurs petits patients. Et le miracle se produit. Dans chaque chambre et pour chaque enfant, un spectacle est créé. Il intègre à la fois le contexte médical et psychologique de l'enfant et de son entourage et l'instant présent. Objet à portée de main ou parole prononcée, tout devient accessoire d'une pièce de théâtre improvisée. Par exemple, si l'enfant tient un morceau de pain dans la main, le clown essaie de s'en servir comme télécommande et fait mine de s'impatienter de ne pouvoir éteindre la télévision. L'enfant, sollicité pour venir en aide au clown bêta, entre tout naturellement dans le jeu. Peu à peu le clown fait également participer les autres personnes présentes et bientôt, tout le monde devient personnage. Beaucoup libèrent alors une imagination et une fantaisie insoupçonnées. Les regards des petits malades s'illuminent d'un seul coup à la vue de leur père ou de leur mère en train de faire le pitre. Cela en dit long sur la culpabilité ressentie par un enfant face à sa famille si malheureuse « à cause » de lui. Et pour les parents eux-mêmes c'est un grand moment d'apaisement comme le dit si bien le papa de Mathieu : « Ces bouffées de rire, la provocation parfois, nous tirent également, nous, les parents, de cette léthargie qui s'installe, insidieusement. Quand vous contribuez au bonheur de nos enfants en les faisant rire, vous nous faites du bien à nous aussi ! Continuez ! Restez ouverts comme aujourd'hui au monde extérieur, soyez le trait d'union entre "dehors" et "dedans" pour la joie de nos enfants. »

Avec les bébés et les enfants en bas âge, les clowns arrivent également à créer le contact mais l'approche est différente. Point de grandes effusions. Ils baissent le niveau de leur voix et se rapetissent en s'accroupissant par terre ou se mettant à genoux. À leur portée, ils attirent leur attention avec des bulles de savon ou des petits animaux qui couinent et bientôt, toute appréhension est levée.

En quelques dizaines de minutes, tout le couloir est en fête, certains enfants sortent de leurs chambres et accompagnent le joyeux cortège, l'un affublé d'un nez rouge, l'autre d'énormes oreilles et le troisième d'un chapeau pointu. Les infirmières se prêtent parfaitement au jeu, acceptant de stopper quelques minutes leur activité débordante pour faire un pas de danse dans laquelle un des clowns les a entraînées, le bisou demandé par l'autre au grand bonheur des enfants qui voient d'un seul coup le personnel médical sous un autre angle.

C'est avec les adolescents que la relation est la plus paradoxale, une sorte de jeu de « je t'aime, moi non plus ». Les jeunes garçons en particulier ont, *a priori*, une certaine réserve. Certains refusent de voir les clowns entrer dans leur chambre mais la plupart finissent par succomber à la gaieté. Caroline a l'art de briser la glace en n'attaquant jamais de front une situation difficile mais en la contournant. Il faut un courage extraordinaire pour affronter un contexte hostile surtout quand la seule « arme » est l'humour, lequel suppose précisément de lâcher prise. Alors que les clowns entonnent dans le couloir une fanfare avec les enfants qui jouent des instruments imaginaires, la porte d'une chambre claque bruyamment. Cédric, un jeune de seize ans, veut ainsi montrer sa désapprobation. Cela n'est pas sans jeter un froid au milieu de la petite équipe mais les clowns ne se démontent pas pour autant et continuent tranquillement leur activité. Une fois celle-ci finie, Caroline frappe à la porte de la chambre de Cédric et prend une toute petite voix pour supplier d'entrer car elle veut révéler quelque chose de très important. Le grognement boudeur qu'elle obtient pour toute réponse ne la décourage pas. Une dispute feinte entre les deux clowns commence alors, Dr Jean faisant mine d'être persuadé que Dr Girafe et un infirmier du service se font les yeux doux. La scène de jalousie, s'adressant à cette grande girafe toujours accoutrée de sa robe à grosses fleurs et de sa perruque violette, qui joue l'effarouchée en battant des cils et en baissant le regard sur son pied pointe tendue vers le sol, est d'un comique irrésistible. Et l'adolescent finit par y succomber, même si par un haussement d'épaule il tient à manifester qu'il trouve cela débile. Le soir même, il nous rejoint de son plein gré à la fête organisée par les clowns.

En avançant dans le couloir, nous voyons arriver une jeune fille dans un fauteuil roulant. Son visage est livide, presque transparent, ses jambes ne sont pas plus grosses que ses bras très fins. Elle est sortie en avance d'un cours donné à l'hôpital, elle se sent fatiguée mais pour rien au monde elle ne manquerait les clowns. Dr Girafe l'embrasse chaleureusement. Apercevant son ensemble pantalon rayé, elle la baptise alors « fille de son ami le zèbre » et d'un air faussement coupable avoue une relation torride qu'elle aurait eue il y a quelques années avec lui. Elle lui place sur la tête des oreilles de girafe et, pendant tout l'après-midi, la jeune malade est la fille du zèbre et de la girafe, jeu auquel elle se prête avec beaucoup de plaisir. Sandra a dix-huit ans, belle et gracieuse, elle se destinait à une carrière de danseuse mais, à quatorze ans, sa vie a basculé. Le cancer s'est déclaré et depuis elle passe régulièrement des séjours à l'hôpital. Elle m'explique que, sans les clowns, elle ne serait pas là. Très consciente qu'elle n'a pas la même relation avec eux qu'un jeune enfant, elle y puise cependant une force pour entrer dans l'imaginaire et transcender la difficulté du quotidien. Elle avoue que pour ses visites de contrôle, elle choisit systématiquement le mardi ou le jeudi : c'est sa bouffée d'air frais.

## Chaque enfant est unique

La visite à l'unité de greffe de moelle osseuse est la plus difficile. Ce sont les malades les plus atteints. Nous devons enfiler charlotte et masque, recouvrir nos chaussures, mettre une blouse et nous laver soigneusement les mains. Les visiteurs n'ont pas le droit de rentrer dans les chambres. Les clowns le peuvent mais ne doivent pas apporter d'objets non stérilisés. Difficile de communiquer et de créer de la complicité avec les petits malades en étant protégés par tout cet attirail ! Le bas du visage est masqué, seuls les yeux peuvent sourire et s'exprimer.

En pénétrant dans la chambre n° 12, Dr Girafe a un air attendri, elle connaît bien la petite Nora, sa frimousse espiègle et son caractère joueur. L'infirmière l'a prévenue qu'elle n'était pas en grande forme mais elle saura bien la distraire.

Du couloir, on n'entend aucun bruit ; tout juste une petite musique très douce, comme une berceuse à peine audible. Lorsque Dr Girafe sort de la pièce, elle est méconnaissable, son visage exprime une grande souffrance, ses yeux sont rivés au sol. Elle se précipite vers le bout du couloir dans une petite salle de repos pour les infirmières. Je la rejoins : debout contre le mur, la tête rentrée dans les épaules, elle a les yeux pleins de larmes et le nez rouge est levé. C'est Caroline qui parle : « Tu vois, il y a des moments où c'est vraiment dur. Je ne pensais pas que les ailes lui pousseraient si vite, elle ne m'a même pas reconnue. » Les ailes, dans le langage clown, c'est le signe que l'enfant va bientôt s'envoler vers le ciel. Une infirmière passe dans la pièce. Hors de question pour Caroline de montrer sa peine au personnel hospitalier. Elle lui parle de vacances, de soleil et de ciel bleu. Quelques minutes plus tard, le nez de nouveau posé, Dr Girafe retrouve son partenaire et le spectacle recommence.

D'une chambre à l'autre, les clowns hospitaliers battent le rappel : « N'oubliez pas : ce soir c'est soirée crêpes aux chandelles. » La personne qui est à l'origine de cette initiative est une jeune femme brune qui nous accueille avec un pâle sourire. Elle est la maman d'une fillette qui a séjourné dans cet hôpital il y a dix ans et n'en est jamais ressortie. Elle considère que la présence des clowns a été une aide inestimable pour les derniers jours de son enfant. Depuis, elle organise des soirées pour les petits hospitalisés qui, la plupart du temps, n'ont pas goût à manger mais viennent pour jouir quelques instants d'une ambiance festive.

Peu à peu les enfants arrivent, les uns avec leurs pieds à perfusion, d'autres en fauteuil roulant, d'autres encore en marchant à pas lents. Les parents suivent et sont un peu gênés, ne sachant quelle attitude adopter. Aux trois premières notes de musique, le Dr Girafe se saisit d'un des pères et l'entraîne dans quelques pas de danse avant de le lancer dans les bras de la mère d'un autre malade, pendant que son comparse commence à faire danser les enfants comme il le peut. Si les jambes ne peuvent pas suivre, on danse avec les bras. Bientôt des infirmières les rejoignent et la gaieté est générale et communicative. La salle d'attente du service est transformée en petit bal de village. En une journée les clowns ont réussi à créer une véritable communauté entre des personnes qui étaient chacune isolée dans leur chambre. Le chef du service lui-même n'y échappe pas. À peine apparaît-il discrètement, avec une pile de dossiers à remettre à son assistante, qu'il est entraîné par Dr Girafe dans un tango langoureux pour la plus grande joie des enfants.

Le soir, une fois le déguisement, le maquillage et le nez enlevés, Caroline reprend le métro. Elle admet le temps d'une seconde qu'elle est épuisée, mais elle ne pense déjà plus qu'à sa prochaine intervention auprès de ses « petits anges[3] ».

## Le rire médicament

Enfants hospitalisés, parents et personnel soignant, tous s'accordent pour reconnaître aux clowns un rôle fondamental à l'hôpital.

En premier lieu, ils agissent sur l'état psychologique du patient. Par le rire, le rêve et la poésie, ils lui permettent de redevenir tout simplement un enfant. En effet, comme le souligne Marc Avelot, secrétaire général de l'association, la première chose que le petit malade perd en entrant à l'hôpital est sa qualité d'enfant, tout le monde lui demande d'être courageux et de se comporter comme un « grand ».

Le rire libère aussi beaucoup d'angoisse. Par ses effets physiques et physiologiques, il influe positivement sur le bien-être de l'enfant. Le jeune malade peut se distancier de la maladie et ainsi puiser de nouvelles forces en lui-même.

Pour les parents, qui sont tout entier absorbés par l'état de leur enfant, c'est une bouffée d'air frais de le voir sourire et rire. Ils retrouvent leur fils ou leur fille tel(le) qu'ils l'ont toujours connu(e) et prennent conscience de l'importance de ne pas le ou la stigmatiser comme malade.

C'est un cercle vertueux car cela aide l'enfant lui-même à distancier la maladie de sa personne. Certains auteurs vont même jusqu'à comparer le clown hospitalier à ce que Winnicott[4] appelle un « objet transitionnel », au même titre que le doudou permet à l'enfant de se séparer de sa mère.

Autre effet thérapeutique de la présence des clowns hospitaliers, la possibilité pour l'enfant d'exprimer sa colère ou sa révolte. L'approche développée par Caroline Simonds permet au clown d'endosser facilement le rôle de bouc émissaire. Dans les duos de clowns, l'un joue toujours la victime et l'autre le bourreau. Ce dernier s'adresse à l'enfant pour lui proposer de choisir entre les différentes misères qu'il veut faire à son comparse et celui-ci est tour à tour enfermé dans un placard, tapé, arrosé au gré du petit malade. Et l'enfant, qui se sent impuissant face à la maladie et à tous les traitements qu'on lui inflige, retrouve un pouvoir sur quelqu'un. Il met en scène sa propre souffrance.

Les clowns ont également un rôle dans la dédramatisation de l'environnement hospitalier. En mettant un désordre monumental dans la chambre, en rendant magiques les objets les plus banals et les instruments médicaux qui effraient habituellement – un masque peut devenir un berceau de poupée ou un pot de chambre pour petits singes, une seringue un sifflet de policier et un stéthoscope un téléphone pour entrer en contact avec les Martiens –, les clowns transforment un lieu anonyme et peu avenant en un univers de gaieté et de fantaisie. Les enfants peuvent ainsi se réapproprier le lieu. Et cela va plus loin. Comme l'écrit Bernie Warren, coauteur de l'ouvrage *Le Rire médecin, journal du Dr Girafe* : « En créant une joie partagée à travers le rire, le clown parvient à créer une sécurité et à encourager les personnes présentes dans la chambre à communier dans une célébration de vie. » Cet appel à l'imaginaire, au merveilleux, procure aux enfants hospitalisés et à leur entourage une « bouffée d'air » qui est d'une aide très précieuse pour traverser les épreuves.

Plus globalement les clowns améliorent la qualité de vie à l'hôpital. Les enfants voient apparaître dans la monotonie du quotidien un espace de rêve, de gaieté et de fantaisie et les clowns aident également à la détente du personnel soignant. Il n'est pas rare de les voir jouer une sonate de Bach ou une douce berceuse pour les infirmières. « Les clowns contribuent de façon si intense à renvoyer une autre image de l'hôpital que l'atmosphère de la pédiatrie se métamorphose dès les premiers signes annonciateurs de leur arrivée. Lorsqu'ils franchissent le seuil du service, le temps semble se suspendre, l'activité professionnelle se poursuit, mais comme sous un voile qui isole de l'énervement, de la fatigue et de l'inquiétude », témoigne Catherine, responsable culturelle au Centre hospitalier régional d'Orléans.

Si l'impact positif du *Rire médecin* est clairement reconnu, les études à ce sujet ne sont pas nombreuses. L'une d'elles vient cependant d'être lancée sur les effets des clowns dans l'accompagnement des soins douloureux, notamment ponctions lombaires et myélogramme. Les résultats seront sans doute très intéressants car ils concernent un sujet précis mais pourront-ils retracer la palette de tous les effets bénéfiques ?

## Les clowns sur les bancs de l'école

Depuis le 25 avril 2011, l'École internationale du *Rire médecin* a ouvert ses portes pour former de jeunes comédiens au métier de clown hospitalier et permettre à des intermittents du spectacle confirmés d'accéder à une formation continue. Elle se déroule sur dix-neuf semaines et propose une qualification certifiante de « comédien-clown à l'hôpital ».

Son objectif : apprendre le métier sous toutes ses facettes, non seulement ce qui est lié au fonctionnement de l'hôpital et des services, et aux règles d'hygiène, mais aussi la façon de jouer et d'utiliser les objets dans ce milieu « contraint ».

Pour le *Rire médecin*, c'est une ouverture très intéressante par la notoriété internationale qu'elle confère, par l'élargissement de l'impact de ses actions et les ressources supplémentaires qui vont en résulter.

**Association *Le Rire médecin***

**Création** : 1991

**Mission** : Redonner aux enfants hospitalisés le pouvoir de jouer et de rire pour mieux faire face à la maladie, en intervenant avec des clowns professionnels.

**Implantation du projet** : France (Paris, Île-de-France, Orléans, Marseille, Nantes, Tours et Nancy). L'association concourt aussi à l'expansion du métier de clown à l'hôpital, en France comme à l'étranger, en accompagnant d'autres associations ayant une vocation similaire.

**Équipe**
– 87 clowns spécifiquement formés ;
– 9 salariés permanents.

**Bénéficiaires**
– 37 services pédiatriques dans 14 hôpitaux ;
– 64 000 spectacles personnalisés offerts chaque année aux enfants, familles et personnel soignant.

**Finances**
Budget annuel : plus de 3 millions d'euros.
Ressources : 59 % dons de particuliers, 33 % fonds privés et 6 % fonds publics.

**Distinction** : En 2007, *Le Rire médecin* a été lauréat du concours Impact lancé par Ashoka.

En savoir plus : www.leriremedecin.asso.fr

Marie-Dominique Genoud-Champeaux
*As'trame*, Europe

## Renouer le fil de la vie après une rupture familiale, à travers la symbolisation

> « Le divorce et, pire, la perte d'un parent à un âge très précoce court-circuitent l'élaboration des petites pertes de l'enfance. [...] Il faut alors tenter de provoquer la verbalisation et, si possible, une identification collective avec la fratrie ou des camarades dans la même situation. »
>
> Marie-Frédérique Bacqué[1]

*Par la mort brutale d'un des parents ou par leur séparation, c'est tout l'univers d'un enfant qui vole en éclats. Même si beaucoup d'enfants ne semblent pas manifester de symptômes particuliers, une souffrance enfouie peut entraver leur construction et révéler des problèmes à l'adolescence ou plus tard. D'après une étude américaine réalisée sur des jeunes de cinq à douze ans ayant perdu l'un de leurs parents, 40 % développent une dépression majeure[2]. Quant aux divorces, on ne sait pas encore en mesurer de façon précise les conséquences mais on connaît leur nombre : en France et dans les pays voisins, ils touchent presque un couple sur deux.*

***Il est important d'agir pour lutter contre les pertes de repères possibles dans la vie de ces enfants. N'y a-t-il pas moyen d'intervenir à la source afin de leur permettre de reprendre le plus rapidement possible le cours de leur développement ?***

***C'est la mission que s'est fixée Marie-Dominique Genoud-Champeaux en créant la fondation* As'trame *en Suisse. Aider les enfants qui viennent de subir une rupture de lien à prendre conscience de ce qu'ils vivent, à l'exprimer et à renouer avec la vie, même si le contexte n'est plus le même.***

***Cette approche innovante prouve qu'un accompagnement précoce de l'enfant, un rapprochement avec d'autres qui vivent des situations similaires peuvent, dans de nombreux cas, limiter le recours à des traitements médicalisés beaucoup plus lourds.***

L'enfant, petit prince de notre planète, tient entre ses mains l'univers, la terre et le ciel.

Cette image, la fondation *As'trame* en a fait son logo. « As » comme l'astre du Petit Prince, symbole du ciel, du spirituel, relié à la trame du temps, du quotidien ; « trame », comme les fils tissés des uns aux autres sur terre. Un idéal bien souvent mis à mal par les aléas de la vie. Lorsqu'il y a rupture familiale (deuil, maladie, divorce, séparation, déracinement...), l'enfant au cœur du dispositif, s'il n'est pas accompagné ou s'il est mal accompagné, reçoit le choc de plein fouet. Il faut alors réamorcer l'élan vital. Lorsque j'ai rencontré Marie-Dominique Genoud-Champeaux, la fondatrice de l'association, elle définissait son action comme « aider à donner un tour de roue ». Et c'est bien cela

*As'trame* : réamorcer le mouvement pour ensuite passer la main à la famille, véritable artisan de sa reconstruction.

**Anthony et Joëlle**

Le 19 octobre 2006, lorsqu'un policier apprend à Évelyne que son mari est mort dans un accident de moto, elle n'arrive plus à respirer, l'air lui manque, elle doit sortir de sa maison. Annoncer la mort de leur père à ses deux enfants – Anthony, six ans et Joëlle, quatre ans –, impossible. Pourtant elle n'a pas le choix. « Il est au ciel », leur dit-elle, ce à quoi Anthony répond : « Tu es une menteuse, pourquoi tu me dis ça, c'est dégoûtant ! » Après il y a toutes les formalités à remplir pour l'enterrement, les amis à prévenir, les affaires à régler et notamment le devenir de l'entreprise de son mari.

Bien que très entourée, Évelyne est complètement désorientée : « J'étais une boule d'émotions, je ne savais plus où aller. Je ne pouvais même plus faire à manger. » Pendant trois mois, les proches se sont relayés pour apporter chaque jour un repas à la famille.

Elle sent ses enfants en danger. « Anthony était un volcan en éruption, déversant sa colère à tout moment. Il me poussait à bout. Joëlle souffrait de claustrophobie. Lorsque je m'arrêtais en voiture, je devais ouvrir toutes les portes, elle voulait être sûre de pouvoir s'échapper. Son père, lui, ne l'avait pas pu. » Une amie lui parle d'*As'trame*. Les deux enfants y sont reçus par une psychologue puis ils participent chacun de leur côté à un groupe de « reliance », la méthode d'accompagnement développée par l'association. Au fil des séances, ils deviennent plus calmes, moins angoissés, « comme s'ils arrivaient à lâcher quelque chose », commente

Évelyne. Au bout de six mois, la claustrophobie de Joëlle a disparu ; les crises de violence d'Anthony se sont espacées pour disparaître au bout d'un an. Après le parcours, Joëlle a repris une vie tout à fait normale. Quant à Anthony, il a encore eu besoin d'un suivi par un psychologue extérieur pendant six mois.

Chaque deuil – au sens de processus de cicatrisation – est unique mais procède sensiblement de trois mêmes phases correspondant respectivement au déni, à la dépression et à la restructuration. Si l'adulte – en principe, dans la mesure où sa maturation physique et psychologique est achevée – est à même de mettre en route son « deuil », l'enfant et l'adolescent ne disposent pas des mêmes ressources. De la manière dont l'enfant fera son deuil des liens brisés dépendront en partie ses capacités futures d'attachement, son devenir d'adulte.

Comme l'a analysé Jean Piaget[3], la mort est appréhendée différemment par l'enfant selon son stade de développement psychique. Pour les petits on ne meurt pas, « on est tué », d'où la nécessité de trouver un responsable à la mort d'un proche impliquant que ce peut être lui-même. L'enfant, passant par une période de toute-puissance où il croit disposer du pouvoir de vie et de mort, peut se sentir coupable du décès. Il en est de même de la séparation des parents. Il croyait tenir le monde entre ses mains mais n'ayant pas pu maintenir la situation antérieure, il se croit responsable. Il est aussi l'objet de peurs existentielles : Comment vais-je vivre ? Qui s'occupera de moi ? Vais-je continuer à voir ceux que j'aime ? Comme un bébé que le manque de soins renvoie à la mort, son développement est perturbé. Le jeune être éprouve des sentiments intenses et contradictoires. Ces sentiments incontrôlables engendrent des sensations désagréables, indéterminées et angoissantes qui peuvent s'exprimer à travers des réactions d'agressivité, d'agitation, d'hyperexcitation, de régression, de violence ou encore des difficultés d'apprentissage. Parfois, ces réactions sont anesthésiées, l'enfant ayant l'air d'accepter la situation, elles restent alors à l'état latent, sans rien perdre de leur force. « Une partie de ces énergies négatives peut se déverser dans des troubles du comportement et de santé physique. Mais la plus grande partie se manifestera plus tard à l'occasion d'une autre perte », explique Marie-Dominique Genoud-Champeaux[4].

## De l'enfant thérapeute à *As'trame*

Derrière son allure douce et réservée, Marie-Dominique Genoud-Champeaux cache une volonté de fer, forgée par les différentes épreuves qui ont traversé sa vie. Elle les a surmontées tant bien que mal, puisant dans ces expériences – les réussites comme les échecs – les leçons qui sont à la base de l'approche thérapeutique qu'elle a développée *via* la fondation *As'trame.* Tout en elle respire l'authenticité.

Lorsqu'on lui demande d'où vient cette envie d'agir auprès des plus fragiles, elle évoque le passé, un événement tapi dans son inconscient dont elle a récemment compris le sens profond. Alors que le frère de sa maman venait de mourir, le bébé de quatre mois qu'elle était fut confié à ses grands-parents pendant un mois. Elle a alors joué le rôle d'enfant thérapeute, d'enfant médicament pour des adultes en deuil.

De cette expérience découle une nécessité, ancrée au plus profond d'elle-même, d'agir contre toutes les sortes de souffrances dans le monde ; le désir de prendre soin de ceux qui sont éprouvés mais aussi son impuissance à résoudre tous les problèmes.

Elle évoque, en outre, un autre phénomène déclencheur. Maman de quatre enfants dont deux adoptés, elle a dû faire face à un divorce difficile. Elle reprend alors des études et choisit tout naturellement de se former en travail social. Son diplôme en thérapie systémique et en psychosociologie des groupes en poche, elle choisit le terrain. Et pas le plus facile ! Marie-Dominique s'engage comme aide-soignante en soins palliatifs.

Alors qu'elle accompagnait depuis quelque temps une femme et sa fille aînée atteintes toutes deux du sida, elle est appelée pour rencontrer la fille cadette non touchée par la maladie qui avait été placée « à l'abri » chez une tante mais manifestait un comportement étrange. L'enfant, âgée de huit ans, était recroquevillée dans le coin d'une pièce de l'hôpital. Elle s'était arraché les cheveux et personne ne parvenait à la sortir de sa prostration. Marie-Dominique Genoud-Champeaux apprend que le personnel médical et la famille ont choisi de la tenir à l'écart de la maladie de sa maman et de sa sœur, pour la « protéger ». Mais elle venait de voir à la télévision un reportage sur le sida dans lequel sa mère et sa sœur apparaissaient. Découvrant brusquement la réalité qu'on lui avait cachée, elle se sentait totalement impuissante, abandonnée et voulait mourir aussi. Pour Marie-Dominique la réaction de cette enfant est une révélation de sa mission : « Cela m'a frappée de voir cette petite fille murée dans son silence. L'idée de sa mère était certes de la protéger mais elle a été mise en face d'une réalité insoutenable à travers un poste de télévision et sans préparation. Cela m'a fait réaliser à quel point il est important que les enfants participent aux étapes que vit la famille. Elle aurait dû voir la santé de sa mère se dégrader car maintenant le sentiment d'abandon est décuplé. »

Les Anglo-Saxons ont été les premiers à proposer des groupes d'accompagnement des personnes en deuil, dans les années 1980, au Royaume-Uni, aux États-Unis, au Canada puis au Québec. Et les résultats ont montré une nette amélioration de la santé mentale se traduisant par une diminution de la consommation de psychotropes (anxiolytiques et antidépresseurs) et de comportements addictifs.

En 1994, Marie-Dominique crée la fondation *As'trame*, au départ pour apporter un soutien psychologique aux familles dont un des membres est mort du sida. En souvenir de la petite fille murée dans son silence.

## « Mille étoiles » et « Ma famille autrement »

Si le temps a ensuite coulé quelque peu, Marie-Dominique continue de s'interroger sur le rôle des liens familiaux et ce, plus spécifiquement dans la construction de l'enfant. Elle choisit alors de s'intéresser de façon plus précise à la « reliance », un concept diffusé par le sociologue Bolle de Bal à la fin des années 1960. Le terme anglais « *rely on* » signifie « s'appuyer sur, compter sur ». « Le mot reliance est un néologisme et son contraire est la déliance, précise Marie-Dominique[5]. L'un relie, allie, fait alliance en tenant compte des dimensions psychologiques (soi), sociales (les autres), existentielles, culturelles et cosmiques (le monde) ; l'autre délie, rompt, sépare, dans la même mesure. Tous deux forment un couple indissociable comme le jour et la nuit, le masculin et le féminin, la vie et la mort. […] Le besoin de devenir un être distinct, délié est aussi fort que celui de se relier. La reliance intègre ainsi la séparation, elle la transforme. »

À travers la reliance, elle perçoit toute l'importance d'accompagner l'enfant qui a subi une rupture de lien, de l'aider à retrouver sa place. En 2000, elle lance « Mille étoiles », un programme destiné aux enfants en deuil.

Quelque temps plus tard, *As'trame* élargit son champ aux enfants dont les parents se séparent avec le parcours « Ma famille autrement ».

Quelle que soit la situation de rupture, il est nécessaire de dire à l'enfant la vérité qui le concerne, mais ni trop ni trop peu. Faute de quoi celui-ci ne dispose que de bribes de réalité incohérentes qu'il va essayer de rendre cohérentes à sa manière. Il va remplir lui-même les trous, combler les manques, imaginer des liens et finalement inventer de toutes pièces une histoire, déconnectée de la réalité.

*As'trame* est là pour « mettre l'église au milieu du village », m'explique, avec son expression imagée, Marie-Dominique. Passer du fantasme à la réalité et aider les enfants à trouver du sens à leur expérience pour chercher avec eux ce qui les fait vivre aujourd'hui, leurs liens avec l'existence et les aider à mobiliser leurs propres ressources et celles de leur entourage. Pour déclencher, aussi, le processus de deuil car la souffrance portée par un enfant entrave souvent l'ensemble de la famille. Comme cette petite fille de six ans qui, ayant perdu sa sœur jumelle et depuis surprotégée par sa mère, culpabilisait d'être toujours en vie. Lorsqu'elle a pu se décharger de ce poids, la maman s'est trouvée d'un seul coup soulagée à son tour.

Enfin la mission d'*As'trame* étant de désamorcer le risque de développer un jour des complications, une grande part de son travail concerne les émotions, et particulièrement celles qui ne sont pas identifiables mais dont demeure la trace. Céline, qui avait perdu sa maman à l'âge de huit ans, était devenue anorexique à l'adolescence. En la faisant s'exprimer sur son ressenti lors de ses moments de crise, elle se rendit compte qu'elle connaissait la même sensation depuis le décès tragique. Ce qui se traduisait, à huit ans, par des troubles alimentaires liés à une sensation d'angoisse s'était mué, avec le temps, en une véritable pathologie. « À

*As'trame*, nous intervenons dès les premières expressions de la souffrance des enfants, avant qu'elle ne s'installe et ne devienne une maladie », souligne Marie-Dominique. Dans la plupart des cas, un premier niveau d'accompagnement aidera à passer un cap. Ensuite, les situations les plus délicates seront orientées vers des spécialistes.

## Les parcours de « reliance »

Ce sont des programmes de soutien psychosocial très courts qui stimulent les facultés de résilience dans les situations de ruptures familiales, que ce soit un deuil ou un divorce. Ils comprennent sept étapes répondant à une progression rigoureuse. D'abord un entretien préalable, ensuite cinq séances d'une heure et demie, et enfin la réunion de bilan. Ces parcours sont généralement suivis en petits groupes de cinq enfants. L'approche ne se veut pas « thérapeutique », même si ses effets le sont. Les ruptures ne sont pas des maladies. Elles ne nécessitent pas des « soins », mais un soutien pour lequel la présence de pairs (les autres enfants du groupe) est une donnée essentielle. Constater qu'on n'est pas seul à vivre la situation douloureuse, se dire que si les autres ont survécu, on le peut aussi, est un réconfort et une façon de surmonter l'épreuve.

Tout commence par un entretien préalable avec les parents et éventuellement l'enfant, puis vient le corps du travail en cinq étapes. Les parents font partie intégrante du processus. Ils accompagnent l'enfant et vont le chercher à chaque séance, autant d'occasions de rencontres avec les équipes d'*As'trame*.

La première étape se concentre sur la représentation qu'a l'enfant de sa famille et de son histoire. Pour cela, l'enfant utilise des jouets mis à sa disposition : animaux en plastique, figurines, Playmobil... On l'amène à s'exprimer sur la façon dont il a vécu la mort ou la séparation, en l'invitant à répondre à des questions comme : « Qu'est-ce que, selon toi, maman..., grand-mère... pense de la situation ? »

Les sensations et les émotions ressenties seront l'objet de la seconde étape. On aide l'enfant à repérer ses émotions – joie, tristesse, peur, colère, choc, culpabilité – et à les traduire en termes de sensation, encore une fois grâce au jeu ou au dessin.

La troisième sera l'occasion, pour les groupes « Mille étoiles » (situation de deuil) de « rejouer » l'enterrement. Généralement, soit l'enfant n'y est pas allé, soit il l'a vécu assis entre des gens qui pleurent, en accumulant les émotions des autres. Ici, il agit, c'est lui qui contrôle la manière dont il dit au revoir au mort. Car l'impuissance est un des facteurs majeurs des traumatismes. On aide aussi l'enfant à se resocialiser en l'incitant à inviter les enfants du groupe à assister à l'enterrement par exemple. La séance se termine par un petit rituel, comme l'écriture d'un petit mot au parent décédé.

Dans les groupes « Ma famille autrement » (situation de divorce), l'équipe travaille sur l'estime de soi mise à mal. L'enfant est souvent un prétexte de disputes entre ses parents et il s'en sent responsable. De plus, dans sa période toute-puissante où il pense que c'est lui qui tient le couple parental uni, il peut ressentir leur séparation comme son propre échec.

En abordant la quatrième étape, l'enfant va apprendre à vivre dans un contexte familial différent. Dans le cas des enfants en deuil, les intervenants travaillent sur la dés-idéalisation du défunt : évocation des bons mais aussi des mauvais souvenirs qui lui sont rattachés. Car si l'enfant ne peut pas parler des éventuelles difficultés ressenties dans la relation à son parent défunt et que, du fait de sa mort, il est idéalisé par l'entourage, ce parent devient un idéal inatteignable pour l'enfant.

Un enfant que la tristesse ne quittait plus depuis que sa mère était morte d'une crise cardiaque et à qui on avait posé la question « Est-ce que tu te souviens de quelque chose que tu n'as pas aimé chez ta maman ? » osa répondre : « Quand je rentrais de l'école, elle regardait la télé, elle ne s'occupait pas de moi. » Et il commença à aller mieux.

Les enfants dont les parents se séparent travaillent sur leurs nouveaux espaces de vie et les ressources internes qu'ils peuvent mobiliser.

Pointer du doigt les liens qui rattachent l'enfant à sa famille aujourd'hui, lui faire comprendre qu'il a le droit de privilégier certains liens par rapport à d'autres, sera l'objectif de la cinquième étape. Elle se termine par un temps d'échange parents-enfants, temps de transmission et de guérison. Car, au cœur de la pédagogie développée par *As'trame*, il y a cette idée forte que le mieux-être des enfants agit sur le mieux-être des parents et réciproquement. Dans cette sphère affective qu'est la famille, chaque membre est en interaction permanente avec le tout.

## Une bougie pour chaque perte

Invitée par la fondation à participer à un groupe sur le deuil, j'eus la chance de vivre une expérience rare et éclairante. Aucun « étranger » ne doit en principe participer au groupe, sauf s'il a un rôle précis concernant les enfants. On m'attribua celui de conteuse. À charge pour moi de m'entraîner suffisamment pour être à la hauteur de la situation ! Me voilà accueillie par Rosemarie, l'animatrice responsable. Elle est accompagnée d'une jeune psychologue. Nous attendons cinq enfants de huit à onze ans, ayant tous perdu récemment un proche. Elle nous propose le programme de l'heure et demie que nous allons passer ensemble et recueille notre avis.

À l'heure pile, huit petits tabourets sont installés en rond dans la salle, avec un prénom sur chacun d'eux. Les enfants entrent les uns après les autres, têtes baissées, regards fuyants, certains disant à peine bonjour. Mécontents d'être ici ? Grande tristesse ? Timidité ? L'atmosphère est lourde.

Rosemarie propose un jeu qui en quelques minutes va rompre la glace. On lance un ballon en mousse à la personne de son choix en lui posant une question : Quelle est ton activité préférée ? Aimes-tu le foot ? As-tu un animal ?

Je remarque à ma droite Jérémy, un garçon tout petit, tout maigre, avec de grands yeux noirs brillants derrière des lunettes rondes. Il est captivé par le jeu. Il boit les réponses des autres et les accueille avec un grand sourire reconnaissant comme s'il s'agissait de cadeaux.

Puis c'est le moment du conte : Leila, une fillette de dix ans, est née dans le désert, là où les Bédouins voyagent avec leurs chameaux. Vive et fougueuse, elle aime marcher avec son frère Slimane qui est son confident. Lui seul sait la consoler quand elle est triste. Mais un jour il va faire une randonnée à cheval et ne revient jamais. Leila passe par la colère, le déni, la tristesse, mais le plus dur est l'attitude de son père qui, emmuré dans sa peine, interdit à quiconque de prononcer le nom du fils disparu. Or Leila a besoin d'évoquer Slimane. Plus elle le fait, plus elle le sent proche et présent. Elle finit par convaincre son père que Slimane peut continuer à vivre dans le cœur de chacun si son souvenir est préservé. Avec une écriture sensible et poétique, le texte montre l'importance de la mémoire vivante du défunt pour arriver à « faire son deuil ».

Les enfants écoutent avec attention, le visage grave. Ils ont aimé le conte mais n'ont pas envie de faire de commentaires. Nous passons donc au jeu de la famille. Devant chaque enfant une grande feuille de couleur et au milieu des boîtes de crayons de couleur, des Playmobil, des figurines et des animaux de toutes sortes. L'objectif est de représenter sa famille.

Tous s'appliquent. Jérémy fouille frénétiquement dans les animaux ; il choisit un petit lionceau, c'est sa cousine. Puis il hésite : le scorpion ou l'araignée ? Il me demande conseil, je l'interroge sur la personne qu'il veut représenter. « C'est mon père », me répond-il, une flamme dans les yeux. Marine choisit la plus belle figurine pour représenter sa mère, disparue il y a quatre mois et, pour elle-même, un dauphin qu'elle place juste à côté.

Ensuite c'est le moment de visiter chacune des familles, telle que présentée par l'enfant concerné. La fierté qu'ils dégagent est impressionnante. Tous ont représenté le proche décédé.

L'animatrice propose qu'on mette une bougie à côté de la représentation de chaque disparu pour montrer qu'on pense à lui et qu'on l'aime toujours mais autrement. C'est alors qu'Élodie, déposant avec précaution la bougie à côté de son père, se met à parler. Les mots sortent d'abord de façon saccadée puis coulent à flots comme un vaste torrent qu'on ne peut plus arrêter : la randonnée en montagne de son père, le frère qui revient seul, la vérité inimaginable, les cris de sa mère, la petite sœur inconsolable et elle qui, du haut de ses neuf ans, déclare que c'est trop dur.

Du coup, un autre enfant, jusqu'ici taciturne, prend la parole et raconte la promenade en mer, l'énorme vague qui emporte à la fois son père, son frère et lui. Son évanouissement, son réveil à l'hôpital, seul rescapé du naufrage. Sur sa maquette, il est entre son père et son frère. Il aura droit à deux bougies. « Trop de chance ! » s'exclame Marine, avant de se raviser face au regard noir que lui lance le garçon.

L'animatrice prend au polaroïd une photo de chaque représentation et les enfants s'émerveillent de voir leur œuvre apparaître progressivement sur le papier glacé. Au moment de la distribution, il manque une photo. Jérémy a caché la sienne au fond de sa poche. C'est son trésor.

J'apprendrai plus tard que cet enfant vivait avec une mère alcoolique qui est morte d'une hépatite. Le père, toxicomane, l'enfermait toute la journée et quelquefois l'oubliait la nuit sans le faire manger. Il a été retiré à son père par les services sociaux et a été placé en famille d'accueil avec sa petite cousine, le lionceau.

La séance se termine par un goûter partagé où fusent rires et plaisanteries, somme toute, comme tous les goûters d'enfants.

## L'impact d'*As'trame*

Cinq ou six semaines après la fin du parcours de reliance, l'enfant et la famille sont conviés à un bilan pour comprendre le cheminement de l'enfant, faire le point sur ses capacités d'intégration au sein de sa « famille autrement » et mesurer l'évolution globale de cette dernière. C'est l'occasion aussi pour l'équipe d'*As'trame* de parler du comportement de l'enfant pendant le parcours de reliance, sans trahir la confidentialité. Si besoin est, ce bilan conduira à orienter l'enfant et sa famille vers une intervention spécialisée, soit dans le cadre de l'association – suivi psychologique, jeu thérapeutique, art thérapie, entretiens de famille, parcours individuel pour les parents –, soit, en fonction des situations spécifiques, vers d'autres professionnels de l'accompagnement des enfants.

Afin de mesurer son impact, *As'trame* a créé un outil spécifique qui permet de répertorier et de catégoriser les signes de souffrances exprimés par les enfants : les troubles liés à l'anxiété comme la peur, l'angoisse ou les comportements excessifs comme l'agitation, la violence verbale ou gestuelle ou encore les troubles alimentaires. Une échelle d'évaluation de ces signes a été conçue avec cinq graduations. Elle établit une comparaison entre deux temps forts : avant que l'enfant ne soit suivi par l'équipe d'*As'trame* et en fin de parcours après l'étape du bilan. Ces tests ont été validés par des psychologues et sont proposés aux parents en entretien et aux enfants. Ces derniers sont invités à placer eux-mêmes le curseur sur l'échelle entre 1 et 5 en réponse à des questions du type : « Quand tu es seul à la maison, es-tu angoissé ? Est-ce qu'à l'école tu es énervé ? Est-ce que tu penses beaucoup à ta famille ? »

La dernière évaluation interne a montré que le parcours de reliance est efficace et suffisant pour 60 % des enfants – ils retrouvent un comportement normal à la maison et à l'école –, les 40 % restant étant ceux qui nécessitent des interventions complémentaires. Le plus souvent ceux-ci sont déjà dans des familles éprouvées (alcoolisme, suicide, etc.) et le traumatisme s'ajoute à d'autres souffrances. Dans ce cas, la méthode développée par la fondation ne suffit pas à dénouer l'ensemble des problèmes.

Agissant sur des aspects de prévention auprès d'enfants dont les conduites futures sont présumées « à risque » (dépression, conduites violentes, etc.), il est clair qu'*As'trame* limite le coût d'une éventuelle prise en charge médicalisée à une étape ultérieure de la vie. C'est pourquoi la fondation a entamé une action afin de faire reconnaître son action officiellement par les autorités de santé publique.

Quant à l'avenir, Marie-Dominique Genoud-Champeaux n'est pas à court d'idées. En plus de la fondation située à Lausanne, quatre antennes sont déjà actives en Suisse –

à Neuchâtel, à Fribourg, à Valais et à Genève – et l'essaimage hors des frontières a commencé. *As'trame France* est en cours de lancement.

Parallèlement la fondation cherche à développer des activités qui puissent être à la fois utiles et génératrices de revenus, comme la formation de psychologues au parcours de reliance ou le développement d'un cursus spécifique pour les responsables dans les entreprises afin d'accompagner les collaborateurs affectés par des deuils ou divorces.

L'astre du petit prince et sa trame de solutions viendront-ils aussi éclairer et vivifier la planète entreprise, une terre souvent considérée comme aride ? Espérons-le !

### Fondation *As'trame*

**Création** : 1994

**Mission** : Permettre aux enfants et à leurs familles de rebondir après une rupture (décès ou séparation) en proposant une approche psychosociale et non médicalisée : les parcours de reliance.

**Implantation du projet** : Suisse, France.

**Équipe**
10 salariés, essentiellement à Lausanne et à Genève.

**Bénéficiaires**
Plus de 2 000 personnes ont été accompagnées, principalement des enfants.

**Finances**
Budget annuel : environ 650 000 euros.
Ressources : 60 % fonds privés et 20 % subventions publiques. Les familles participent au programme à hauteur de 30 % du prix de celui-ci.

**Distinction** : Marie-Dominique Genoud-Champeaux a été nommée *fellow* Ashoka en 2007.

En savoir plus : www.astrame.ch

## DAVID ALAN HARRIS
## *LES ORPHELINS DE KOINDU*, SIERRA LEONE

### Réconcilier les enfants-soldats avec eux-mêmes et avec leur communauté, à travers la danse

« La danse engage à la fois le corps et l'esprit et les oblige à travailler en ne faisant qu'un. Quand nous dansons, nous contractons et relâchons nos muscles et nous faisons la même chose avec notre imagination. Cela nous aide à reconnaître qui nous sommes, dans une sorte d'unité. »

David Alan HARRIS

*Il est des situations extrêmes où les enfants ne sont pas seulement victimes mais aussi auteurs de violences, voire d'actes de barbarie. C'est le cas des enfants-soldats. Leur nombre est estimé à trois cent mille dans le monde et il ne cesse d'augmenter. Plus malléables que leurs aînés, ils constituent une proie facile car ils n'ont pas une totale conscience de leurs actes. Qu'ils intègrent volontairement ou de force les groupes armés, ceux qui prennent les armes perdent, dès cet instant, leur innocence, voire leur humanité. Les pires violences, les plus grandes atrocités – en Sierra Leone, au Rwanda, au Sri Lanka – ont souvent été commises par des enfants.*

***Comment peuvent-ils, une fois les conflits terminés, s'accepter eux-mêmes et se faire accepter par leur communauté ?***

***En Sierra Leone, le thérapeute américain David Alan Harris a mené une expérience inédite avec un groupe d'ex-enfants-soldats en s'appuyant sur la danse thérapie. Cette approche à la fois artistique et psychothérapeutique utilise le langage du corps pour permettre de libérer l'agressivité, faire surgir des émotions parfois difficiles à exprimer verbalement et développer l'empathie.***

Onze ans de conflits sanglants... La guerre a éclaté en Sierra Leone en 1991 et n'a pris fin qu'en 2002. Ces onze années de conflits d'une violence extrême ont marqué la population dans sa chair. 91 % d'entre elle affirme avoir été victime de persécutions et trois cent quarante mille enfants de moins de dix-huit ans se sont retrouvés orphelins. Les attaques initiées par le Front révolutionnaire uni (RUF) visaient les communautés civiles. Elles incluaient le viol, les massacres, les amputations, l'embrasement de villages entiers afin de semer la terreur. Pour cela, le RUF a recruté – souvent par la force – des milliers d'hommes et de femmes dans sa guérilla armée. Or la moitié des combattants irréguliers du RUF avaient entre huit et quatorze ans. De leur côté, les forces gouvernementales sierra-léonaises ont également engagé de nombreux mineurs. Les enfants se sont donc trouvés directement impliqués dans le combat armé, que ce soit au titre d'une faction ou de l'autre.

L'initiation d'un enfant-soldat implique un processus intense d'endoctrinement et de formation militaire, facilité par l'idéologie ainsi que par l'ingestion forcée d'alcool et de drogues hallucinogènes. Ils subissent durement la violence mais, en même temps, elle devient pour eux un phénomène normal et routinier, synonyme d'excitation et même de compétence. Ils ont à l'égard du groupe armé un sentiment paradoxal. D'ennemi, celui-ci devient à la longue une sorte de famille adoptive, qui remplace leur vraie famille à l'égard de laquelle tout sentiment a été interdit. Ils retrouvent alors un sentiment d'appartenance.

Quand les combats prennent fin, les problèmes d'adaptation sont immenses : ces enfants, qui ont eu pouvoir de vie et de mort, ne supportent plus l'autorité. Ayant commis par le passé des atrocités au sein de leur famille ou de leur communauté, ils n'osent plus rentrer chez eux, par culpabilité ou peur des représailles et, s'ils le font, sont de toute façon rejetés.

Condamnés à vivre comme des parias, ils finissent souvent par choisir de reprendre les combats. Malgré le plan de désarmement organisé par les Nations unies entre 1999 et 2002, on considère que, en Sierra Leone, seulement 10 à 30 % des enfants-soldats ont effectivement été démobilisés.

Face à ce problème majeur, le Centre des victimes de torture (CVT) a voulu mettre en place, dans cette région, un programme de soutien particulier pour les enfants et les adultes survivant des traumas de la guerre en leur apportant une aide psychologique, médicale et sociale.

Mais comment s'y prendre avec ces jeunes qui ont désappris toute émotion ? Comment faire accepter par les communautés le retour en leur sein de ceux qui ont été leurs bourreaux ? Estimant que les différentes tentatives ne donnaient pas des résultats suffisants, le CVT chercha une approche nouvelle. Puisque les souffrances ont atteint l'être physique, une attention particulière au corps peut se révéler thérapeutique à la fois émotionnellement et physiquement.

En 2005, il s'adresse donc à David Alan Harris, connu pour ses recherches sur la danse thérapie.

Bien qu'il ne s'agisse pas ici d'un projet permanent, j'ai trouvé que cette expérience, particulièrement innovante et sensible, trouvait parfaitement sa place parmi les projets de nos jardiniers de l'âme. En effet, David Alan Harris a su, par le supplément d'âme qu'il a apporté à travers son approche originale, semer des graines d'empathie, des graines de vie qui ont germé non seulement chez les ex-enfants-soldats mais dans toute leur communauté.

## La passion de la danse

Chorégraphe, psychothérapeute et universitaire, David Alan Harris voue, depuis son enfance, une passion à la danse, parce que, dit-il, « c'est l'expérience la plus enthousiasmante de la créativité ». Tout dans son élégance, sa sveltesse, sa façon de se mouvoir traduit l'imprégnation de la danse dans sa vie.

C'est dans cette voie qu'il engage naturellement ses études ; il devient chorégraphe à New York, où il crée plus de vingt danses originales et anime de nombreux ateliers. Il monte, par exemple, avec succès une chorégraphie avec un groupe d'adolescents. Ses talents sont particulièrement remarqués car il sait leur transmettre son art avec patience, enthousiasme, imagination, et surtout leur faire vivre une expérience unique.

En parallèle, il est un fervent défenseur du respect des droits de l'homme, des libertés civiques et de la protection des minorités. Il s'engage donc auprès de diverses organisations pour lutter contre toutes les formes d'injustice.

En travaillant pour Human Rights Watch à New York en 1998, il prend conscience de la problématique des enfants-soldats qui sont déchirés entre leurs statuts de victime et d'agresseur. Il se met à réfléchir à la façon de les réconcilier avec eux-mêmes et de les réinsérer dans la société.

À cette époque, il découvre la danse thérapie. L'utilisation du mouvement pour favoriser l'intégration des dimensions émotionnelle, cognitive, psychique et sociale se révèle à lui comme essentielle. Il décide alors d'interrompre sa carrière de chorégraphe pour participer à un programme de formation auprès de l'université de Philadelphie et obtient son diplôme de danse thérapeute en 2002.

Il poursuit alors des travaux de recherche sur l'impact que pourrait avoir cette discipline dans le cas des enfants-soldats. Les êtres qui ont subi des traumatismes vivent et revivent les événements qui les ont causés. Longtemps après la disparition du danger, le système nerveux continue à opérer comme si la menace était encore présente. La danse thérapie permet la prise de conscience de soi et la libération de tensions et de blocages inscrits dans la mémoire du corps. Elle fait remonter une foule de sensations, de sentiments et de pensées. Le mouvement crée l'émotion. Et si c'était une voie pour que les enfants-soldats puissent retrouver leur unité, se réconcilier avec eux-mêmes et avec les autres ?

La proposition que lui fait le CVT arrive à point nommé pour mettre en pratique ses recherches. Il est d'abord chargé pendant plus d'un an d'intervenir dans le cadre d'un programme global de santé mentale, mis en place en Sierra Leone dans le Kailahun, situé à l'est du pays, région particulièrement meurtrie du fait de la proximité de ses frontières avec la Guinée et le Liberia. Il forme vingt-quatre conseillers psychosociaux qui, eux-mêmes, exercent ensuite sous sa supervision. Cent quatre groupes bénéficient ainsi de ce programme.

Puis, en 2006, fort des premiers résultats obtenus, il met en œuvre son propre programme de thérapie par la danse et le mouvement, auprès d'un groupe d'ex-enfants-soldats : *Les Orphelins de Koindu*. Il ne s'adresse qu'à une douzaine d'enfants mais il a été conçu comme un modèle qui peut se reproduire dans de nombreux pays, en l'adaptant aux coutumes locales. C'est une expérience qui a validé, grandeur nature, un concept radicalement nouveau. C'est pourquoi elle a été primée.

## Les Orphelins de Koindu

L'intervention s'est déroulée sur sept mois, de mars à septembre 2006. Il s'agissait de permettre à douze orphelins, anciens enfants-soldats de la ville de Koindu, district de Kailahun, de transformer leurs souvenirs traumatiques en forces et d'enclencher des processus de résilience pour eux-mêmes et la communauté. Le programme était initialement prévu sur dix séances, à raison d'une par semaine mais du fait de la détresse psychologique encore manifestée par les jeunes à la fin de ce cycle, et sur leur demande, il a été prolongé de six séances supplémentaires, après une coupure de douze semaines.

Enrôlés pour la plupart vers l'âge de huit ans, ils avaient tous connu le massacre de leur famille. L'un d'entre eux avait même été contraint de tuer ses propres parents. Ils avaient été emmenés de force pour devenir soldats et avaient commis des atrocités, allant même, pour certains, jusqu'au cannibalisme imposé. Ils n'avaient eu aucun droit d'exprimer l'horreur qui les submergeait, ni d'accomplir selon leur culture, les rituels pour leurs morts.

Au moment de rejoindre le programme, ils avaient entre quinze et dix-sept ans et vivaient seuls. Même cinq ans après la fin des hostilités, la communauté les bannissait parce qu'ils lui rappelaient les pertes et les souffrances des onze années de guerre. La plupart arrivaient quand même à aller plus ou moins à l'école, mais n'avaient accès à aucun service social. Aucun d'eux n'avait bénéficié jusque-là d'une aide psychologique quelconque.

David Alan Harris et son équipe allèrent les rencontrer un à un pour leur proposer le programme. Il leur expliqua qu'ils étaient libres de participer et leur garantit une totale confidentialité. Ceux qui se sont inscrits ont tout d'abord rencontré les conseillers psychosociaux, qui ont enregistré leurs histoires traumatiques individuelles et ont cherché à appréhender l'étendue de leurs symptômes psychologiques et la manière dont ils s'y étaient adaptés (anxiété, conduites agressives, dépression, stress post-traumatique, etc.). Cette évaluation a été reconduite après un mois, puis plusieurs fois par la suite, ce qui a permis de bien mesurer l'impact de l'intervention.

Le programme consiste en différentes activités selon les objectifs à atteindre : des danses improvisées sur de la musique populaire sierra-léonaise, des exercices physiques plus élaborés, des jeux de rôle et des temps de discussion après les séances pour partager les découvertes et les sensations ressenties pendant le travail corporel.

Il fallait d'abord contribuer à faciliter la relaxation, canaliser l'agressivité physique pour pouvoir réduire l'anxiété, diminuer les perturbations de sommeil et limiter le retour des souvenirs intrusifs.

Le principe d'intervention repose à la fois sur des pratiques psychologiques occidentales et des coutumes locales, aussi bien la danse et le mouvement selon les rites initiatiques que la thérapie par la parole.

## La symbolisation, voie de réintégration

Les séances, d'une durée de trois heures, sont organisées comme une cérémonie, soudant tous les participants ensemble, et rythmées par des rituels, qui jouent un rôle purificateur en même temps que social, puisqu'ils donnent l'occasion aux jeunes de redécouvrir des rites dont ils ont été privés pendant toutes les années de guerre et de faire appel ainsi à leur mémoire collective. Après une courte prière, comme c'est la tradition dans toutes les réunions formelles en Sierra Leone, les séances commencent par quelques jeux de rôle, se poursuivent par « la danse en cercle » et se terminent une fois par semaine par le rituel de « la grande marmite ».

Le « jeu du nom » permet aux participants d'apprendre à se connaître, tout en s'adaptant progressivement aux autres à travers un langage corporel. Chaque participant annonce son nom, en l'accompagnant d'un geste spécifique et répète le nom et l'action de ceux qui l'ont précédé. Cet exercice permet d'établir très vite un lien entre les membres du groupe. Il a rencontré un succès immédiat auprès des ex-enfants-soldats car, pour la première fois depuis longtemps, ils existaient en tant que personnes.

Puis est venu « le jeu du miroir », qui est sans doute l'action qui illustre le mieux la communion physique avec les autres. L'un initie un mouvement et simultanément l'autre reflète son image le plus fidèlement possible. Les deux doivent ainsi travailler en coopération, jusqu'à acquérir une pleine harmonie.

Ce partage constitue la base de l'empathie kinesthésique. La compréhension de l'autre ne se fait pas seulement par la parole, elle peut aussi se réaliser par le corps. Les protagonistes réussissent à ressentir à travers le mouvement ce que les autres ressentent et ce qu'ils reflètent d'eux-mêmes.

Mais c'est sans doute la « danse libre en cercle » qui m'a le plus impressionnée. Elle se déroule au rythme de la musique populaire hip hop sierra-léonaise et commence par un simple mouvement « donnant de l'énergie » puis laisse place à l'imagination créative. La contraction et la décontraction des muscles pendant l'activité physique proposée leur procurent d'abord une relaxation et une agréable sensation de bien-être, puis un relâchement des tensions psychiques retenues depuis longtemps et un sentiment d'unité. Peu à peu, on sent que la danse commune favorise la cohésion du groupe.

Les jeunes introduisent des éléments symboliques dans leurs mouvements, rappelant des expériences vécues pendant la guerre et incitant ainsi le groupe à interagir.

Dès la première séance, Abraham, un adolescent de seize ans, qui dansait sur un rythme intense, se laisse tout à coup tomber sur le sol, le nez par terre. Spontanément et toujours sur le rythme musical, d'autres se placent dans la même position, à ses côtés, et tous restent un instant ainsi, sans bouger. L'animateur leur demande des explications. Abraham répond « nous nous cachons de nos ennemis ». C'est dire que l'hyper vigilance des temps de guerre était toujours présente. De cette façon, ils ont pu partager la peur qui, quotidiennement, les tenaillait.

L'environnement sécurisant de la thérapie et l'accompagnement musical familier leur permettaient d'expérimenter leurs fantasmes agressifs à travers la dynamique du mouvement et de trouver un moyen de symboliser leurs expériences du conflit armé.

L'activité « *the big pot* » (la grande marmite) ponctue la fin des séances, une fois par semaine. Ce rituel rappelle les repas qui sont souvent préparés dans une grande marmite collective, en particulier lors des cérémonies traditionnelles en Sierra Leone. Le rassemblement social est aussi « nourrissant » que le contenu du repas.

L'animateur apporte, sous forme de mime, une grande marmite au milieu du cercle formé par les participants. Il leur explique qu'il va préparer une soupe qui sera ensuite partagée entre tous. Chacun doit penser à une chose qu'il a retenue de la séance et qu'il souhaite mettre dans la marmite, quelque chose qui pourrait le nourrir ou nourrir les autres. Ils versent, chacun leur tour, un ingrédient en le nommant.

Lors de la première session de « *big pot* », les enfants n'ont mis que des aliments dans la marmite : de l'huile, du sel, du poisson, mais dès la deuxième, certains éléments abstraits ont commencé à prendre place, par exemple la « paix de l'esprit », et ce composant essentiel a été versé dans la soupe à chaque séance suivante. Plus tard ils y ont ajouté leurs espoirs, leurs réflexions et les compétences développées pour surmonter les obstacles. C'était le but de David en ayant recours à ce symbole si signifiant.

## L'anesthésie des sentiments

Les premières séances d'expression corporelle ayant été positives, les animateurs ont voulu passer à une autre expérience créative : le jeu de « la sculpture humaine », qui consiste à utiliser les membres du groupe pour reconstituer le tableau familial tel qu'il était avant la guerre. Puis de représenter un second tableau, après la guerre. Cet exercice est en général très émotionnel, particulièrement pour ceux qui ont vécu des pertes familiales.

Mais ce ne fut pas le cas. Les jeunes ne manifestèrent aucune émotion. Pas la moindre tristesse, ni compassion à l'égard des disparus. C'en était même déconcertant.

David eut recours alors à d'autres jeux de rôle. Il apparaissait clairement que les anciens enfants-soldats pouvaient encore commettre des actes violents. Une sorte de hargne intérieure continuait de les ronger. Ils pouvaient décrire dans le détail des atrocités commises sans exprimer la moindre émotion concernant leurs proches ni regretter leur rôle dans ces actes. Ils considéraient par exemple le viol comme leur prérogative et plusieurs d'entre eux en parlaient comme d'un droit permanent. De même, ils n'hésitaient pas à évoquer ouvertement des plans de représailles, incluant le fait d'incendier des maisons, contre des personnes qui, leur semblait-il, leur avaient manqué de respect.

L'équipe des conseillers psychosociaux se trouvait face à un dilemme éthique : Comment continuer à poser un regard positif inconditionnel sur ces jeunes encore assoiffés de violence ? Ne prenait-elle pas des risques inconsidérés en cherchant malgré tout à les réintégrer dans les communautés ?

David avoue avoir connu plusieurs fois des moments de doutes. Mais la méthode a consisté à ne pas juger, à éviter de dénoncer la violence ou tout comportement passé ou présent. Puis à engager les jeunes dans des discussions et des activités au cours desquelles ils pouvaient décharger leurs pulsions agressives, verbalement ou non.

Le processus thérapeutique en cours défiait les jeunes, non seulement parce que cela les obligeait à reconsidérer leur terrible passé, mais aussi parce qu'ils recevaient de l'affection, sans doute pour la première fois depuis la perte de leurs proches. « Ils nous mettaient en permanence à l'épreuve. Ils ne s'en rendaient pas compte, ils essayaient continuellement de nous faire renoncer, et nous ne le voulions pas, même si parfois c'était difficile », raconte David Alan Harris.

Selon lui, cette anesthésie des sentiments est le résultat de l'histoire personnelle violente de chaque participant. Pendant les années de conflit, il leur avait été interdit d'exprimer le moindre sentiment, y compris à l'égard des membres de leurs familles tués de façon barbare. Bien plus, les rebelles avaient souvent forcé leurs recrues à rire, à danser et à chanter après avoir commis des actes tels que tuer, violer ou mutiler des civils. Des années passées à perpétrer des crimes dans de telles conditions avaient complètement désensibilisé ces préadolescents. La seule façon de survivre pour eux avait été d'engourdir leurs émotions.

De plus, la paix n'avait pas vraiment amélioré leur situation. Vivant alors seuls, sans aucun soutien, ils ne pouvaient se laisser aller à ressentir quoi que ce fût. « Ces jeunes étaient des survivants. Après la guerre, ils avaient encore survécu cinq ans. Ayant refoulé tous leurs sentiments, ils n'exprimaient plus rien. Il fallait simplement leur permettre de manifester à nouveau leur humanité. »

## La naissance de l'empathie

David Alan Harris ne se décourage pas. S'appuyant sur une tradition locale selon laquelle, dès le plus jeune âge, les enfants jouent des petites pièces dans les écoles pour parler de sujets de sociétés, il propose aux participants de créer des saynètes pour mettre en scène ce qu'ils ont envie de « dire » à propos de la guerre. Cela leur a permis non seulement de repenser leur propre expérience mais aussi de la considérer « de l'extérieur » à travers le jeu des autres.

L'inhibition du groupe a commencé à décroître et les jeunes ont petit à petit extériorisé avec des mots et des actes symboliques ce qu'ils avaient transformé en profonde rage. Et, à partir de la cinquième séance, des images d'empathie ont commencé à émerger.

C'est alors que Samuel, dix-sept ans, un des plus rebelles à la confidence, a décidé de représenter le meurtre de ses parents, lorsqu'il avait huit ans. Il a demandé à David de jouer le rôle de son père et, à un animateur, celui de sa mère. Il s'est tourné vers le premier et l'a interrogé en le regardant droit dans les yeux : « Comment se sent-on quand on est sur le point d'être tué ? » David, surpris par la question, a répondu le plus calmement possible : « J'ai eu tellement peur. » Puis il s'est tourné vers l'autre et lui a demandé : « Comment se sent-on quand on vous dit de dire au revoir à votre mari ? » Dans l'histoire réelle, les rebelles étaient entrés dans sa maison, avaient prononcé ces paroles à sa mère, puis avaient tué ses deux parents. Celui qui jouait le rôle de la mère répondit : « J'ai senti que j'étais déjà morte. » Un long silence s'ensuivit et, pour la première fois, quelques yeux s'embrumèrent. « Grâce à l'extrême courage de ce jeune qui avait osé poser ces questions, les autres ont progressivement pu réagir en donnant un sens à leur deuil. Et cela a transformé le groupe par la suite », explique David Alan Harris.

Le premier signe d'empathie pour une de leurs victimes est apparu plus tard, lors d'une autre représentation. Cette fois, il a fallu solliciter un jeune qui n'avait jusqu'alors exprimé aucune sorte d'émotions. L'animateur lui remit un coussin entre les mains et lui proposa d'interpréter le rôle d'une mère allaitant son bébé. Un autre participant, jouant le rôle de l'enfant-soldat, se précipita sur lui, arracha brutalement le « bébé » de ses bras et fit mine de le tuer. Pour la première fois, celui qui incarnait la mère manifesta une authentique expression d'horreur. Les autres en furent stupéfaits ainsi que par la violence de la scène.

À la fin de la neuvième séance, chacun des participants avait réussi à symboliser par ses gestes son rôle dans la souffrance des autres et de réels sentiments de tristesse et de chagrin avaient pu émerger.

C'est très important. Pour David Alan Harris, l'échec de nombreux programmes de réhabilitation des enfants-soldats vient du fait qu'on les considère seulement en victimes, en leur retirant toute responsabilité dans les actes commis. Or ils ne se sentent pas innocents et sont donc dans une situation de confusion. Ils ont besoin de comprendre le mal qu'ils ont fait à d'autres, de ressentir de l'empathie pour eux et seulement ensuite ils peuvent se pardonner à eux-mêmes.

Ils se sont alors positionnés à haute voix devant les autres, en confirmant leurs progrès personnels ainsi que ceux du groupe dans son ensemble. Questionnés sur le principal point positif du travail réalisé jusqu'ici, ils ont choisi « avoir l'esprit en paix », le fameux ingrédient mis dans la grande marmite !

## La guérison communautaire

Restait un point fondamental. Comment se faire à présent accepter par la communauté ?

L'un d'entre eux, qui souffrait particulièrement de se sentir stigmatisé en tant qu'ancien combattant, a alors proposé aux membres du groupe d'interpréter « leur vécu de la guerre » devant la communauté tout entière.

S'en sont suivies de nombreuses discussions, car certains tenaient à préserver la confidentialité de leurs histoires. Et puis, ils se sont décidés. S'appuyant sur trois expériences majeures partagées par le groupe : le massacre de membres de la famille et leur recrutement forcé, leur implication directe dans les crimes et autres abus et leur désir de réintégrer la communauté, ils ont mis en scène une représentation. Ils ont invité tout le village.

Cette représentation, qui incluait des chants, des danses traditionnelles et une pièce de théâtre, fut qualifiée par l'équipe locale d'« événement de guérison communautaire ». Mais laissons parler David Alan Harris lui-même.

**La guérison communautaire**
*Témoignage de David Alan Harris*

Nous étions dans le centre communautaire ; il n'y avait pas d'électricité dans le village. Il faisait nuit et nous avions des bougies. 300 personnes se sont rassemblées dans la pièce, avec les petits enfants devant. Les ex-enfants-soldats avaient, sur ma suggestion, invité les aînés de la communauté à participer et à intervenir, s'ils le voulaient, après la représentation.

Un des jeunes, qui avait été membre d'un commando rebelle à l'âge de treize ans, a présenté le groupe en disant, en langue kissi, « nous sommes les orphelins de Koindu, nous vous demandons de nous accepter comme vos enfants et nous vous accepterons comme nos parents ». Il leur expliqua ensuite qu'ils allaient leur montrer tout ce qui leur était arrivé pendant la guerre.

Ils représentèrent l'enfant capturé la nuit par les rebelles, puis ceux-ci le forçant à tirer sur son père et sa sœur, ce qui était l'histoire authentique du narrateur. Puis ils ont interprété une scène dans laquelle ils infligeaient des souffrances aux autres. Enfin ils ont représenté la fin de la guerre, en allant s'agenouiller devant la porte du chef du village et en lui demandant de bien vouloir les accepter en retour et de leur pardonner.

Et dans la scène, le chef le fit. Ils terminèrent alors par une chanson dans laquelle ils disaient qu'ils aimaient leur pays, la Sierra Leone, et qu'ils voulaient prendre part à son développement.

Ce fut le plus merveilleux moment de ma vie. On pouvait entendre le bruit d'une aiguille tomber sur le sol. Même les plus petits étaient silencieux. Des larmes coulaient sur les joues de beaucoup d'adultes.

Ensuite, les gens se sont levés un par un, ont parlé aux jeunes, puis leur ont souhaité la bienvenue en retour dans leur communauté. L'un d'eux a demandé à un des ex-enfants-soldats : « Est-ce que tu nous promets de ne plus jamais prendre les armes contre nous ? » Il répondit immédiatement qu'il ne le ferait plus. Les hommes et les femmes se levèrent et saluèrent.

Le jour suivant, nous avons retrouvé le groupe pour la dernière séance. Les jeunes n'étaient plus les mêmes, ils étaient très enthousiastes. Ils s'étaient montrés responsables devant leur communauté et ils se sentaient prêts à participer à son développement. Ils parlaient d'eux, dorénavant, comme des frères qui allaient aider à la reconstruction de Koindu.

Entretien « Radio from Australia » –
6 juin 2009 – David Alan Harris et Natasha Mitchell.

## Le prix *Freedom to Create* et la bibliothèque de la Réconciliation

Au moment de se quitter, David fit remarquer au groupe que, sur trois cent mille enfants-soldats dans le monde, il n'y avait encore jamais eu de telle réconciliation avec une communauté et il leur demanda la permission de raconter leur histoire à l'étranger afin de susciter des expériences similaires. Ils réfléchirent longuement, inquiets de perdre la confidentialité promise initialement, mais fiers en même temps du succès obtenu. C'était peut-être aussi pour eux l'occasion de montrer leur altruisme. Finalement le plus grand se leva et dit : « Vas-y, David, aide les autres enfants », et tous les autres acquiescèrent.

David rentra chez lui aux États-Unis et s'attela à faire connaître cette expérience. Pendant les années qui suivirent, il écrivit de nombreux articles, organisa des conférences dans plusieurs villes d'Amérique du Nord et d'Europe. Et, en novembre 2009, la reconnaissance arriva. Le programme *Les Orphelins de Koindu* (PVK) obtint le prix *Freedom to Create*. Cette organisation récompense le courage et la créativité d'artistes mettant leurs talents à profit pour poser les bases de sociétés ouvertes, promouvoir la justice sociale et inspirer l'esprit humain. Quelle ne fut pas l'émotion de David lors de la cérémonie à Londres ! Il n'eut alors qu'une idée en tête : retrouver son groupe et utiliser les fonds remis pour concevoir avec eux un projet utile à la communauté.

En janvier 2010, David retourne donc en Sierra Leone, après trois ans et demi d'absence, avec un triple objectif : savoir ce que sont devenus les anciens enfants-soldats, fêter avec eux l'obtention du prix et les aider à lancer un projet symboliquement fort.

La première difficulté fut de les réunir tous, car certains d'entre eux avaient quitté la région mais il finit par y parvenir. Les anciens animateurs et David eurent des entretiens avec chacun pour évaluer les progrès accomplis, tant sur le plan personnel que communautaire. Ils utilisèrent les mêmes questionnaires que lors du programme initial afin de pouvoir comparer les résultats. Le bilan fut surprenant, la plupart des symptômes d'anxiété et de détresse psychologique avaient pratiquement disparu. Les jeunes faisaient preuve de maturité et de résilience et parlaient même de bien-être global.

Mais il fallait aussi reconstituer l'identité du groupe car plusieurs d'entre eux s'étaient perdus de vue et, au moment de se mettre d'accord sur l'utilisation du prix obtenu, des divergences apparurent. Des voix s'élevèrent pour revendiquer le partage de l'argent entre les ex-enfants-soldats, alors que d'autres estimaient plus juste de consacrer les fonds à un projet communautaire.

De nouveau, David Alan Harris fit appel à la danse, le seul moyen de recréer la cohésion du groupe. Il fallait retrouver l'empathie avant de prendre une décision.

Les discussions reprirent et un consensus fut finalement dégagé sur le projet communautaire. Plusieurs idées jaillirent et ils consultèrent les membres de la communauté. Finalement, l'une d'elles emporta l'unanimité : transformer le centre communautaire, qui avait servi symboliquement de lieu de réconciliation en 2006, en « bibliothèque de la Réconciliation », accessible gratuitement à tous les écoliers de la commune.

Pour réaffirmer leur acceptation de réintégrer les anciens enfants-soldats, les membres de la communauté leur proposèrent de devenir les acteurs de la gestion de ce lieu symbolique.

La transformation de ces anciens enfants-soldats, socialement exclus, en citoyens capables de participer de façon constructive et responsable au développement de la communauté, permet de considérer cette expérience comme une vraie réussite.

Elle confirme que l'approche émotionnelle et l'empathie constituent des leviers puissants pour aider les jeunes à se sortir positivement des pires situations. Espérons maintenant que ce programme sera repris dans les nombreux endroits du monde où les besoins sont encore criants !

**David Alan Harris**
***Les Orphelins de Koindu***

**Intervention** : mars à septembre 2006.

**Mission** : Thérapie par la danse et le mouvement pour promouvoir la résilience et la guérison de jeunes adolescents africains, ex-enfants-soldats.

**Implantation du projet** : Sierra Leone (Koindu).

**Équipe**
– le danseur thérapeute David Alan Harris ;
– 3 conseillers psychosociaux.

**Bénéficiaires**
– 12 orphelins de quinze à dix-huit ans, ex-enfants-soldats (huit ans à l'époque).

**Distinctions** : En 2007, deux prix décernés par l'Association américaine de danse thérapie :
l'un, pour l'ensemble des travaux de recherche de D. A. Harris,
l'autre intitulé « Leader of the Future ».
En novembre 2009, le programme *Les Orphelins de Koindu* (PVK) obtient, à Londres, le prix *Freedom to Create*.

En savoir plus :
www.global-wellbeing.org/danceBackground

# II.

# SORTIR DES SITUATIONS D'EXCLUSION ET APPRENDRE À VIVRE ENSEMBLE

Parfois un enfant est dans une situation qui l'empêche d'entrer en relation avec les autres. Une différence physique, intellectuelle ou liée à son origine sociale ou culturelle le rend « étranger » aux yeux d'une société facilement discriminante. C'est le cas par exemple de l'enfant handicapé, de celui qui vit dans un climat de violence ou encore de celui issu d'un milieu rural qui a reçu la pauvreté en héritage. Le risque qu'il encourt est de se murer dans la solitude ou le mal-être ou même de se réfugier dans des conduites agressives ou addictives.

Comment ces êtres fragilisés peuvent-ils retrouver une image positive d'eux-mêmes pour pouvoir affronter le regard des autres et se trouver une place dans la société ?

Dans cette partie, les projets à découvrir utilisent des approches innovantes (le contact avec des bébés, l'expression artistique ou théâtrale sous toutes ses formes) pour retrouver l'estime de soi, mieux comprendre ceux qui sont « différents » et mieux vivre ensemble. Pour cultiver également en eux le sens de l'empathie.

Dans un petit village de la campagne française, des enfants désocialisés sortent de leur isolement en expérimentant les richesses de l'éveil artistique, grâce à *La Source*. En Pologne, les jeunes exclus de la vie sociale et culturelle découvrent, avec l'association *Théâtre Grodzki*, la passion du théâtre et un nouveau langage pour exprimer leurs difficultés et leurs émotions. Au Canada enfin, en permettant à de très jeunes enfants d'expérimenter l'empathie *via* le contact avec des bébés, *Roots of Empathy* sème des graines d'espoir en faveur d'une société plus tolérante.

## GÉRARD GAROUSTE
## *LA SOURCE*, FRANCE

# Vaincre l'exclusion rurale par la création artistique

« Favoriser l'épanouissement de l'enfant, non dans la perspective d'en faire un artiste, mais un être de désir. »

Gérard GAROUSTE

*Il est plus facile de parler de la misère quand elle concerne des contrées lointaines, histoire de paille et de poutre. Mais qu'en est-il de la France ?*

*Certes, notre pays n'est pas le plus mal loti. Toutefois, avec la crise, la montée du chômage et des emplois précaires, on assiste à des phénomènes de ruptures de vie d'autant plus douloureux qu'ils interviennent dans un contexte globalement riche. La marginalisation des jeunes de nos banlieues est au cœur de l'actualité mais une autre sévit, en silence. L'exclusion des enfants et adolescents en milieu rural ne cesse de se développer : familles brisées par le chômage, pénurie de culture, isolement, décrochage scolaire, absence de perspectives d'avenir. Ces enfants se sentent rejetés et la prise en charge par les services sociaux ne parviendra pas à guérir l'essentiel : la honte en héritage.*

***En Normandie, l'artiste passionné Gérard Garouste soutient l'idée que l'expression artistique peut développer chez ces enfants leurs richesses intérieures : la sensibilité, l'imaginaire, l'émotion et l'intelligence. À* La Source, *centre d'initiation à l'art, il leur apprend à vivre non plus de manques ou de frustrations mais de désirs et d'envies, à construire une image valorisante d'eux-mêmes et à croire en l'avenir.***

« Soudain, dans la grande aventure de la vie, un événement inattendu perturbe une situation jusqu'alors fragile mais stable et oblige à franchir toute une série d'obstacles... » Ce pourrait être le début d'un conte comme *Le Petit Poucet*, *Alice au pays des Merveilles*. Malheureusement, c'est bien souvent dans la « vraie » vie, l'amorce d'un processus dont l'issue est l'exclusion sociale[1]. Au fur et à mesure de la dégringolade que vit l'individu, l'étau se resserre et les possibilités de rebondir s'amenuisent chaque jour. La personne, et dans son sillage la famille tout entière, ne sera pas considérée comme un héros mais comme un exclu, un déclassé. Privé d'emploi, il n'aura plus les ressources minimales pour une vie décente. Et la pauvreté induit des conséquences, non seulement en termes économiques, mais aussi en termes d'estime de soi, ce qui fragilise considérablement les enfants.

Martin Hirsch l'a très bien souligné : « Quand on parle de pauvreté, on parle rarement d'eux, les enfants. [...] Mais que sait-on véritablement de la vie quotidienne des enfants, de leurs inquiétudes, des blessures causées par le regard des autres, de leurs rêves déjà occultés ? Que sait-on de leur manque d'enfance, de ces années qui devraient leur laisser le temps de se construire, de jouer, d'apprendre, et qui les plongent tout petits, sans armes, dans une réalité qui souvent les abîme ? Que sait-on de la honte ressentie, de la dégradation de l'image des parents sans travail ? Et de leur avenir assombri, même si rien n'est jamais écrit d'avance[2] ? »

Cette situation n'épargne pas les campagnes, bien au contraire ! Elle y revêt des aspects encore plus sévères qu'en milieu urbain comme l'isolement géographique, le manque de transports collectifs et leur coût, la diminution ou l'éloignement des équipements et services (écoles, commerces, poste...) et la disparition de lieux de vie sociale. En milieu rural, il est plus difficile de se réfugier dans l'anonymat que dans les agglomérations urbaines. Alors, pour ne pas affronter le regard des autres, on se replie sur soi.

Certes, l'Aide sociale à l'enfance accompagne familles et enfants dans la recherche de solutions concrètes à leurs multiples problèmes, en réalisant des efforts notoires pour prendre en compte l'ensemble des besoins de l'individu.

Mais sortir quelqu'un de l'étau de l'exclusion sociale est très complexe. Même une fois les conditions matérielles rétablies, les personnes restent empreintes de la dépréciation d'elles-mêmes qui les a marquées jour après jour. La confiance a été cassée, les liens se sont rompus, les centres d'intérêt se sont dégradés.

Leur redonner le désir de vivre, l'aspiration à s'élever, l'envie d'aller de l'avant simplement en apprenant à regarder, à imaginer, à s'émouvoir. Chimère ? Utopie de rêveurs qui n'ont pas les pieds sur terre ?

## Et pourtant c'est le pari d'un homme...

Il y a plus de vingt ans, Gérard Garouste a eu l'intuition géniale que l'art pouvait être un levier d'intégration et de cohésion sociale et particulièrement pour les enfants. Nombre de « Petit Poucet » et de jeunes « Alice » sont alors entrés aux pays des Merveilles...

Gérard Garouste est un artiste internationalement reconnu. Peintre, décorateur et sculpteur, il expose ses œuvres dans les plus grands musées du monde. Il s'est vu confier le décor d'édifices aussi prestigieux que le palais de l'Élysée (peintures), la cathédrale d'Évry (sculptures), le théâtre de Namur (plafond), l'église Notre-Dame de Talant (vitraux), l'escalier d'honneur de l'hôtel de ville d'Aubusson (maquette d'une tapisserie d'Aubusson) ou encore le rideau de scène du Châtelet.

Je l'ai rencontré à la Guéroulde, en septembre 2008, lors de l'exposition annuelle des travaux des enfants. De cet homme au langage cru et imagé émane une grande force intérieure accompagnée d'une profonde simplicité et par moments d'une légère fragilité, à peine perceptible. Sous le verbe haut et l'expression spontanée transparaît quelque chose de contrôlé, comme s'il ne fallait surtout pas lâcher prise. Aucune certitude rigide, rien d'académique dans les dessins, peintures et tags exposés, ni même dans l'attitude des enfants. On est tel qu'on est, rien de plus, rien de moins. Chacun s'exprime en vérité.

Comment un artiste aussi célèbre se retrouve-t-il là, à la Guéroulde, au milieu de ces enfants qu'il qualifie affectueusement de « déglingués de la vie » ?

**Pris aux maux**

Tout a commencé lorsqu'il s'est installé dans un village de Normandie. Il a alors pris en pleine face la réalité de l'exclusion sociale. Dans une gare désaffectée du village, trois enfants grelottaient de froid dans une pièce sans carreaux, leur mère ivre morte étendue sur un matelas de fortune. Le père venait de se suicider sous les yeux de sa famille. Sa première réaction fut de se dire : « Mais comment, si près des autres maisons, peut-on vivre comme ça ? » Gérard Garouste ne lisait pas *L'Assommoir* de Zola. Cette histoire se déroulait réellement à notre époque !

Et ceci retentit profondément en lui. Son enfance en Bourgogne ne fut pas simple non plus. « La Bourgogne, c'est le paradis perdu de mon enfance, la famille, mon enfer », écrit-il en 2008 dans un catalogue d'exposition à la galerie Templon à Paris. Souvenirs heureux comme celui de l'oncle maçon et alcoolique, qui ne cessait de décorer sa maison. Souvenirs beaucoup plus difficiles aussi. Dans *L'Intranquille*[3], il décrit son père comme un « salopard », un antisémite qui voulait faire de lui son complice. Il lui en reste des souvenirs cuisants : « Lorsque nous dînions, il y avait sur la table une carafe. Comme l'anse était malcommode, ma mère la prenait par le goulot. Un soir, mon père, particulièrement excité, a menacé ma mère de la tuer si elle continuait à tenir la carafe de cette façon. Il est monté dans sa chambre, a pris son revolver et l'a posé sur la table. Nous avons terminé le dîner en silence. J'avais six ans[4]. » En classe, il n'est pas plus à l'aise, ses résultats sont mauvais. Ses seules sources de satisfaction sont ses dessins. « Ces coups de crayon noirs et agiles m'avaient valu les seules félicitations que je reçus de l'école[5] », dit-il. Plus tard, il sera révolté par les conditions d'accueil des enfants de l'Assistance publique « qui étaient mes compagnons et que l'on plaçait dans des familles de mon village, parfois chez de véritables Thénardier[6] ».

Alors cette fois, il ne veut pas laisser l'injustice se perpétrer. Avec les gens du village, il trouve un moyen pour que la famille de la gare puisse être logée décemment. Agacé par ce qu'il pensait être de l'immobilisme, il fait part de son indignation au travailleur social de la région qui lui répond : « Si vous êtes si malin et puisque vous semblez avoir de bonnes idées, j'ai quarante familles comme ça dont je dois m'occuper. Venez avec moi, je vais vous faire passer pour mon assistant. » Gérard Garouste le prend au mot, aux maux, et il est effaré par ce qu'il découvre. Comment, en France, à côté de chez lui, peut-il y avoir des situations si précaires ? Il décide de passer à l'action et, en 1991, crée l'association *La Source*.

### *La Source*, car « c'est là que tout commence[7] »

Depuis 1994, l'association est installée dans l'Eure, à la Guéroulde, dans une grande propriété. Un deuxième établissement a ensuite ouvert en 2003 dans l'Oise, à Chaussy, au domaine de Villarceaux.

En poussant le portail de la Guéroulde, le visiteur est accueilli par l'emblème du Sourcier, celui qui cherche l'eau souterraine avec une baguette, celui qui va à la rencontre des richesses intérieures.

Le chemin d'accès à travers le parc permet de découvrir des sculptures très colorées des enfants. Un peu plus loin, une vaste courbe bleue s'étend sur le sol. J'interroge l'éducatrice : « Ici, dans les champs autour, on trouve plein de ces petits cailloux, des résidus de minerais de fer. Les enfants en ont ramassé et les ont répartis sur le sol. Certains y ont vu un serpent, d'autres des vagues, tous ont regardé le paysage différemment, comme une composition… Changer la manière de regarder, c'est déjà la démarche d'un artiste », explique-t-elle.

Divers bâtiments sont disséminés dans ce bel espace de deux hectares : une maison de maître pour les bureaux de l'administration, un réfectoire, d'anciens ateliers d'usine aménagés en laboratoire photo, une forge. Une belle bâtisse est réservée à l'hébergement des enfants en séjour et des artistes impliqués sur les différents projets.

Enfin, nouveauté de 2010 : une salle de spectacle pouvant accueillir tous les arts vivants : théâtre, musique, danse.

La première intention du fondateur de *La Source* fut de sortir de chez eux, ne serait-ce que quelques heures, ces enfants qui vivent isolés de tout, parfois dans des conditions misérables, pour les connecter avec ce qui est beau, leur donner une image positive de la vie. Car l'art, sous toutes ses formes, est un excellent moyen de se révéler, de déployer ses compétences, de recréer du lien, de se réinsérer socialement. *La Source* est donc un centre à la fois artistique, éducatif et social[8].

L'association a développé une politique novatrice de prévention de l'exclusion en proposant aux enfants et aux jeunes de six à dix-huit ans en difficulté familiale, scolaire ou identitaire de participer à des ateliers artistiques le mercredi et pendant les vacances scolaires. Plus tard, et pour valoriser son savoir-faire, elle a aussi élargi son champ d'action à l'éducation artistique pour les scolaires. Chacun de ces axes est piloté par un professionnel : un artiste pour le volet artistique, une coordinatrice expérimentée pour le social et un enseignant mis à disposition de *La Source* par l'Inspection académique pour les parcours éducatifs construits dans le cadre de « projets d'établissements ».

Chaque année, un comité de pilotage et d'orientation rassemblant des personnalités du monde de l'art contemporain choisit un thème de travail, par exemple « l'eau et le verre », « l'architecture et l'habitat » ou encore « les paysages ». En fonction de ce thème, un artiste renommé peut être choisi. Plasticien, sculpteur, photographe ou comédien, peu importe, l'idée n'est pas que les enfants apprennent une discipline particulière mais de leur donner envie de créer, de les aspirer vers le haut. C'est ainsi qu'en 2007 un jardin potager a été créé sous la direction du célèbre paysagiste Louis Benech. En 2008, le thème de l'année était « la cuisine » avec le chef étoilé Gérard Vié. En 2010, les enfants ont travaillé sur « le voyage » et en 2011 « la curiosité et les inventions ». Les résultats sont souvent surprenants, Gérard Garouste se rappelle un atelier mené avec l'artiste arménien Sarkis sur le thème « l'eau et le verre » (année 2004/2005). Les enfants, habituellement hyperactifs, ont médité pendant plusieurs minutes dans un silence absolu, devant un grand bol d'eau. Ils devaient attendre le signal, et seulement alors, ils pouvaient tremper dans l'eau la plume qu'ils tenaient à la main. « Obtenir d'eux une telle concentration, c'était inimaginable ! » s'exclame-t-il.

De jeunes artistes moins connus sont sélectionnés pour encadrer les enfants. En échange de leurs services, ils peuvent être hébergés, disposent d'un local pour leurs travaux personnels et ont la possibilité de présenter leurs œuvres lors des expositions régulières.

*La Source* est une formidable communauté de vie dédiée à l'art et l'imaginaire où se partagent les expériences de vie et de création aux côtés d'enfants qui n'ont souvent jamais laissé libre cours à leur créativité.

## La découverte de son potentiel créatif, les ateliers

Comme le centre social est ouvert à tous, certaines activités comme les « ateliers petites vacances » sont orientées tous publics. D'autres sont plus particulièrement destinées aux enfants et familles en difficultés : les « ateliers du mercredi », les « ateliers parents-enfants » ainsi que les séjours artistiques organisés à la demande des partenaires du domaine de l'enfance et de l'éducation spécialisée[9]. *La Source* organise aussi pour eux des sorties culturelles comme des visites d'exposition, l'occasion de les initier à toutes les dimensions de l'art et notamment l'art contemporain souvent plus difficile à appréhender.

Les ateliers du mercredi sont plus spécialement dédiés aux enfants et jeunes les plus fragiles, ceux relevant d'un suivi social. Ils sont généralement issus d'un milieu où l'on ne parle pas, où l'indigence est telle que l'enfant n'a même pas idée de ce qu'il pourrait demander. « Ils ne savent pas exprimer autrement que par des "bof, je vais bien" ou "je vais moyen". Il faut tout leur amener y compris sur le plan vital, leur expliquer que manger ce n'est pas ouvrir une boîte de conserve à moitié froide, que chaque chose est importante, une fleur, n'importe quoi. Tout est à reconsidérer comme cela », souligne Gérard Garouste.

La plupart des enfants viennent à *La Source* vers six ou sept ans et suivent ces ateliers jusqu'à douze ans. Ensuite ils sont plus tentés par les stages d'été, moins contraignants en temps. Chaque atelier se déroule en moyenne sur dix séances, en petits groupes de dix à quinze enfants. Un membre de l'équipe vient chercher la plupart des enfants à leur domicile. C'est indispensable, sinon la moitié des inscrits, et précisément ceux qui en ont le plus besoin, ne pourraient participer. C'est aussi un moyen d'être en lien permanent avec les familles, de connaître ce qui se passe à la maison et parfois d'accompagner les parents dans leur rôle.

**Éduquer aussi les parents**
*Témoignage de Philippe Bataille,*
*coordinateur action scolaire*

À une époque, j'allais chercher le mercredi trois enfants d'une famille nombreuse de 11 personnes dans une maison du village. Je me souviens qu'il fallait d'abord sonner et attendre longuement à la porte car tout le monde dormait. Finalement, la grande sœur ouvrait. Et je voyais tous les enfants à moitié endormis sur le canapé devant la télé ou, à même le sol, car les chiens prenaient toute la place. Ils n'étaient pas encore habillés et n'avaient pas déjeuné. Ils avaient probablement passé la nuit ainsi. Un des parents, le père le plus souvent, finissait par se lever en s'excusant d'avoir oublié l'heure.

Cette expérience m'a particulièrement marqué.

Si je n'allais pas réveiller toute la famille, ces enfants n'auraient rien fait de la journée et je savais qu'ils avaient aussi un problème d'assiduité à l'école. C'est pourquoi je m'obstinais à venir avec la même régularité. Parfois notre rôle est aussi d'« éduquer » les parents.

Cela a fini par instaurer une sorte de rendez-vous. Peu à peu les parents ont pris conscience qu'il fallait lever leurs enfants et les préparer à temps.

Aujourd'hui les plus jeunes de la fratrie viennent encore chaque mercredi à *La Source* mais, désormais, ce sont les parents eux-mêmes qui les accompagnent !

Pendant les ateliers, les enfants découvrent leur potentiel créatif dans différentes pratiques. Ils ont le choix entre des activités liées aux arts plastiques (peinture, sculpture, photo, vidéo...), aux arts vivants, à l'écriture ou à la musique.

Elodie avait huit ans lorsqu'elle est arrivée à *La Source*. Petite dernière d'une grande fratrie, elle redoublait son CP et ne savait ni lire ni écrire. Enfant timide et fragile, elle se trouvait en échec scolaire dans un cadre familial difficile et participait peu aux activités de *La Source*. À l'atelier théâtre, des comédiennes proposent un jour aux enfants d'adapter *L'Oiseau bleu*, de Maurice Maeterlink. Est-ce la façon dont le projet est présenté ? Est-ce la force symbolique de la pièce ? Tout se met à vibrer en elle. Et si c'était son tour ? Mais comment participer si elle ne connaît pas le texte ? Contre toute attente, elle apprend à lire en quelques semaines et, au moment de la représentation, elle tient parfaitement son rôle. Aujourd'hui, elle a vingt ans et déjà un emploi stable.

Grace au désir que peut faire naître une production artistique, les jeunes élèves de *La Source* dépassent leurs blocages et commencent à se projeter dans l'avenir.

**L'atelier parents-enfants « à table » avec les artistes David Ferré (vidéaste) et Arnaud le Mindu (musicien)**

Dans une pièce aux rideaux noirs tirés, Cyndie, grande jeune fille brune de quatorze ans recroquevillée sur un coin de tabouret, Yvette, mère de famille isolée et David, artiste cinéaste, « travaillent ». Ils créent un film d'animation sur une recette culinaire. Peu d'échanges de paroles – David chuchote d'une voix douce – chacun semble déjà savoir ce qu'il doit faire. Pour le crumble du jour (recette donnée par Yvette), ils suivent le découpage du scénario affiché sur le mur. Au moment précis où nous arrivons, Yvette doit mimer le versement de poudre d'amande sur une balance virtuelle. Elle a beaucoup de mal à réaliser la scène, elle se reprend plusieurs fois. Cyndie enregistre les images. Elle aussi rencontre des problèmes avec le maniement de la caméra. « C'est là qu'on voit le boulot ! » soupire-t-elle. « À la fin de la journée, on aura réalisé 20 secondes », confie David.

« Le projet prévoyait le tournage de dix recettes, mais devant l'immensité de la tâche, on se limitera à trois :

une entrée, un plat, un dessert », nous dit Isabelle, coordinatrice.

Cyndie n'avait pas réellement l'intention de participer à l'atelier. Elle est venue à *La Source* « pour voir ». Réservée, elle esquisse un sourire lorsqu'on lui demande si elle aime venir ici. Cyndie n'a pas vraiment envie de parler de ce qu'elle fait. Elle ne manifeste pas un enthousiasme débordant, c'est sa manière à elle d'être, pourtant elle vient chaque jour de la semaine. Qu'il pleuve, qu'il vente, elle parcourra à vélo les kilomètres qui la séparent de *La Source*.

À la fin de la session, chacun repart avec un DVD des recettes animées. On ne sait pas si Cyndie est contente mais on sait qu'elle reviendra demain. Quant à Yvette, elle affiche sa ferme intention de le garder précieusement.

**Le triangle magique**

Les séances sont animées par un artiste en présence d'un médiateur. Un artiste, un médiateur, un groupe d'enfants, c'est le fameux « triangle magique », cher à Gérard Garouste.

« Il y a une inhibition devant l'art, une peur de l'approcher. L'art et la culture sont accessibles à tous, pourvu qu'il y ait un trait d'union, un traducteur entre un désir d'artiste et les enfants, nous explique Isabelle, coordinatrice. L'artiste est sous les projecteurs. Il a un côté magique pour les enfants. Le médiateur est l'homme de l'ombre, sa présence est indispensable au bon déroulement de l'atelier. »

Chaque artiste construit sa propre aventure avec les enfants. Son univers permet à ceux-ci d'avoir un cadre précis dans lequel ils peuvent ensuite s'exprimer.

Le rôle de l'artiste est de faire partager sa pratique, individuellement ou collectivement, en adaptant constamment son projet à la sensibilité et au vécu des jeunes. L'attention portée à leurs propositions est une expérience marquante pour eux. En retour, l'attitude extrêmement ouverte des enfants, notamment leur usage très libre de la couleur, offre de vraies surprises artistiques. Dans cet échange mutuellement enrichissant, l'artiste apporte à l'enfant un regard rassurant et stimulant et l'accompagne ainsi dans son défi personnel.

Quant au médiateur, sa présence est utile pour accompagner l'enfant sur tout ce qui est de l'ordre de l'apaisement par rapport aux difficultés de sa vie quotidienne. « Si un enfant pique subitement une colère, panique de ne pas réussir ou jette son œuvre par terre, on sait que derrière ce n'est pas le cadre proposé par l'artiste qui est visé mais la situation personnelle de l'enfant », explique Robert Llorca, directeur de *La Source*. Le travailleur social est là pour aider l'enfant à libérer sa parole et lui proposer des réponses concrètes aux situations qu'il vit.

En dehors des activités artistiques, qui durent deux heures le matin et autant l'après-midi, une grande attention est portée aux moments de partage, comme les repas ou goûters, où se retrouvent les artistes, les animateurs et les enfants. De même, la dernière séance de chaque atelier est suivie d'un bilan où les participants donnent leurs impressions, s'expriment sur la manière dont se sont déroulées les séances et s'intéressent aux productions des autres. Ces temps simples d'échanges et d'expression sont fondamentaux, car ils n'existent pas dans leurs contextes familiaux. En parvenant progressivement à mieux dire ce qu'ils ressentent lorsqu'ils créent où ce qu'ils expriment dans leurs créations, les enfants apprennent peu à peu à mettre des mots sur leurs états d'âme.

## Fédérer autour de l'art

Tout est mis en œuvre pour impliquer l'environnement de l'enfant : la famille, les professionnels de l'aide sociale[10], l'école, en ne perdant jamais de vue trois valeurs fondamentales : l'indépendance, la dignité humaine, la valorisation par l'art et la création.

Les parents sont au cœur du processus puisque ce sont eux qui inscrivent volontairement l'enfant même s'ils y ont été fortement incités par des travailleurs sociaux ou l'école. Une éducatrice est spécifiquement impliquée dans la relation avec le milieu familial. Elle rencontre régulièrement les parents. Chaque fois qu'un problème, ou une difficulté, est détecté, un contact est pris avec les parents – et/ou les travailleurs sociaux.

Ensuite, des rencontres régulières sont organisées avec les familles pour parler des ateliers et de l'éducation bien sûr, mais aussi pour les aider à résoudre des difficultés quotidiennes qui, du fait de leurs ressources culturelles et financières limitées, sont parfois bloquantes comme faire une démarche administrative ou rédiger un courrier. La mission de l'éducatrice s'étend donc au soutien à la parentalité, et à la prévention. Les rencontres se déroulent majoritairement au domicile des familles, la plupart d'entre elles ne bénéficiant d'aucun moyen de transport.

L'association cherche à donner aux adultes aussi l'envie de découvrir l'art, pour leur ouvrir une fenêtre sur un autre univers, « la possibilité d'une île ». Des sorties culturelles et des ateliers de pratique artistique « parents-enfants » peuvent contribuer à renouer des liens familiaux parfois très distendus. À titre d'exemple, dix-neuf familles ont participé en 2007 à l'atelier « Portraits de Famille », en présence du photographe Hugo Miserey. Elles ont été initiées à la prise de vue et au développement des photos en laboratoire.

Ensuite les familles se sont prêtées au jeu du portrait mis en scène à leur domicile, façon de renforcer leur identité.

Les freins sont encore nombreux : problèmes de transport, appréhension, peur de ne pas être à la hauteur, de ne rien comprendre, et derrière tout cela une idée bien ancrée que l'art ne serait pas pour eux. Mais les équipes de *La Source* continuent inlassablement à créer un cadre de confiance, apprendre à se parler, tisser des liens entre enfants et adultes, autant d'éléments qui manquent à leur vie. À chaque fin de projet artistique, un vernissage est organisé pour les parents afin que les enfants puissent leur présenter leur création. Quelle fierté peut-on lire à la fois dans le regard des enfants et celui des parents !

Pour aller plus loin dans le travail sur l'estime de soi, il est important que les travaux créés passent par le regard et la reconnaissance d'un public plus large, par le biais d'expositions, d'éditions, de concerts ou de toutes autres manifestations publiques, qui se déroulent tout au long de l'année. Chaque mois de septembre, une exposition est réservée aux travaux réalisés par les enfants. Moment fédérateur entre tous puisqu'il invite tous les acteurs de *La Source* : enfants, familles, équipe, artistes et les personnes extérieures à se retrouver autour de l'art. Pour l'enfant, c'est une grande fierté d'être reconnu pour ce qu'il a produit.

« Avant, je venais voir ce qu'elles ont fait, mes sœurs, maintenant on va venir voir ce que, moi, j'ai fait », me confiait fièrement la petite Gina, six ans.

Les partenariats avec les écoles sont également des éléments fondamentaux des actions de l'association. Les enseignants sont de plus en plus sensibles à la diversité des propositions artistiques et la présence d'un artiste confirmé confère une autre ampleur aux traditionnels cours d'art plastique. En 1996, *La Source* a reçu l'agrément « association éducative complémentaire de l'enseignement public » pour ses interventions aussi bien en temps scolaire qu'en dehors, à travers des classes artistiques et culturelles avec ou sans hébergement. Depuis 2006, La Guéroulde organise également, avec le soutien de la fondation *Culture & Diversité*, des séjours destinés à des classes issues d'établissements relevant de l'éducation prioritaire en Île-de-France. « Tout est fait pour que les participants voient le côté passionnant de la vie, parce que c'est vraiment passionnant », ponctue Gérard Garouste.

*La Source* s'est aussi étendue au-delà des frontières en essayant de partager son expérience à travers des échanges culturels. Elle a ainsi invité des groupes musicaux de percussion traditionnels du Maroc, des Touaregs qui ont créé des bijoux et avec lesquels les enfants sont partis dans le désert construire des puits. Et deux chorégraphes de Madras (Inde) ont conçu un spectacle joué à Bordeaux et dans leur pays où certains enfants ont pu se rendre.

## Et de *La Source* jaillissent d'autres possibles

L'association doit continuellement s'adapter aux nouveaux besoins.

En 2009, un premier « café-parents » a vu le jour avec l'organisation de conférences avec des professionnels de la santé, de la psychologie, de la sociologie sur des thèmes qui les concernent comme la difficulté du rôle de parents, la gestion de la violence ou encore l'apprentissage de la propreté ou la nutrition. Depuis 2011, le projet s'est étendu et les café-parents ont lieu à La Guéroulde et à Villarceaux, lieux désormais familiers des parents, ressourçants, où les paroles se libèrent plus facilement.

De plus en plus sollicités par des collectivités locales désireuses d'implanter une structure similaire sur leurs territoires, les dirigeants de *La Source* ont fondé en 2010 une association nationale, *La Source des sources*. Elle a pour objet de créer, développer et fédérer de nouvelles « Sources », dans le respect de la Charte garantissant les principes fondamentaux des deux modèles existants et en s'appuyant sur les forces vives locales. Plusieurs collectivités sont en train de monter des projets à Pau, Arles, Annonay, Bordeaux, Lille et le plus avancé à Paris dans le 19e arrondissement.

*La Source* est donc un projet en pleine expansion. Bien sûr il reste encore du chemin à faire, les équipes regrettent que beaucoup de personnes hésitent encore à franchir la porte, Gérard Garouste estime que l'art n'est pas encore assez reconnu, alors qu'« il n'est pas un luxe mais une nécessité » comme il le martèle, mais, incontestablement, le changement est là. Un bout de voile s'est levé sur le « pays des Merveilles » et de *La Source* jaillissent de nouveaux horizons.

**L'association artistique *La Source***

**Création** : 1991

**Mission** : Proposer aux enfants et adolescents en situation d'exclusion rurale de retrouver une image positive d'eux-mêmes, à travers l'art et un accès à la culture.

**Implantation du projet**
La Guéroulde (Eure) et Villarceaux (Val d'Oise).
En cours : Pau, Arles, Bordeaux, Lille, Paris 19e.

**Équipe**
– 12 salariés ;
– 9 artistes en résidence permanente ;
– 2 artistes en courts séjours chaque semaine.

**Bénéficiaires**
– Par an, 2 500 enfants et adolescents en difficulté ;
– 15 000 jeunes de six à dix-huit ans accueillis depuis 1991 ;
– 4 500 scolaires, parents, travailleurs sociaux, enseignants.

**Finances**
Budget annuel : 1,2 million d'euros.
Ressources : 70 % financements publics et 30 % privés, dont une partie en autofinancement.

**Distinctions** : En 2005, « Trophée de l'Initiative » attribué par la Fondation du Crédit coopératif.
Depuis 1996, agrément « association éducative complémentaire de l'enseignement public ».
En 2011, Gérard Garouste a été décoré Commandeur dans l'ordre des Arts et des Lettres.

<u>En savoir plus</u> : www.associationlasource.fr

Maria Schejbal
*Théâtre Grodzki*, Pologne

## Sortir de leur isolement ceux qui sont « différents », grâce au théâtre

« Si on prend la peine de donner un peu de soi, de s'ouvrir aux autres, même s'ils nous semblent étrangers ou hostiles, alors on découvre beaucoup, c'est cela l'apprentissage du théâtre. »

Maria Schejbal

*Les origines de l'exclusion sont multiples : la pauvreté, la maladie, le handicap... Elle concerne particulièrement ceux qui ne correspondent pas à une certaine norme édictée par la société, ceux qui sont « différents ». On lit son exclusion dans le regard de l'autre à travers la peur, le dégoût, le rejet. La personne concernée se renferme alors sur elle-même dans une profonde solitude. Elle fuit les interactions avec l'extérieur ou se console dans des conduites refuge comme la toxicomanie ou l'alcoolisme. L'exclusion se vit aux quatre coins du globe.*

*Lorsqu'elle touche des enfants et des jeunes, l'injustice est particulièrement criante. Peut-on tolérer que des personnes en devenir soient mises au ban de la société*

***parce qu'elles sont différentes ? Ces enfants et ces jeunes n'ont-ils pas quelque chose d'unique à apporter ?***

***En Pologne plus qu'ailleurs, les exclus sont souvent enfermés dans des institutions spécialisées, qui aggravent encore leur marginalisation. Deux artistes se sont insurgés contre cette fatalité. Ils décident de conjuguer art et handicap, art et exclusion à travers le Théâtre social. Ils créent alors l'association du*** **Théâtre Grodzki** ***pour sortir tous les exclus de leur isolement et pour les aider à s'intégrer dans la société.***

La Pologne a su montrer son dynamisme puisqu'elle affiche une des plus fortes croissances des pays de l'OCDE depuis les années 1990, mais cet essor n'a pas bénéficié à tous. Bien au contraire ! De nombreuses catégories de population se sont retrouvées sur le bord de la route.

La population rurale, tout d'abord. Elle est de plus en plus marquée par la pauvreté, avec 27 % de personnes vivant sous le seuil de pauvreté contre 12,5 % dans les villes[1]. S'ajoute à ce problème l'inefficacité du système de redistribution de l'argent public, pointée par de nombreux experts, et la montée du chômage surtout chez les jeunes. La précarité matérielle se traduit le plus souvent par des difficultés de logement, des conditions de vie dans des résidences insalubres, un manque d'accès aux soins, à l'éducation. Les deux tiers de ces démunis sont des enfants. Et ce taux a augmenté de 4,2 % entre 1995 et 2005, plus que dans tous les autres pays européens.

Quelles conséquences cette situation peut-elle avoir sur leur avenir ? La pauvreté marque profondément la vie d'un enfant parce qu'elle marginalise. Se sentant différent des autres, il a tendance à se replier sur lui-même, à fuir ses camarades par peur des moqueries ou des sarcasmes et a l'impression de ne plus être accepté ni reconnu. Alors, soit il s'enferme dans la solitude, soit il recherche la compagnie de ceux qui sont dans des situations semblables à la sienne et rejoint des bandes. Dans l'un et l'autre cas, il devient vulnérable aux mauvaises influences et court un risque de se laisser entraîner vers des comportements déviants : agressivité, violence ou conduites addictives.

Et l'usage de la drogue est précisément un grave problème en Pologne. Après la chute du mur de Berlin, les jeunes ont pu avoir accès soudainement à des drogues dures. Le nombre de consommateurs adolescents a triplé entre 1995 et 1999[2]. Dans ce pays, comme dans la plupart de ceux de l'ex-bloc soviétique, la tendance est à la répression de la toxicomanie plutôt qu'à sa prévention. Les gouvernements ordonnent d'interminables séjours en centres de désintoxication au fin fond de la campagne. Les jeunes y passent alors des journées entières, prostrés, ne s'intéressant à rien, enveloppés d'un silence pesant déchiré de temps à autre par des cris stridents. À la souffrance toujours présente de la cause première qui les a menés à la drogue s'ajoute le manque. Personne ne les aide à trouver leur place dans la société. Dans ces conditions, leur rupture du lien avec le monde s'aggrave encore.

Enfin, une autre cause d'exclusion préoccupante est le handicap. Par manque d'information, et du fait de leur grande pauvreté, beaucoup de jeunes femmes, en particulier dans les régions rurales, n'ont pas accès à la médecine prénatale, d'où un nombre important de naissances d'enfants handicapés physiques et mentaux. Il y a, en Pologne, trois à quatre fois plus de malformations génétiques sérieuses à la naissance que dans les autres pays européens[3].

Ces enfants ont été, eux aussi, souvent placés en institution. Le handicap a longtemps été considéré comme une maladie et les enfants étaient éloignés de leurs parents pour leur apprendre à adopter des comportements dits « normaux ». Heureusement les mentalités évoluent vers une plus grande attention au développement de la personne.

En 1997, l'État polonais a réformé le système de protection de l'enfance et s'est appuyé sur le travail des ONG pour proposer des solutions. Mais lutter contre cet héritage social constitue une tâche immense et les moyens ne sont pas à la hauteur de la situation. C'est pourquoi, aujourd'hui, le système des « institutions » reste encore répandu, perpétuant la discrimination par l'approbation tacite de l'idée que certains groupes vulnérables, orphelins, abandonnés, handicapés, toxicomanes, enfants des familles touchées par le sida ou la misère, devraient rester « à part ».

Cette situation, qui ajoute de l'exclusion à un contexte déjà difficile à vivre, m'a toujours préoccupée. On apporte de la division là où le besoin d'être relié est le plus criant. Comment arriver à faire comprendre à ces enfants « étiquetés » depuis leur plus jeune âge qu'ils sont avant tout des personnes, qu'ils ont en eux, au-delà des problèmes traversés, quelque chose d'unique qui ne demande qu'à s'épanouir ? Avec ces questions pour tout bagage, j'ai pris l'avion pour Cracovie. J'avais entendu parler d'un projet qui pourrait peut-être y apporter une réponse et je tenais à me rendre sur place.

J'ai rencontré une jeune femme dynamique et déterminée : Maria Schejbal.

Si elle est aujourd'hui le pivot de l'association, elle tient à préciser qu'elle n'en est pas la créatrice. L'association est née de la rencontre de deux artistes : Jan Chmiel, acteur et marionnettiste, qui travaillait depuis plusieurs années avec de jeunes handicapés, et Tomasz Zielinski, musicien. Ils décident d'unir leurs talents. Leur credo : une société citoyenne suppose la participation de tous les groupes sociaux dans les processus de décision et la possibilité pour chacun d'exprimer ses besoins et ses émotions. Ils veulent ancrer leur projet dans leur environnement local, une ville située dans une région rurale, au sud-est de la Pologne. C'est pourquoi ils l'appellent « Grodzki », ce qui, en polonais ancien, signifie « qui appartient à la ville ».

Malgré leur enthousiasme, ils n'ont aucun moyen financier et donc peu de possibilité d'action jusqu'à leur rencontre avec Maria Schejbal. Convaincue de leur cause, elle réussit à décrocher une subvention de l'Union européenne. Ensemble ils vont pouvoir donner un nouvel envol à l'association et définir son objet : réinsérer, par le théâtre, tous les exclus. Car, pour Maria Schejbal, cet art vivant constitue « un outil de socialisation et d'intégration permettant à ces enfants "différents" de vivre dans un environnement physique et social aussi proche que possible de celui des autres enfants et de pouvoir développer des relations interpersonnelles et participer à la vie de la société ».

## La passion du théâtre

Très jeune, Maria Schejbal a été fortement impressionnée par le théâtre alternatif qui revendique une liberté de création et d'expression. Elle décide d'orienter ses études dans ce domaine. Elle apprécie particulièrement le projet américain *Bread and Puppet* signifiant par son nom même que le théâtre est aussi indispensable à la vie que le pain. Peter Schumann, son fondateur, en fait un vecteur de prise de position sur des sujets qui l'ont beaucoup marqué dans sa jeunesse en Allemagne pendant la guerre. La paix, la justice sociale, la liberté sont ses thèmes de prédilection. Maria est fascinée par la philosophie de ce théâtre engagé et aussi par ses caractéristiques propres : le renouveau des traditions populaires et la prépondérance de l'action sur la parole.

Un jour, elle apprend que la célèbre troupe vient se produire en Pologne. Elle n'hésite pas. Munie d'un petit sac à dos, elle se rend à Varsovie. Elle connaîtra alors un moment qu'elle qualifie comme un des plus importants de sa vie. Une journée de bonheur passée à découvrir des spectacles de rue, de l'art, de la création, de la gaieté… tout ce qui la ravit ! Et puis c'est le temps du départ, Peter Schumann, entouré d'une nuée d'admirateurs, s'apprête à rejoindre sa voiture. Elle se trouve là sur son passage mais n'ose pas l'approcher tant elle est impressionnée par cet homme de haute stature qui est déjà une personnalité reconnue dans son domaine et puis, à cette époque, elle ne maîtrise pas bien la langue anglaise. Tétanisée, elle se limite à un pâle sourire. Au moment où il entre dans le véhicule, il fait un signe d'adieu à toute l'assistance et pose son regard un instant sur elle. C'est l'élément déclencheur. Bravant sa timidité, elle lui bredouille, comme elle le peut, toute son admiration. Il lui répond avec un air confiant : « Venez donc nous voir à Vermont » et disparaît. Dès le lendemain, elle lui écrit, il lui confirmera un peu plus tard qu'il accepte de la recevoir.

Malgré la difficulté que cela représente dans le contexte polonais de l'époque, elle réussit à force d'obstination et avec l'appui de son directeur de thèse à obtenir un visa pour les États-Unis. C'est ainsi qu'en 1988 elle rejoint la compagnie *Bread and Puppet*. Elle participe à des activités théâtrales variées et à toutes sortes de spectacles de rues.

De retour en Pologne, une année plus tard, Maria trouve un job dans un théâtre de la ville de Bielsko-Biala, à 100 km au sud de Cracovie. Poursuivant les expériences newyorkaises, elle monte des projets auprès des jeunes des écoles et des lycées pour promouvoir notamment les spectacles de rue. En 1996, soucieuse d'assurer son avenir, elle décide de se présenter à un concours de journalisme. On lui demande alors de rédiger un article sur une organisation humanitaire polonaise. Elle choisit de se rendre dans un centre de réhabilitation de jeunes victimes d'addictions, dirigé par la fondation *Hope*. Cette visite va bouleverser sa vie car elle n'avait encore jamais été confrontée à des adolescents dont le quotidien est à ce point marqué par la violence, la drogue et le désœuvrement. Elle décide de s'y engager comme volontaire. Au début, elle ne sait pas comment se comporter avec les jeunes toxicomanes. Mais très vite elle se rend compte qu'ils ont un besoin immense de créer. Comme tout un chacun, ils ont des rêves et des envies. En elle germe alors l'espoir de les soulager de leurs blessures et de les sortir de la spirale qui les enferme, en leur transmettant sa passion pour le théâtre.

Elle propose à un premier groupe de monter une pièce en inventant une histoire, et leur montre qu'elle croit en eux et qu'elle les soutiendra dans ce projet. Maria est éblouie par les résultats et décide de poursuivre cette activité.

En 1997, elle crée un premier programme éducatif fondé sur le théâtre de marionnettes, puis, trois ans plus tard, elle décide de rejoindre l'association du *Théâtre Grodzki*. Il est plus efficace de rassembler les énergies qui œuvrent dans le même sens ! S'inspirant du travail de Jan Chmiel auprès d'handicapés mentaux, elle élargit son programme initial à toutes les formes d'exclusion.

De tempérament passionné, Maria croit au projet *Grodzki* et décide de se battre pour trouver les financements permettant de le déployer. Avec succès. Quatorze ans après, l'association compte près de quarante-cinq personnes : acteurs professionnels, enseignants, professeurs de théâtre, photographes et metteurs en scène, thérapeutes, pédagogues et éducateurs. Elle ouvre ses portes à tous ceux qui sont rejetés de la vie sociale et culturelle (enfants, adolescents, adultes et personnes âgées), tous ceux qui souffrent d'un déficit de confiance en eux-mêmes ou d'un manque de motivation pour avancer dans leur vie. Autour du théâtre, elle déploie une palette d'activités.

## Un bon souvenir, un cadeau pour la vie

Bogdan a commencé à consommer des drogues quand il avait douze ans. Élevé dans une famille monoparentale, il quitte l'école et passe toutes ses journées dans la rue avant d'être placé dans une institution pour les jeunes victimes d'addiction. Il s'y ennuie mortellement. Un jour, il entend parler d'un atelier de théâtre développé par l'association *Grodzki*. Il s'inscrit aussitôt et devient très vite un des participants les plus actifs. « J'avais toujours été fasciné par le théâtre mais n'avais aucune chance d'y être impliqué auparavant. En participant aux ateliers, j'ai trouvé l'espoir et une motivation stable dans ma vie. » Bogdan a réussi à obtenir un diplôme de théâtre et aujourd'hui il a réalisé son rêve : il fait partie de la troupe professionnelle de l'Académie d'art des marionnettes à Bialystok.

L'association du *Théâtre Grodzki* sait que, pour ceux qui ont traversé de grandes difficultés, tout bon souvenir a une signification particulière et peut changer le cours de leur vie. C'est pourquoi leur proposer un espace de créativité et d'expression à travers des ateliers théâtre est une occasion de créer quelque chose d'unique qui restera longtemps gravé dans leur mémoire.

## L'expression théâtrale, pour libérer le dire

Les ateliers de théâtre, au nombre de treize actuellement, sont toujours créés en coopération avec des organisations partenaires : des centres de désintoxication ou d'accueil de handicapés, des écoles, des hôpitaux, des orphelinats, etc. Ils se tiennent dans leurs locaux à raison d'une fois par semaine. Cet engagement avec des partenaires stables constitue une grande force du programme car il permet un travail en profondeur pour les professionnels au contact des enfants. Pour les jeunes, c'est un moment où ils sont écoutés et peuvent exprimer ce qu'ils ressentent ou ce qu'ils pensent. Faire appel à leur créativité les sort d'eux-mêmes. Le théâtre est aussi l'occasion de les réunir autour d'un projet culturel.

Toutes les formes d'expression théâtrale sont proposées : comédies, drames, spectacles de mimes, marionnettes, danses, ou encore « happenings » (intervention artistique spontanée et improvisée). Peu importe le type de convention, ce sont surtout les effets visuels, les mouvements et les actions de groupe qui comptent.

La méthode est très ouverte. L'instructeur donne une idée ou propose un scénario et chacun essaie d'y ajouter quelque chose de personnel. Du coup les participants font fréquemment référence à leur famille ou à leurs difficultés de vie, aux problèmes d'addiction ou de violence. C'est une façon pour eux de se libérer. Comme Stanislaw, douze ans, qui s'est mis à parler spontanément des coups reçus tous les soirs pendant des jours et des nuits, montrant même le type de bâton qu'utilisait son père, comment il s'y prenait et mimant sa propre attitude quand il recevait les volées. Mais, bien souvent, les jeunes artistes préfèrent s'exprimer de façon collective. Une adolescente habillée en jeune fille romantique a peint en blanc son visage et, en jaune d'or, une étoile au-dessus de sa bouche. Celle-ci déborde d'un rouge à lèvres dégoulinant. Elle parle d'abus sexuels mais dans un propos général, sans faire référence à son histoire. J'apprendrai par la suite que la saynète a été travaillée par un groupe de deux garçons et trois petites filles, dont plusieurs avaient été violés au sein de leur famille. Parfois l'histoire évoquée est tellement forte qu'il faut la laisser provisoirement de côté pour épargner les autres.

Le thème choisi par les participants peut aussi être un sujet de société, comme cette magnifique représentation où, sans un mot et simplement avec des masques, les jeunes arrivent à faire passer le message de la stupidité du racisme et de la discrimination.

Dans la méthode proposée par le *Théâtre Grodzki*, rien n'est figé. Chaque groupe de travail est différent et chaque instructeur a sa propre façon de travailler avec le groupe. Les activités de théâtre donnant aux enfants la possibilité d'exprimer leur souffrance, la présence de psychothérapeutes est importante. Il est essentiel qu'il y ait des échanges entre thérapeutes et instructeurs sur le comportement des participants ou sur la dynamique du groupe. Tantôt ils participent pleinement à l'atelier, tantôt ils interviennent seulement dans les moments sensibles.

C'est un défi pour chaque instructeur de choisir des activités qui soient à la portée des participants, quels que soient leurs traumatismes ou handicaps, tout en maintenant leur motivation. « L'objectif est qu'ils puissent faire un pas en avant, réapprendre à aller vers les autres, m'explique Maria Schejbal. Si, dans certains cas, la représentation peut perdre quelque chose sur le plan artistique, cela est compensé par l'émotion dégagée. »

Généralement les séances d'atelier comprennent trois séquences : une période d'échauffement où sont proposées des activités d'intégration. Par exemple, la pratique de l'escrime avant une représentation aide tous les participants, mais plus particulièrement ceux qui sont handicapés mentaux ou qui souffrent de dépression, car cela améliore leur bien-être physique et mental. Ils y puisent dynamisme et une meilleure confiance en eux. Ensuite démarre le travail sur le spectacle lui-même (répétitions, travail sur le scénario, les costumes, les accessoires et le décor) et enfin est prévu un temps d'échange sur l'expérience partagée. Les ateliers d'improvisations théâtrales sont autant d'occasions de prise de parole publique où les participants apprennent peu à peu à oser exprimer leurs pensées et leurs sentiments. Maria Schejbal est toujours surprise par les talents que les jeunes acteurs mettent en œuvre : « Ils ont une bonne compréhension des exigences de la scène, prennent leur travail très au sérieux et surtout ils ont une sensibilité toute spéciale et souvent le sens de l'humour. »

Par exemple, dans le centre de réhabilitation de jeunes délinquants, l'un d'eux avait pris l'initiative d'improviser un scénario sur le jugement d'un camarade qui devait passer devant la Cour, afin qu'il puisse mieux se préparer à l'épreuve qui l'attendait le lendemain.

Dans les discussions ouvertes, qui ont lieu après les séances d'ateliers, ils expriment fréquemment des sentiments positifs et évoquent leur impression de sécurité au sein du groupe. Cela a pour effet d'entraîner les plus timides à acquérir de la confiance en eux et à oser parler peu à peu de leurs problèmes personnels, de leurs peurs, de leurs rêves et de leurs faiblesses.

J'ai pu échanger avec la mère de Tomasz, dix-neuf ans, handicapé à la suite d'une paralysie cérébrale. Il venait de passer avec succès son examen de l'école secondaire. Pour elle, il ne fait aucun doute qu'il n'y serait jamais arrivé sans les ateliers théâtre. « Pendant sept ans, il a participé à tous les ateliers, n'en manquant aucun malgré les grandes difficultés physiques et la fatigue qui en résultaient. Il a appris à braver tous les moments durs, en particulier quand il devait monter sur scène devant le public. C'est ce courage et ce dépassement de soi qui lui ont permis de réussir son examen. »

## Confiance et autonomie

L'association du *Théâtre Grodzki* gère aussi un centre de soins de jour qui accueille une trentaine de jeunes handicapés. Des activités individuelles et en groupe sont proposées à travers un atelier d'ergothérapie. Sorte de thérapie par l'activité, celle-ci vise à améliorer l'autonomie, à stimuler les capacités relationnelles et à acquérir des compétences permettant un mieux-être et une plus grande sécurité. Au cours de cet atelier, les jeunes apprennent les gestes de la vie quotidienne comme planter un clou, faire un ourlet, cuisiner. Surtout, ils se voient proposer toutes sortes d'activités de création artistique, qui visent à éveiller leur imagination, en libérant leur pensée.

Une grande partie d'entre elles est liée aux ateliers de l'association et, en premier lieu, aux théâtres de marionnettes. Les uns les fabriquent, d'autres assurent la confection et la réparation des costumes de scène, tandis que l'atelier menuiserie réalise les décors. Ces travaux permettent aux jeunes handicapés de contribuer à la réussite générale des projets artistiques.

La communication autour des représentations est une autre source d'activités. À travers les ateliers journalisme et photo, ils deviennent reporters en rédigeant des articles pour la newsletter du théâtre et en prenant des photos, qui donnent lieu ensuite à des expositions. Participant ainsi de près aux projets de l'association, ils ont la satisfaction de voir le résultat concret de leur travail et d'être valorisés tout en développant leurs compétences pratiques, intellectuelles et l'esprit d'équipe.

Ils fréquentent en moyenne trois ans le centre, et y acquièrent beaucoup de confiance en eux et d'autonomie. Ces nouvelles qualités restent ensuite à entretenir lorsqu'ils se retrouvent chez eux. Les parents et l'entourage ont alors un rôle précieux à jouer.

Parallèlement, l'association accorde une place importante à la création d'emplois pour les groupes vulnérables. Elle a mis en place deux centres de réhabilitation professionnelle, disposant d'un atelier de reliure et d'une imprimerie, et offrant ainsi une occupation rémunérée à soixante-deux personnes handicapées de la région ainsi qu'une activité génératrice de revenus pour l'association. Compte tenu des problèmes de chômage et de la situation professionnelle pratiquement inexistante pour le public handicapé en Pologne, le *Théâtre Grodzki* a même ouvert un bureau d'orientation professionnelle pour ce public, service unique en son genre proposé dans la région de Bielsko.

## Vivre avec son temps

Aujourd'hui, pour prendre une part active dans la société, les jeunes en difficulté doivent maîtriser les nouveaux moyens de communication. Or, se trouvant en dehors du processus éducatif classique et, le plus souvent, dans des familles très pauvres, ils n'ont en général pas l'occasion d'accéder aux nouvelles technologies. À la fracture sociale s'ajoute le plus souvent une fracture numérique.

C'est pourquoi l'association du *Théâtre Grodzki* a mobilisé des institutions dans quatre pays européens pour lancer ensemble et avec l'aide de financements européens un programme pilote baptisé *Animated debate* autour de la mise en place d'ateliers d'animation informatique. Il s'adresse à des jeunes de dix à vingt ans. Parmi eux des handicapés, des jeunes victimes d'addiction, des adolescents à risque. À chacun de trouver sa place dans l'équipe en développant ses compétences informatiques et artistiques avec l'aide d'artistes et d'éducateurs. Quatre modules sont proposés : l'apprentissage des règles de base de l'informatique, une initiation au graphisme, aux techniques d'animation ou encore à l'utilisation d'Internet.

Le résultat de ce programme a donné le jour à un CD en quatre langues, destiné à tous ceux qui utilisent un ordinateur et Internet ou voudraient les utiliser de manière créative : enfants et jeunes à l'école mais aussi enseignants et éducateurs qui s'initient ainsi à de nouvelles méthodes d'apprentissage.

## Un changement de regard

Pour l'association du *Théâtre Grodzki*, ces programmes prennent leur véritable sens grâce à l'interaction des participants avec un auditoire. Leur point d'orgue est le festival annuel où tous les groupes se produisent devant un large public. L'objectif n'est pas de réaliser une performance artistique mais de faire quelque chose de beau, d'émouvant. Pour Maria, c'est un événement qui change la vie : « Ils ont très peur avant les représentations, certains voudraient même fuir mais, une fois qu'ils y sont, quelque chose de magique se produit, le fait de dépasser leur peur leur permet de sortir le meilleur d'eux-mêmes et ils ne l'oublient jamais. »

De leur côté les spectateurs sont souvent impressionnés, surtout quand les acteurs sont handicapés : en voyant leur jeu et leur volonté, ils commencent à considérer le handicap d'une façon différente. Leur regard devient admiratif, ce n'est plus de la pitié. Tels ces commentaires : « Ils étaient très bons, je n'ai pas pensé que quelqu'un sur un fauteuil roulant pouvait se déplacer si rapidement et gracieusement », ou encore, « Bien que je ne puisse pas discerner tous les mots prononcés par cette personne, j'ai vraiment compris, à travers ses expressions, l'histoire entière et je l'ai beaucoup aimée. »

**L'Arbre généreux**

J'eus l'occasion d'assister à une représentation de « L'Arbre généreux » par le groupe de théâtre de l'atelier d'ergothérapie.

Nous nous installons dans une salle rectangulaire aux murs blancs, des jeunes habillés d'un pantalon noir et d'un T-shirt vert foncé s'affairent sans tenir compte du public. Leurs gestes ne sont pas très assurés mais chacun remplit minutieusement son rôle. Ils s'observent furtivement peut-être pour capter le regard approbateur de l'autre à moins que ce ne soit pour l'aider au cas où il aurait une défaillance. Ils installent une sorte de scène : au milieu, un grand arbre avec des branches chargées de feuilles et de grosses pommes rouges. À côté, ils placent une marionnette représentant un garçonnet. Ils rangent à l'arrière d'autres marionnettes dans un ordre méthodique. Ils regardent longuement le résultat de leur travail, puis, satisfaits, se positionnent tout autour de l'arbre.

C'est à ce moment que montent des coulisses des gémissements puis des sanglots. L'animatrice Barbara se précipite, on l'entend parler à voix basse avec beaucoup de douceur puis elle revient seule au milieu des spectateurs. Tous attendent sans bouger. Le silence est palpable. Au bout d'un moment, une jeune fille, les yeux gonflés de larmes, le dos voûté, arrive sur la scène d'un pas lent. Elle prend place à côté des autres, qui la regardent sans la moindre expression, et continue par moments à hoqueter. On m'expliquera, plus tard, que c'est la façon dont, avant chaque représentation, Kristina exprime son trac mais qu'elle adore jouer.

Et le spectacle commence… Il s'agit de « L'Arbre généreux[4] », qui raconte une histoire d'amour entre un arbre et un enfant. Les jeunes handicapés connaissent parfaitement l'histoire, ils ne parlent pas, même si des sons leur échappent parfois, mais font bouger les marionnettes, les pommes et l'arbre en parfaite concordance avec le déroulement de l'histoire qui est lue par une voix enregistrée. Ils sont appliqués, sérieux et très concentrés. À un moment, un des acteurs lance une marionnette représentant l'enfant à Kristina qui la porte à son cœur, la couvre de baisers et arborera à partir de cet instant un sourire apaisé.

Lorsque la pièce est terminée, ils se tournent tous vers l'animatrice et la regardent, inquiets. Nous applaudissons à tout rompre, leurs visages se transforment. On y décèle une vraie joie d'avoir réussi cet exploit. La séance de photos se déroule ensuite dans la gaieté, ils sont très fiers de poser avec leurs marionnettes.

## Un changement de société

La lutte contre les préjugés et les incompréhensions, dont les exclus sont souvent la cible, nécessite aussi des campagnes de prévention. La revue mensuelle *Jestesmy* (« nous sommes là »), publiée en polonais, sert de plateforme médiatique à la fois pour les participants et pour le public. Elle traite de tous les sujets qui peuvent contribuer à aider les exclus : l'éducation à travers les arts, le développement de soi, la créativité, le travail de prévention. Les articles rédigés par les jeunes eux-mêmes, les enseignants, les éducateurs ou experts de différents domaines visent à combattre les stéréotypes. Dans un numéro consacré au thème de la prévention des addictions, un jeune témoigne : « En fumant, on brûle une partie de soi ; on devient jaloux de ceux qui n'ont aucun problème ; c'est comme si la vie passait à côté de soi, c'est pour cela que je conseille de ne jamais fumer ni de se droguer. »

L'association propose aussi des formations à l'intention des enseignants, des thérapeutes ou des professeurs d'art. Il s'agit de les encourager à apprendre de nouvelles techniques et méthodes pour stimuler les enfants dans les écoles. Les programmes et le résultat de toutes ces expériences sont diffusés dans diverses publications et outils éducatifs à travers tout le pays et à l'étranger, ce qui contribue à développer l'image de l'association et aussi à sensibiliser les jeunes enfants à la question de la tolérance et de la non-discrimination.

Lorsqu'on demande à Maria Schejbal si elle est satisfaite de tout ce travail, elle répond avec modestie que le chemin à accomplir est encore bien long. Mais elle perçoit une évolution dans les mentalités de la société, elle souligne l'intérêt croissant manifesté par les enseignants pour les activités réalisées par des personnes handicapées, qui sont de plus en plus invitées à se produire dans les écoles.

Du côté de l'organisation, elle retrouve le même attrait : chaque année, les volontaires qui se présentent pour aider aux ateliers sont plus nombreux. « Ma plus grande satisfaction est de voir des jeunes formés dans nos ateliers revenir quelques années plus tard pour être à leur tour formateurs », précise-t-elle avec un sourire ému.

**Association artistique
de la ville de Bielsko-Biala, *Théâtre Grodzki***

**Création** : 1999

**Mission** : Sortir de l'isolement tous ceux qui sont exclus socialement par le handicap, les addictions, la pauvreté, la délinquance…, notamment grâce au théâtre.

**Implantation du projet** : Pologne (région de Bielsko-Biala et les provinces du Sud).

**Équipe** : 30 collaborateurs et 15 bénévoles.

**Bénéficiaires**
– 150 enfants et adolescents suivent chaque année les ateliers artistiques et 300 à 500 enfants sont associés aux ateliers ponctuels ;
– 62 personnes handicapées sont accueillies dans 2 centres de réhabilitation professionnelle.

**Finances**
Budget annuel : plus de 1 million d'euros ;
Ressources : 90 % fonds publics (UE, ministères…)

**Distinctions**
L'activité théâtre a été récompensée par plusieurs prix nationaux et internationaux.
Maria Schejbal a été nommée *fellow* Ashoka en 2007.
Elle a publié de nombreux ouvrages sur le théâtre et la réinsertion sociale.

En savoir plus : www.teatrgrodzki.pl/english

## Mary Gordon
## *Roots of Empathy*
## (Racines de l'empathie), Canada

### Désamorcer l'agressivité en milieu scolaire par la rencontre avec des bébés

> « La paix restera un rêve tant que nous ne saurons pas voir l'humanité en chacun de nous… Quand les enfants sont capables de comprendre le point de vue des autres et de respecter leurs sentiments, ils développent un comportement moins agressif. »
>
> Mary Gordon

***L'intimidation voire la violence exercée ou vécue par les enfants en milieu scolaire est devenue un phénomène de société dans les pays occidentaux. Le harcèlement entre élèves toucherait en moyenne 6 % des élèves en tant qu'agresseurs et 9,5 % en tant qu'agressés[1]. Comment déjouer ces pratiques et changer le comportement de ces jeunes à long terme ? Comment leur faire acquérir des attitudes plus humaines et pacifiques ? C'est à ce défi de société que l'association*** **Roots of Empathy** ***(Racines de l'empathie) se consacre depuis quinze ans. Dans son programme, cahiers et stylos sont remplacés par un bébé. Une idée géniale de Mary Gordon pour***

***éveiller les élèves à une valeur : l'empathie. Les sensibiliser aux conséquences de leurs actions et faire diminuer l'agressivité.***

***Ce projet canadien a connu une croissance exceptionnelle. Il s'est développé à l'international. Trois cent soixante-quinze mille enfants en ont déjà bénéficié. Pour le dalaï-lama, il fait partie des initiatives qui pourront instaurer la paix dans le monde. Annonce-t-il ce que certains leaders d'opinion et sociologues appellent « l'ère de l'empathie » ?***

Notre monde, celui du XXIe siècle, est-il plus violent qu'autrefois ? Pour les uns, la violence augmente considérablement, pour d'autres elle est seulement plus visible. À chacun sa vérité. Mais tous s'accordent à déplorer de nouvelles formes d'expression alarmantes dans les écoles occidentales. Insultes, menaces, racisme, rackets, coups, harcèlements, agressions sexuelles voire meurtres dans les cas les plus extrêmes, les premières victimes sont les jeunes eux-mêmes, même si le corps enseignant est aussi visé.

Si la violence scolaire a toujours existé, elle a cependant changé de nature constituant aujourd'hui une vraie question de société. Le racket n'est plus individuel mais devient le fait d'un groupe envers une victime isolée. Les micro-violences, injures ou menaces à répétition à l'égard d'une personne choisie comme bouc émissaire se banalisent. Des chercheurs anglo-saxons ont centré leurs études sur ce qu'ils appellent le *school bullying*, cet abus de pouvoir agressif et harcèlement en milieu scolaire. Ils montrent que ces conduites perpétrées dans un rapport dominant/dominé engendrent des conséquences graves : dépression, repli, perte d'estime de soi pouvant aboutir au décrochage ou à l'échec scolaire, voire à des conduites suicidaires.

Selon de nombreuses études, les enfants agressifs courent, eux aussi, des risques qui peuvent se révéler plus tard dans leur vie : abus d'alcool, toxicomanie, dépression, violence, notamment conjugale ou infligée aux enfants[2].

Enfin, on oublie souvent les témoins des scènes d'intimidation. Dans 85 % des cas, elles se déroulent devant un public. Et ceux qui n'ont pas participé directement mais ont assisté à l'agression restent affectés par ce qu'ils ont vu.

Que faire pour rompre cette escalade qui touche de plus en plus de personnes ?

En France, la Fédération internationale des chercheurs dans le domaine de la violence scolaire a été lancée en 1998 et, avec elle, la création d'un Observatoire mondial. Chercheur et président de cette instance, Éric Debarbieux[3] mène régulièrement des enquêtes avec son équipe. Dans les facteurs de risques à l'œuvre, il accorde une place privilégiée au climat scolaire. Il estime qu'il est nécessaire de faire une place aux parents à l'école, de rendre plus solidaires et plus stables les équipes éducatives mais aussi d'agir sur les facultés cognitives des enfants pour qu'ils apprennent à se mettre à la place de l'autre et comprennent que dans un problème il y a plusieurs solutions.

L'historien Vincent Troger a par ailleurs observé que dans les pays comme le Brésil, le Burkina Faso et Djibouti, « la violence est moins fréquente que dans la plupart des pays riches parce que des communautés soudées et solidaires ont subsisté et les écoles bénéficient de ce lien de proximité[4] ». En Occident, rares sont les initiatives de terrain qui permettent de semer des graines d'humanité à l'école. Et pourtant, il en existe. Lors d'une conférence organisée sur ces questions par la Banque mondiale avec des représentants de tous les continents, je rencontrais Mary Gordon, fondatrice de *Roots of Empathy*. Derrière son allure sérieuse de femme très bien éduquée, je fus frappée par la calme assurance avec laquelle elle présentait un projet tout simplement révolutionnaire : d'inoffensifs bébés plongés dans un bain de violence scolaire !

Tous ces messieurs des institutions, habitués à des discours plus classiques et académiques, l'écoutaient comme si elle venait d'atterrir d'une autre planète. L'expression de leurs visages oscillait entre étonnement, suspicion et amusement. Mais, peu à peu, les uns et les autres ont commencé à se laisser convaincre tant sa démonstration était claire et rigoureuse. Et, quand elle a fini sa présentation, le silence était absolu. Le débat qui a suivi a montré qu'elle avait réussi à retourner son auditoire, tant son message était vibrant.

## Une alchimiste de l'empathie

Mary Gordon est née et a grandi à Terre-Neuve, au Canada, dans une famille nombreuse et cultivée. « À table on ne prenait la parole que si on avait des choses intéressantes à dire », raconte-t-elle. En 1969, à la fin de ses études, elle choisit le métier d'institutrice pour contribuer activement à l'épanouissement des enfants. Elle se rend alors compte à quel point il est important de resserrer les liens entre les familles et l'école et invite des parents dans sa classe.

Cette expérience la conduit à lancer, en 1981, le premier centre pour l'alphabétisation familiale et le rôle parental en milieu scolaire. Ce programme est aujourd'hui inscrit dans la politique gouvernementale de l'Ontario, des centaines d'écoles y participant, et il devient un modèle dans plusieurs pays du monde.

Un peu plus tard, alors qu'elle travaille dans un centre social de Toronto avec des mères en grande difficulté, souvent à peine sorties de l'adolescence, Mary Gordon comprend que la transmission intergénérationnelle joue un rôle majeur dans les comportements parentaux. Les jeunes femmes, élevées dans un climat de violence ou de mauvais traitements, manquent de repères pour s'occuper de leurs propres enfants.

Mary est convaincue qu'un changement durable commence par l'école. Si, dès leur jeune âge, les enfants apprenaient à ressentir les sentiments des autres, ils seraient de meilleurs parents et auraient des comportements sociaux plus humains. Mais comment déjouer l'agressivité et la violence dans lesquelles ils sont enfermés ? Elle pense à l'empathie grâce à laquelle un individu peut comprendre les sentiments et les émotions d'une autre personne. En être doté nous rend capables de nous mettre à la place de l'autre, et par extension de mieux l'accepter, dans ses points communs comme dans ses différences, ce qui rend plus tolérant.

Mais enseigner l'empathie de façon académique aurait aussi peu d'effet que les cours de morale que ces enfants exècrent. Il faut donc trouver un autre moyen de les y conduire. En observatrice fine, rigoureuse et sensible, Mary a remarqué que la venue d'un bébé dans une réunion produit un effet magique. Le niveau sonore général diminue, l'agitation s'estompe et toute l'attention converge vers lui. Parallèlement elle relève dans le rapport mère (père)-nourrisson, quand il se passe bien, un modèle idéal d'empathie. Un parent sait le plus souvent décrypter les besoins de son bébé, les devancer, les anticiper, autrement dit entrer en résonance avec lui pour le satisfaire et le rendre heureux.

Mary Gordon formule alors une idée : s'appuyer sur la capacité spontanée d'un tout petit à être le centre d'intérêt d'un groupe et sur la richesse de la relation bébé-parent pour enseigner l'empathie à l'école et par là diminuer l'agressivité et la violence des enfants entre eux. Si un bébé venait régulièrement pendant les premiers mois de sa vie, dans une classe, les élèves tenteraient peut-être de comprendre ses réactions et apprendraient progressivement aussi à exprimer leur ressenti.

Là est la seconde idée géniale de Mary Gordon : pour apprendre aux enfants à réfléchir sur eux-mêmes et aux conséquences de leurs actes sur les autres, il faut leur donner les moyens de nommer leurs émotions et, pour cela, leur enseigner la « littératie affective » (la compréhension et le vocabulaire des émotions). « Cette littératie affective, dit-elle, nous permet de prendre conscience de nos propres sentiments et de ceux des autres, autrement dit, de notre humanité commune[5]. »

## Professeur Bébé

Le temps des réflexions passé, Mary Gordon se lance dans l'action. En 1996, elle crée *Roots of Empathy*, un programme scolaire destiné aux enfants de cinq à treize ans. Il s'agit alors d'un projet pilote concernant cent cinquante enfants en Ontario. Il sera suivi en 2005 de *Seeds of Empathy* (« Semailles de l'empathie »), le petit frère destiné aux enfants de trois à cinq ans.

Le principe est simple : un bébé, accompagné de sa mère ou de son père, interagit avec une classe pendant neuf mois.

L'intégration sociale étant un élément fondamental du programme, la famille est issue du quartier. La diversité de la communauté doit être représentée pour montrer que les enfants sont tous aimés de la même manière, quelle que soit leur couleur de peau, leur origine sociale ou leurs caractères propres. L'association veille à inclure des familles monoparentales, des enfants souffrant de handicaps et à faire venir aussi bien les pères que les mères. Pour les familles, il est très valorisant de pouvoir ainsi partager l'amour qu'elles portent à leur enfant. Une maman qui avait participé au programme avec sa fille raconte que celle-ci, âgée maintenant de cinq ans, est très fière de regarder les photos et la grande affiche couverte de vœux qui avaient été remises au nourrisson qu'elle était à l'époque.

Bébé est l'enseignant, c'est même écrit sur le T-shirt qu'il porte. Il est amené, une fois par mois, dans l'école. Placé sur une couverture au milieu des enfants de la classe, il reste dans les bras de son parent tant qu'il n'a pas pris assez confiance pour s'en éloigner de lui-même. Sa présence, à elle seule, calme immédiatement la classe. Les élèves habituellement agités deviennent respectueux. Tous cherchent à entrer en contact avec lui.

Les enfants doivent l'observer et, comme il ne parle pas, essayer de décrypter ce qu'il ressent. Ils échangent entre eux et avec les adultes présents sur ce qui rend un nouveau-né heureux, ce qui le fait sourire ou pleurer. La moindre mimique est interprétée et commentée.

Chacune des visites est centrée sur un thème spécifique, par exemple les pleurs, les soins, les émotions, le sommeil, la sécurité, la communication. Au fil des semaines, les enfants s'aperçoivent à quel point il a besoin d'amour et d'attention et apprennent à le comprendre à travers ses émotions.

Au début du programme, le bébé a de deux à quatre mois et environ un an à la fin. C'est la période la plus chargée en changement de toute notre vie d'humain. Les enfants peuvent donc observer les différences sur les plans cognitif, social, affectif et physique. Ils découvrent l'importance des soins attentifs et de la stimulation pour le développement du cerveau. Plus l'année avance, plus la classe s'attache à « son » bébé. Elle fête les grandes étapes de son évolution.

Mais le bébé est aussi porteur d'amour sans préjugés. C'est son intuition qui le guide, il ignore les clivages établis par la société. Pour lui, chaque enfant de la classe représente une nouvelle expérience à explorer. C'est comme si les cartes étaient redistribuées, donnant à chacun la possibilité de montrer une nouvelle partie de lui-même. Allant plus loin, Mary Gordon constate même que les bébés ont une propension à repérer les enfants qui sont malheureux et troublés et les aident à aller mieux.

Elle raconte une histoire bouleversante. Une mère expliquait à la classe qu'elle constatait qu'Ewan préférait nettement, lorsqu'il était porté dans un porte-bébé souple attaché à elle, regarder l'extérieur alors qu'elle aurait préféré l'avoir face à elle. À la fin de la séance, la mère demande si quelqu'un veut essayer le porte-bébé. À la surprise générale, Darren, un élève qui, avec ses deux ans de plus que tous les autres, son crane rasé et un tatouage derrière la tête, jouait au « caïd », se propose. Il attache les bretelles puis demande s'il peut y installer Ewan. La mère, d'abord inquiète, accepte. Il le place face à sa poitrine. Le bébé se blottit promptement contre lui et ne bouge plus. Il se met alors à l'écart et le berce pendant plusieurs minutes. Puis Darren revient vers la mère et l'instructrice du programme et leur dit : « Pensez-vous qu'on peut devenir un bon père, si personne ne vous a jamais aimé[6] ? »

Ce garçon avait été témoin, à l'âge de quatre ans, du meurtre de sa mère et depuis était transbahuté d'une famille d'accueil à l'autre. Grâce à ce moment d'affection inconditionnelle avec le bébé, il a entrevu une image positive de lui-même comme parent, et cette découverte peut avoir une influence déterminante sur le cours de sa vie. C'est ce que Mary Gordon appelle « semer des graines d'empathie ».

D'une façon générale, la sensibilisation à la vie du bébé permet d'éduquer à la parentalité future, surtout pour les enfants qui manquent d'exemples en ce domaine au sein de leurs familles. « J'ai appris qu'il ne fallait jamais secouer un bébé », déclare une blondinette, du haut de ses cinq ans.

Professeur décidément émérite, bébé permet aussi de mettre en pratique des connaissances théoriques apprises à l'école. Par exemple, aidés de l'instructrice, les élèves utilisent leurs compétences mathématiques pour mesurer et peser le bébé, puis reportent les indices de sa croissance sur un tableau. Ils écrivent des poèmes ou créent des chansons « rap » pour lui. Ils apprennent à résoudre des problèmes concrets, par exemple la stratégie à adopter pour réconforter un bébé qui pleure. Et surtout ils font l'expérience du travail en petits groupes dans lesquels ils ne sont pas considérés en fonction de leur niveau scolaire mais où chacun peut s'exprimer selon un principe de démocratie participative.

Enfin, dernier cadeau de notre pédagogue hors pair : le droit au *not yet* ! Lors des séances, les élèves posent mille questions à la mère ou au père du bébé : « Sait-il parler ? Quand va-t-il marcher ? Reconnaît-il les couleurs ? » La réponse du parent est toujours la même, « pas encore ».

Mary Gordon en a tiré le concept du *not yet*, qui s'applique à de nombreuses occasions. Donner à soi-même et aux autres la permission d'avancer chacun à son rythme, d'admettre que nous n'avons pas tous les mêmes forces et faiblesses et que chacun doit être respecté dans ses différences et ce qu'il a d'unique.

**La « littératie affective »**

Chaque rencontre avec le bébé, d'une durée de trente minutes, est précédée et suivie de la visite de l'instructrice seule. Lors de la première, l'institutrice prépare les enfants, en suivant point par point les objectifs définis dans ce que l'on pourrait appeler une « feuille de route » : annonce du thème de la session, lecture d'un livre jeunesse en rapport avec le sujet, discussions afin d'établir des parallèles entre ce qu'ils vivent et ce qu'ils vont observer, mise en perspective et expression libre par le dessin.

Après la visite familiale, la classe consacre quarante minutes au décryptage de ce qui a été vécu autour du bébé. Tout d'abord ce que celui-ci a pu ressentir, à travers des échanges pour nommer ses émotions. Puis l'instructrice les incite à repérer, dans leur propre expérience, des émotions similaires et à les nommer. Ils peuvent aussi les écrire ou les exprimer à travers la musique, le dessin ou la peinture afin d'ancrer durablement ce qu'ils ont appris.

La littératie affective, dont Mary Gordon a été l'une des pionnières, est reconnue, depuis la fin de l'année 2010, par les Nations unies dans le cadre de la célébration de la journée internationale de l'alphabétisation, au même titre que la lecture ou l'écriture.

Le livre de Mary Gordon, *Roots of Empathy : Changing the World Child by Child* (Racines de l'empathie : changer le monde enfant par enfant), a été sélectionné parmi les cent livres les plus importants de l'année 2006 par le *Globe and Mail.*

**La visite de professeur bébé**

Anne-Marie et son bébé Nicolas ont rendez-vous, pour la deuxième fois, avec une classe de quatrième année (niveau CP). Lorsque le bébé entre dans la classe avec sa mère, tous les élèves debout, en cercle, entonnent une ritournelle de bienvenue : « Bonjour Nicolas, comment ça va ? Comment ça va aujourd'hui ? » La jeune maman s'avance devant chaque enfant afin de lui présenter son bout de chou, qui parfois tend sa menotte ou cherche des yeux celui qui le regarde. « Quand je leur présente Nicolas, ils essaient tout de suite d'entrer en contact. Ils se sentent immédiatement attirés. » Les enfants s'assoient ensuite en tailleur autour d'une large couverture verte, sur laquelle la maman dépose bébé Nicolas.

Aujourd'hui la rencontre est autour du thème des pleurs. Je suis fascinée par la façon dont les élèves, garçons et filles, ne quittent pas des yeux le bébé. La qualité d'attention est visible, la concentration est toute dirigée vers lui. Un sourire s'esquisse ici, un froncement de sourcils là, révélateur d'une interrogation. L'instructrice interroge : « Qu'est-ce qui peut faire pleurer un bébé ? Comment peut-on le consoler ? Qu'est-ce qu'il ne faut pas faire ? » Les mains se tendent, il n'y a pas de réponses justes ou fausses, les enfants peuvent essayer de répondre sans crainte. La maman, elle aussi, est active, invitée à répondre aux questions des enfants sur l'évolution de son bébé, sur son comportement, sur ce qu'elle éprouve elle-même dans telle ou telle situation. La rencontre se terminera par un « Au revoir Nicolas, et à bientôt » entonné par les enfants, debout, tendant la main au bébé qui passe parmi eux dans les bras de sa mère.

La séance se poursuit sans le bébé. L'intervenante de *Roots of Empathy* revient sur ce qui s'est passé dans la classe, l'essentiel étant de relier les observations à l'expérience personnelle des enfants. Un jeu de questions-réponses s'engage : « Un bébé peut pleurer. Mais toi aussi tu peux être triste, avoir de la peine. À ce moment-là, qu'est-ce que tu fais ? Et si un de tes amis a de la peine, qu'est-ce que tu fais pour lui venir en aide ? » demande l'enseignante. Les enfants ont ainsi l'occasion de parler de leur histoire, de leurs relations avec les autres ou en famille et de leurs émotions. Bébé Nicolas sera leur référent. Si quelqu'un ne va pas bien, pourquoi le repousser ou l'exclure ? Aucun enfant ne ferait cela à bébé Nicolas. L'enseignante rappelle combien chaque enfant est unique et précieux.

La dernière visite de bébé et de sa maman est émouvante. Les enfants remettent au bébé un arbre à souhaits, dessin d'un arbre où chaque feuille symbolise le désir d'un enfant pour Nicolas. « Je souhaite que tu aies de bons amis » ; « Je te souhaite que ta grand-maman ne meure pas » ; « Je souhaite que Nicolas sourie tout le temps, ça fait du bien au monde » ; « Je te souhaite d'avoir un chien »… Et la maman reçoit un album photos, condensé d'une année riche de rencontres et d'échanges.

## Les enfants, agents de changement pour la paix

Une des grandes forces de *Roots of Empathy* est de faire évaluer régulièrement l'efficacité de ses programmes par des centres de recherches indépendants. Depuis 2000, une douzaine d'études ont été menées. Elles ont concerné différents niveaux scolaires et des publics divers. Réalisées au Canada, à l'étranger et parfois pendant plusieurs années afin de mesurer l'évolution à long terme des comportements. Toutes montrent des résultats très positifs.

En comparaison à des enfants de classes témoins, les participants au programme de *Roots of Empathy* ont présenté des améliorations importantes. Leur niveau d'agressivité a considérablement diminué, ils ont développé de meilleures aptitudes sociales et des comportements plus compréhensifs avec leurs pairs. Ils connaissent mieux leurs émotions et deviennent capables de les exprimer sereinement.

Leurs témoignages confortent les études. « Même si quelqu'un est différent à l'extérieur, l'important est comment est son cœur à l'intérieur », dit une fillette de sept ans. « Et il ne sert à rien de tyranniser les autres, de leur faire ce que nous ne voudrions pas qu'on nous fasse », renchérit un garçon du même âge.

Ces effets bénéfiques sont également ressentis par les professionnels au contact des enfants. « Les élèves de ma classe sont devenus très sensibles aux sentiments des autres, témoigne une enseignante. Ils aident volontiers les nouveaux élèves ou ceux qui ont besoin d'un coup de main. Et les parents me racontent que leur comportement à la maison a aussi changé, ils sont beaucoup plus gentils et compréhensifs. »

Le cas de David, neuf ans, relaté par Mary Gordon, est particulièrement significatif. Affecté par une forme d'autisme, il se tenait toujours à l'écart et n'était jamais convié aux fêtes organisées par ses camarades. Après l'enseignement du programme *Roots of Empathy* dans la classe, il fut invité trois fois à des goûters d'anniversaire et son comportement vis-à-vis des autres a complètement changé.

Certains notent aussi une amélioration des résultats scolaires, ce qui n'est pas étonnant quand on connaît l'importance de l'intelligence émotionnelle. De nombreuses études montrent que le succès scolaire repose à plus de 50 % sur les compétences sociales et affectives des élèves. Comme le note une directrice d'école : « Le fait qu'il y ait eu une étincelle a tout changé, cette lumière qu'est l'empathie est comme une braise qui continue à brûler dans leur cœur. »

## Un modèle rigoureux et reproductible

Aujourd'hui, après quinze ans de pratique, le modèle est totalement documenté et rodé. Au siège de *Roots of Empathy*, une ancienne manufacture réaménagée en loft lumineux, de grandes bibliothèques parcourent les murs. En rangs serrés, des dizaines de classeurs détaillent le projet pédagogique. Il est applicable « clés en main » dans des écoles anglophones ou francophones. Et rien n'est laissé au hasard. Scientifique dans l'âme, Mary Gordon ne transige pas sur le respect scrupuleux de son programme, par ailleurs remis à jour tous les quatre ou six mois.

Les personnes qui interviennent dans les écoles ne sont pas les enseignants eux-mêmes mais des instructrices formées et titulaires d'un certificat *Roots of Empathy*. Elles sont suivies régulièrement et bénéficient d'un service téléphonique. Des réunions très fréquentes sont organisées entre tous les adultes intervenant dans le programme.

La prise en compte du contexte local est aussi un élément fondamental. Quel que soit le lieu où des instances aimeraient le voir enseigner, Mary Gordon et son équipe consultent tous les acteurs du terrain : représentants de la justice, de l'aide sociale, enseignants, éducateurs et autres organismes communautaires. Elle ne passe à l'action que s'il y a consensus entre toutes les parties prenantes.

Depuis 1996, *Roots of Empathy* a essaimé dans tout le Canada (six écoles au départ, sept cents aujourd'hui, cinquante mille enfants sensibilisés par an) ainsi qu'aux États-Unis, en Nouvelle-Zélande, à l'île de Man, en Irlande du Nord, en République d'Irlande, en Écosse et en Allemagne.

Le développement du programme est facilité par le fait qu'il n'est pas trop coûteux à implanter puisqu'il s'appuie beaucoup sur les structures locales et le bénévolat.

Et c'est une bonne nouvelle. L'extension du projet, en ouvrant de plus en plus d'enfants à l'empathie envers les bébés sans défense, envers leurs pairs et envers tous les autres, va contribuer à une société plus humaine, plus pacifique et plus empreinte de civilité. Alors l'empathie sera-t-elle un des piliers du monde du troisième millénaire ? En tous les cas, c'est le pari de Mary Gordon !

**Association *Roots of Empathy***

**Création** : 1996

**Mission** : Bâtir une société plus humaine, pacifique et empreinte de civisme en cultivant l'empathie chez les enfants grâce à un programme dans les écoles, fondé sur des visites en classe d'un bébé et de son parent.

**Implantation du projet** : Canada

**Essaimage** : États-Unis, Nouvelle-Zélande, Irlande du Nord, République d'Irlande, île de Man, Écosse et Allemagne.

**Équipe**
Au Canada, 25 salariés à temps plein et 135 à temps partiel.

**Bénéficiaires**
– Plus de 375 000 enfants dans 7 (bientôt 8) pays ;
– Au Canada 1 000 écoles et 50 000 enfants sensibilisés par an.

**Finances**
Budget annuel Canada : environ 4 millions d'euros
Ressources : 85 % fonds publics au Canada, 69 % dans les autres pays.

**Distinctions** : Plusieurs distinctions prestigieuses nationales et internationales, notamment le titre de *fellow* Ashoka en 2002. Mary Gordon collabore avec l'Organisation mondiale de la santé.

En savoir plus : www.rootsofempathy.org

# III.

# BÂTIR UN PROJET DE VIE ET S'INTÉGRER DANS LA SOCIÉTÉ

Semence en devenir, l'enfant – et bientôt le jeune – construit peu à peu sa personnalité et acquiert des aptitudes tant intellectuelles que sociales et artistiques. Ce mouvement permanent est orienté vers la quête et la conquête d'un projet de vie, de modèles à suivre et bientôt d'un métier.

Mais parfois les perspectives d'avenir sont très sombres. Dans certaines grandes villes du monde, les conditions de vie, de formation et d'emploi des jeunes sont si précaires qu'elles détruisent tout espoir. Elles peuvent alors ouvrir la voie à des conduites à risque : violence, addictions, délinquance… De plus, ces jeunes sont souvent victimes des préjugés renvoyés par la société comme l'image des quartiers dits « sensibles » en France, ou les « clichés » sur la criminalité dans les bidonvilles des pays d'Amérique du Sud.

Comment raviver en eux l'envie de réussir leur vie et de se faire une place dans la société ? En Colombie, au Vénézuela et en France trois innovateurs sociaux y répondent par des approches globales qui allient l'apprentissage d'aptitudes sociales et de valeurs humaines, le travail de la confiance en soi, l'acquisition de compétences et une ouverture possible vers un horizon professionnel.

Dans les bidonvilles de Cali, *Circo para todos* allume des étoiles dans les yeux des enfants en les initiant aux arts du cirque et en leur proposant d'en faire leur métier. À Caracas, les enfants des *barrios* se précipitent, dès leur plus jeune âge, vers les orchestres de *El Sistema* où, un instrument entre les mains, ils se rêvent déjà musiciens. Enfin, en France, des jeunes des quartiers sensibles puisent, dans les souvenirs heureux que *Sport dans la ville* leur fait partager, l'envie de réussir leur vie et l'élan pour y arriver.

FELICITY SIMPSON
*CIRCO PARA TODOS*, COLOMBIE

## Susciter à travers le cirque des projets de vie dans un contexte de délinquance juvénile

« Il faut semer des réalités dans des pépinières de rêves. »
Hector Fabio COBO PLATA,
cofondateur de *Circo para todos*
et *Cirque pour tous*

***Les funambules, les acrobates, les trapézistes, les jongleurs, les cyclistes, la musique, le spectacle, les lumières, le chapiteau… C'est le cirque !***

***Mais que dirait-on si, au-delà de sa poésie artistique, le cirque avait aussi une fonction sociale ? Si l'on pouvait former professionnellement aux arts du cirque et en même temps prévenir et corriger la violence et la situation de délinquance de certains enfants ou jeunes en favorisant leur insertion ?***

***C'est le défi relevé par Hector Fabio Cobo et Felicity Simpson en 1995, fondateurs à Cali, Colombie, de* Circo para todos *– Cirque pour tous en France, la première école professionnelle de cirque au monde spécifiquement destinée aux enfants des rues.***

***L'intérêt du cirque comme mode d'intervention social remonte au début des années 1980 et tient au fait que les enfants et jeunes marginalisés s'identifient spontanément aux risques et défis que propose le cirque. C'est aussi une proposition éducative qui combine le ludique, l'art, le sport et le développement personnel. Comment ? Les arts du cirque exigent un comportement responsable envers soi-même et envers les autres. Ils invitent au dépassement, permettent de développer et de renforcer l'estime de soi et la confiance en ses moyens. Ils valorisent et stimulent la solidarité et le travail en équipe.***

Le voyageur qui se rend en Colombie est immanquablement surpris de découvrir une population très joyeuse, chaleureuse et qui aime la fête, ce qui contraste avec l'image que le reste du monde a souvent en tête. Si des décennies de guerre entre les FARC, les paramilitaires, les narcotrafiquants et l'État ont longtemps mis ce pays à rude épreuve – plusieurs millions de personnes ont été victimes notamment de déplacements forcés –, la Colombie retrouve aujourd'hui, peu à peu, le chemin d'une relative stabilité. Mais la pauvreté touche encore une part importante de la population.

Cali, la ville de la salsa, est particulièrement marquée par les inégalités sociales. Alors que certaines familles, notamment au nord de la ville, concentrent toutes les richesses, les populations vulnérables s'entassent dans des bidonvilles immenses. Aguablanca à lui seul compte près de huit cent mille personnes, soit un tiers de la population de Cali. Il est, avec Siloé, le principal réceptacle des flux d'immigrés qui arrivent des zones rurales. Sans ressources, ils viennent grossir les rangs de ces quartiers pauvres. Le chômage y est très élevé.

Dans ce contexte, les enfants sont souvent livrés à eux-mêmes et à la pauvreté s'ajoute, comme dans de nombreuses villes du monde, un cortège de maux corollaires : violences de rue, drogue, délinquance. Dès l'âge de huit ans, ils peuvent être sollicités par des bandes de délinquants, les *pandillas* (gangs). Ils trouvent dans ces groupes une sorte de reconnaissance sociale, une cohésion avec une structure hiérarchique de pouvoir, des normes et des codes stricts. Les *pandilleros* commencent en rackettant des conducteurs de bus, de taxis et peuvent aller jusqu'à devenir des tueurs à gages.

Il y a quinze ans, deux passionnés de cirque, Hector Fabio Cobo et Felicity Simpson, sont venus s'installer à Aguablanca et Siloé pour donner un projet de vie à ces enfants sans avenir. En s'appuyant notamment sur le potentiel d'innovation artistique exceptionnel de la nation colombienne.

## Une rencontre sous chapiteau

Tout a commencé dans les années 1980, lorsque Hector Fabio Cobo, acteur de théâtre colombien talentueux et fantasque, que la passion pour le cirque maintenait en permanence juché sur des échasses, fit la connaissance à Paris de la jeune citoyenne britannique Felicity Simpson, étudiante à l'École nationale du cirque Fratellini, qui, pour sa part, passait le plus clair de son temps perchée sur un monocycle géant. La rencontre des deux ne manqua ni de hauteur ni d'éclat. Professionnellement, ils ne se quittèrent plus.

Le mouvement du cirque prenant à cette époque un envol spectaculaire au Brésil, le duo Felicity-Hector ne tarda pas à s'y rendre. C'est donc à Rio qu'ils rencontrèrent d'autres artistes, dissidents de l'École nationale de cirque du Brésil, avec qui ils créèrent la compagnie *Intrepida Trupe*. Curieux et impatients de dépasser la pratique et l'enseignement traditionnels du cirque, ce groupe d'artistes avant-gardistes s'attachera à développer leur art de façon innovante.

Au cours d'une tournée de sensibilisation au spectacle vivant, organisée par leurs soins dans le Nordeste, région parmi les plus pauvres du pays, Felicity et Hector ouvrent leurs premiers ateliers d'initiation au cirque. Ils découvrent alors l'énorme potentiel artistique des enfants, leur forte motivation, leurs aptitudes physiques et leur plaisir d'apprendre. Ainsi commence à poindre, de manière aussi empirique qu'enthousiaste, cette idée nouvelle que l'apprentissage des métiers du cirque pourrait bien se révéler un outil culturel pertinent de socialisation des enfants les plus démunis.

Mais, dans le même temps, ils se rendent compte que ce type d'action, si généreux soit-il, pourrait aussi se transformer en une formidable source de frustration pour les enfants bénéficiaires, s'il devait rester ponctuel ou occasionnel. C'est ainsi que, pendant les quelques années qui suivent, les deux comparses s'efforceront de faire mûrir leur projet d'enseignement du cirque aux enfants et adolescents à risques, dans une approche spécifique privilégiant un ancrage solide dans la durée.

En 1989, Hector Fabio Cobo et Felicity Simpson représentent le Brésil au Festival mondial du cirque de demain à Paris où, à leur grande surprise, ils remportent le prix « Coup de cœur du public ». Cette récompense est le point de départ d'une belle carrière internationale, qui conduit le Colombien et l'Anglaise sur de nombreuses scènes de cabarets, de cirques, de festivals et de shows télé du monde entier… tout en leur laissant le temps, entre deux répétitions, de peaufiner l'écriture de leur projet naissant.

En 1995, ils créent *Cirque pour tous*, une ONG française qui se donne pour mission de développer l'enseignement des arts du cirque auprès d'enfants et de jeunes marginalisés. Hector n'oubliant pas son pays natal, la fondation *Circo para todos* voit le jour à Cali, en Colombie, quelques mois plus tard. Le programme s'adresse en priorité aux enfants des bidonvilles de Siloé et Aguablanca.

Outre les dangers auxquels les jeunes sont quotidiennement exposés, c'est le fléau de la drogue qui interpelle le plus Hector et Felicity. La vraie drogue des pauvres, la plus répandue, est la colle de cordonnier que les gamins respirent dans de petites bouteilles. En inhaler les vapeurs leur permet d'oublier temporairement la dure réalité de leur survie et réduit à zéro leurs chances de s'intégrer socialement. Face à cette situation plus éprouvante qu'ils ne l'avaient imaginée, Hector et Felicity instaurent un minimum de règles – l'une d'elles étant de laisser la bouteille de colle dans un coin de la salle avant de se lancer sur le tapis d'acrobatie. Pari gagné, ils auront finalement la joie d'accueillir les membres des *pandillas* comme premiers participants réguliers de leurs ateliers de cirque. Quelle que soit sa bande, quel que soit son passé, le jeune qui réussit à marcher avec des échasses ou à monter sur un vélo à une seule roue force l'admiration de sa communauté, attirant le respect et l'envie d'être imité.

La fondation s'est construite par étapes, la première étant l'organisation d'ateliers communautaires. Le rêve devient vraiment réalité lorsque l'école professionnelle de cirque *Circo para todos* ouvre ses portes en 1997. Trois années plus tard, les autorités municipales de Cali lui accorderont un terrain de 9 100 m$^2$ au nord-est de la ville où sera dressé le chapiteau.

En 2005, cette école deviendra l'École nationale de cirque de Colombie. Malheureusement Hector Fabio Cobo Plata ne la verra pas. Il est décédé fin 2001, le jour même où sortait la première promotion d'artistes diplômés de l'école. Mais l'esprit qu'il a donné à la fondation, accompagné de la spectaculaire énergie de Felicity Simpson, ont permis à leur action de se développer malgré tous les obstacles, quitte parfois à déplacer les montagnes.

Extrait d'une chanson créée, sur une musique de rap, par un des élèves d'Hector, lors de son décès :

« Mon ami, ton départ me fait souffrir,
Mais je me souviens de ce que tu disais,
Petits fous, profitez des opportunités de la vie !
On est prêt et on se bat pour les rêves que tu avais et qui [continuent d'exister. »

**Dessine-moi un avenir**

Par un hasard providentiel, j'eus la chance de rencontrer Felicity Simpson à Paris, entre deux avions. Alors que je désespérais de la joindre depuis plusieurs mois, une sorte d'intuition me poussa à une dernière tentative sur un numéro de portable que je venais de dénicher dans les méandres de ma navigation sur Internet. Félicity décrocha aussitôt. Elle était précisément de passage à Paris pour la journée et un de ses rendez-vous venait miraculeusement de s'annuler. Les dieux étaient de la partie. Deux heures plus tard nous nous retrouvions dans un café à deux pas de Beaubourg. Dès qu'elle s'est approchée de moi, par son allure et sa façon d'être, je l'ai tout de suite reconnue. Je l'imaginais ainsi, extrêmement vive et énergique, et d'une facilité de contact presque déconcertante. Nous nous sommes tutoyées immédiatement. Je fus frappée aussi par sa joie de vivre et son ancrage dans l'instant présent. Avec le charme de son léger accent anglais, elle n'égrène que des mots et des pensées positives. « C'est une histoire magnifique mais tout cela, c'est grâce aux jeunes. » La conversation est passionnante, elle s'intéresse aussi beaucoup à nos actions en Inde avec *Chemins d'enfances*, les idées de projets en commun fusent. Parlant de notre rencontre, elle commente : « C'est un ange qui t'envoie. » Probablement fallait-il avoir cette capacité à croire que rien n'est impossible pour se lancer dans ce projet fou de *Circo para todos*. En tout cas déployer beaucoup de courage, d'énergie et de foi en l'homme pour déjouer les spirales de violence et de désespérance des quartiers difficiles de Cali.

Le programme de la fondation est totalement innovant par son double objectif : créer une école professionnelle de cirque dispensant une éducation artistique de très grande qualité tout en affirmant sa vocation sociale. Ce projet s'adresse à des jeunes Colombiens entre treize et vingt-quatre ans, en « situation difficile » : enfants et adolescents issus des communautés les plus défavorisées, de familles déplacées en raison du conflit armé ou de la misère, mineurs en institution. L'impossibilité d'insertion dans les circuits scolaire et professionnel conduit ces jeunes à des comportements de repli, fatalistes ou rageurs. Leur mode de survie se partage entre la rue et les institutions d'accueil.

En mettant en avant les notions de risques et de défis, en proposant des activités qui associent le jeu, l'art et l'activité physique, le projet *Circo para todos* rompt avec le schéma classique d'aide aux enfants en difficulté. Il propose aux élèves de l'école une formation spécifique débouchant sur un métier spécialisé et bien rémunéré. Et le cirque représente en Colombie un secteur potentiel d'emplois, compte tenu d'une part de sa popularité et d'autre part de l'absence d'écoles similaires dans le pays. Pour mener à bien son projet, la fondation *Circo para todos* a créé quatre programmes, qui fonctionnent en synergie : les ateliers communautaires, la formation de formateurs, l'École nationale *Circo para todos* Colombia, l'agence artistique Circolombia.

### *Les ateliers communautaires*

Pour rencontrer les enfants et les jeunes, *Circo para todos* se déplace dans les communautés en proposant des ateliers dans lesquels les enfants apprennent l'art du cirque et ses techniques de base : jonglerie, acrobatie, équilibre, corde, aériens. Ils sont organisés dans les quartiers populaires de Cali ainsi que dans des institutions de protection de l'enfance. Ils démarrent toujours par un spectacle très attrayant pour les jeunes spectateurs, lesquels peuvent ensuite s'y inscrire. Les ateliers durent généralement neuf mois, à raison de trois heures deux fois par semaine. Ils sont dirigés par des instructeurs, eux-mêmes étudiants de l'école professionnelle.

Ces ateliers ouvrent aux jeunes un espace convivial, un lieu d'identification et d'appartenance, en leur prouvant qu'ils peuvent adopter une conduite positive dans un endroit approprié et leur font prendre conscience de leurs aptitudes et de leur potentiel, à travers les mouvements du corps. En participant aux ateliers communautaires, les enfants et les jeunes gagnent une reconnaissance sociale. Les enfants les plus doués et les plus enthousiastes sont invités à intégrer ensuite l'école de cirque pour y recevoir une formation professionnalisante.

### *L'école de cirque et la formation*

L'école professionnelle *Circo para todos* constitue le cœur de la fondation. Elle forme de jeunes artistes, des techniciens et des formateurs en quatre ans de cours intensifs (quatre heures par jour, soit vingt-quatre heures hebdomadaires) assurés par une équipe de professeurs de diverses nationalités, spécialisés dans les différentes disciplines du cirque. L'école est dotée d'un cursus pédagogique semblable à celui d'autres écoles nationales de cirque au Brésil, à Cuba et en France.

La formation professionnelle se déroule en deux cycles de deux ans. Pendant les deux premières années, les garçons et les filles s'initient et se familiarisent avec tous les arts du cirque : acrobaties, danses, musique, équilibre, trapèze, techniques aériennes, etc. L'objectif est d'acquérir une base solide. Mais la méthode pédagogique vise en même temps à reconnaître et à valoriser la personnalité de chacun des enfants au sein du groupe, créant ainsi les conditions propices à son développement personnel et interpersonnel.

Les moniteurs sont très soucieux de veiller à ce que les jeunes se sentent bien, à les traiter avec respect et dignité et à leur transmettre des valeurs telles que le travail en équipe et la solidarité car les arts du cirque requièrent non seulement une excellente technique, mais aussi une synchronisation parfaite et donc une grande coopération entre les participants. Gustavo Gomez, coordinateur des ateliers communautaires, témoigne : « Nous avons pu observer le changement opéré au cours de ces quatre années. Beaucoup d'enfants en arrivant étaient victimes de la violence, de problèmes familiaux, de relations interpersonnelles très agressives… l'idée n'était pas de les changer à tout prix, mais bien de libérer toute cette énergie pour la canaliser. Nous avons avancé peu à peu dans ce processus, en discutant régulièrement, en nous remettant en question, en échangeant des observations, au prix de disputes, parfois de pleurs. Il y a eu des moments très difficiles mais vécus intensément et qui ont permis à tous de grandir. Nous avons commencé à vivre comme une famille[1]. »

Les deux dernières années sont consacrées à la spécialisation dans une des disciplines proposées. Ils élaborent un numéro, qu'ils perfectionneront par la suite et qui les identifiera en tant qu'artistes dans le monde professionnel. En 4e année, la formation prévoit des échanges avec des écoles de cirque au niveau international pour présenter des spectacles (des échanges ont eu lieu avec le Chili, l'Argentine, le Royaume-Uni, l'Irlande, la France et la Belgique).

À la fin de ce cycle de formation, les élèves se voient attribuer un diplôme. C'est un moment essentiel car c'est souvent pour eux le premier diplôme de leur vie. Ils ont ensuite la possibilité de pratiquer en tant qu'enseignants dans les ateliers communautaires en attendant de prendre leur envol. La plupart des élèves diplômés sont cependant rapidement insérés dans le monde professionnel des artistes de cirque, au niveau international : compagnies de cirque, cabarets, parcs de loisirs, croisières, festivals, théâtres, événements.

### *Circolombia*

L'agence artistique Circolombia, que dirige Felicity Simpson, est chargée de la production artistique et commerciale des spectacles internationaux. Elle contribue au financement de l'école.

Les spectacles des artistes issus de *Circo para todos* appartiennent au mouvement du « cirque contemporain ». Contrairement au cirque classique où les numéros se succèdent sans continuité argumentaire, il suit un scénario, un fil conducteur qui est donné par un personnage ou par la succession même des images. Différentes techniques artistiques faisant appel au théâtre, à la danse, à la musique y sont associées. La poésie qui émane de la mise en scène de ces spectacles fait que chaque représentation est une véritable œuvre d'art et cela participe à la magie du cirque, tant pour les acteurs que pour les spectateurs. Un de leurs spectacles, « Delirio », s'est construit par exemple autour de la salsa, qui constitue un patrimoine musical essentiel de la ville de Cali. Il a rencontré un grand succès en Europe.

« Nous voulons créer un spectacle vivant, où l'excellence technique est indissociable de l'émotion, de l'énergie et de la fantaisie, que chaque artiste communique au public avec enthousiasme, comme un réel plaisir à partager », explique Felicity. Cette énergie incroyable, je l'ai ressentie très fortement en assistant à l'un de leurs spectacles donnés à Paris, en décembre 2010, sous le chapiteau du cirque Phénix. Les artistes, vêtus de pantalons courts à franges et de T-shirts colorés, interprètent des cascades acrobatiques périlleuses sur une musique rap, rivalisant de prouesses et d'audace en s'élançant d'une pyramide humaine à l'autre. Il s'en dégage une force époustouflante, presque une violence, galvanisée par la musique et la danse. Leur concentration est palpable. La joie et la fierté d'être sur scène ne se verront qu'au moment du salut final sous les chaleureux applaudissements du public.

## L'impact du cirque sur le mieux-être des jeunes

« Il y a une sorte d'émerveillement chez les enfants quand ils s'aperçoivent que leur vie est en train de changer ; ils changent spirituellement, ont un meilleur relationnel, une aptitude à devenir créatifs. Ils sont sauvés, leur passé s'estompe », aimait dire Hector Fabio Cobo. Participer à un cours ou un atelier est une expérience exigeante qui permet de faire émerger de multiples qualités et talents pour la vie entière.

Tout d'abord, le cirque renforce l'estime de soi. La fierté se lit sur les visages lorsqu'ils réalisent avec succès les mouvements et gestes maintes fois répétés. Quel bonheur de découvrir que ses propres mains permettent de faire des figures merveilleuses avec trois ou quatre balles ou d'arriver à faire un tour de piste sur un monocycle ! Juan-José, dix-sept ans, en deuxième année à l'École et instructeur junior en témoigne : « Le cirque m'a beaucoup changé. On y apprend à prendre les choses au sérieux, il nous fait nous sentir important[2]. »

Apprendre les techniques du cirque exige discipline, énergie et concentration, d'autant plus que certains d'entre eux n'ont pas du tout les conditions physiques naturelles qui conviennent. Ce n'est qu'à travers un énorme effort, une grande constance et un travail acharné que les élèves peuvent acquérir l'agilité, l'élasticité, la souplesse, le sens de l'équilibre et le tonus musculaire qui leur permettent de progresser. Le courage et la ténacité doivent donc être au rendez-vous.

Mais un des atouts majeurs du cirque est sans doute le fait d'aider à transformer la violence sous-jacente qui souvent les anime en une énergie positive. Lors des premiers cours en ateliers, beaucoup se jettent sur les trapèzes sans crainte d'une chute ou d'une blessure. Ils sont prêts à exécuter les exercices les plus risqués sans aucune préparation technique ni conscience du danger. Habitués à survivre dans des conditions difficiles, courir un risque est pour eux une pratique non seulement courante mais attirante. La montée d'adrénaline est galvanisante. Il faut beaucoup de temps et de patience pour arriver à canaliser cette formidable énergie que les jeunes libèrent et les guider dans l'apprentissage de la prudence.

Autre réaction possible chez les jeunes, la honte ou la crainte de ne pas y arriver et d'être vus par les autres en situation d'échec. Ces sentiments peuvent entraver l'apprentissage. Après quelques jours sous le chapiteau, certains disent : « Je ne suis pas capable ! » Les professeurs de *Circo para todos* ne mettent aucune pression sur les enfants. Ils invitent celui qui n'a jamais pratiqué auparavant à essayer des jongleries ou quelques acrobaties dans un cadre bienveillant et protecteur. L'élève doit apprendre à dépasser ses limites psychologiques et physiques en même temps. Le professeur est là pour l'aider avec patience et fermeté à essayer plusieurs fois, en espérant que le désir vaincra la honte. Les jeunes s'aperçoivent en général qu'ils en sont capables et en tirent la leçon.

Comme le dit Margarita Cardona, travailleuse sociale au sein de *Circo para todos* : « L'école de cirque agit comme un aimant. Tous ceux qui s'inscrivent changent très rapidement. Lorsqu'ils arrivent, ils veulent obtenir tout très vite et gagner leur vie très rapidement. L'école leur apprend qu'il faut travailler dur pour y arriver[3]. »

Un autre point très important est l'apprentissage de la solidarité et de la coopération. Selon les propres termes des jeunes, beaucoup admettent qu'« ils se battent moins depuis qu'ils fréquentent l'école du cirque ». D'abord ils ont besoin de se faire confiance mutuellement. Lors d'un exercice périlleux, il faut être sûr que les autres assurent. Ensuite, l'école de cirque devient un espace de rencontre et d'échanges auquel ils sont très attachés et qui représentent pour beaucoup une famille.

Par les règles très strictes qu'impose l'école, les élèves apprennent qu'ils ont des droits et devoirs et que toute vie en société comporte des règles du jeu. Julio l'a bien compris. Passionné des exercices de cirque et très talentueux, il n'a pourtant pas pu stopper complètement la drogue et allait retrouver sa bouteille de colle en cachette dès qu'il le pouvait. Jusqu'où jour où il a été découvert. La conversation avec ses professeurs a été très claire. C'était la drogue ou le cirque, pas les deux. Aucun jugement de valeur, aucune punition, juste une règle intangible. Julio a d'abord choisi, avec beaucoup de regret et même une certaine colère, de quitter l'école. Il était pourtant toujours bien reçu quand il venait voir ses camarades s'exercer mais il ne pouvait participer. Et puis un jour, il a décidé de sauter le pas. Deux mois après, il réintégrait le cirque, débarrassé de son addiction.

Tout ceci contribue à porter un regard différent sur les enfants et les jeunes en difficultés. Ils sont vus non pas comme des délinquants, mais comme des élèves motivés, développant leurs compétences physiques et artistiques avec conviction.

De leur côté, les travailleurs sociaux qui assurent pour la fondation le suivi psychosocial des élèves ont observé des changements significatifs dans le mode d'expression des sentiments et des émotions des jeunes comme sur l'estime qu'ils ont d'eux-mêmes. Les activités physiques liées au cirque contribuent non seulement à libérer leurs sentiments, mais aussi à leur permettre de les assumer. Il faut ensuite les aider à transformer ces sentiments parfois paradoxaux en points forts. Les résultats commencent à être observés chez les jeunes au bout de six mois après le début du premier cycle, car, à ce moment-là, les conditions morphologiques commencent à changer, leur volume musculaire croît et par là même leur confiance en eux se trouve renforcée.

Les filles, bien moins nombreuses dans les bandes du quartier, constituent une population très vulnérable à différentes formes d'exploitation (économique, domestique et sexuelle).

Le projet de *Circo para todos* a mis en évidence que le travail corporel aide les victimes d'abus sexuels à se réapproprier leur corps. Les adultes travaillant au sein d'institutions scolaires ou sociales soulignent aussi des changements positifs quant aux comportements des enfants et des jeunes qui étaient passés par les ateliers communautaires. Selon eux le cirque motiverait le bon travail dans les écoles et réduirait l'abandon scolaire.

Quant à l'insertion professionnelle, c'est une réussite puisque tous les élèves diplômés ont signé des contrats à plus ou moins long terme. Leur insertion économique confirme la validité de l'approche. La réussite est telle que *Circo para todos* est devenue la référence n° 1 du cirque social dans le monde. Certains pays s'en sont inspirés comme le Chili, d'autres sont en passe de le faire comme le Canada, l'Australie et la Belgique.

Mais laissons la parole à Diana Milena Ortiz, une des anciennes élèves : « J'ai commencé dans les ateliers communautaires en 1994, puis à l'école en 1997 et obtenu mon diplôme en 2001. Au début j'ai pensé que j'allais m'amuser mais après je me suis rendu compte que c'était plus que ça, que c'était comme le début de ma vie [...]. Dans le cirque tu apprends à faire attention au matériel qui t'est confié, à aimer tes camarades, à travailler dur, à avoir une bonne discipline... Maintenant, j'ai dix-neuf ans, j'ai des projets. On me valorise pour ce que je suis, une personne sérieuse. Je travaille dans le cirque Italia grâce à ma formation à l'école, je me suis spécialisée en techniques aériennes[4]. »

Au-delà de son impact social, le projet *Circo para todos* a une portée symbolique considérable puisqu'il apporte un message d'espoir à des enfants pris en otage par la violence. Mieux, il transforme le rêve en réalité.

**Fondation *Circo para todos* en Colombie**
***Cirque pour tous en France***

**Création** : 1995

**Mission** : Former les jeunes des quartiers urbains marginalisés aux arts du cirque pour leur donner une autre option de vie et la possibilité d'un avenir professionnel.

**Implantation du projet** : Colombie (Cali)

**Équipe**
En moyenne 15 personnes dont 7 salariés

**Bénéficiaires**
– 50 à 100 élèves à l'école par an ;
– 200 à 300 enfants inscrits aux ateliers par an ;
– près de 100 artistes professionnels diplômés ;
– 3 000 enfants ont déjà participé aux ateliers.

**Finances**
Budget annuel : en moyenne 250 000 euros (un peu moins les deux dernières années pour des raisons conjoncturelles).
Ressources : 50 % issus de fonds institutionnels et 50 % en autofinancement (représentations et Circolombia).

**Distinctions** : En 2006, Felicity Simpson a reçu le prix « Colombia es Pasión ».
La Fondation a été distinguée par l'Unesco. L'Organisation des États ibéro-américains lui a par ailleurs décerné le prix des « Écoles qui font école ».

En savoir plus : www.circolombia.com

# JOSÉ ANTONIO ABREU
# *EL SISTEMA*, VENEZUELA

## Favoriser l'insertion sociale des jeunes défavorisés grâce à l'art musical

« Dès qu'un enfant apprend un instrument, ce n'est plus un pauvre, il devient riche spirituellement et c'est grâce à ce processus qu'il peut s'ouvrir socialement. »
José ABREU

***Pauvreté, insécurité et violence riment souvent avec grandes villes où s'entassent nombre de familles arrivées là dans l'espoir d'une vie meilleure. Ces zones sont particulièrement dangereuses pour les enfants. La capitale du Venezuela, dans laquelle une personne sur trois a moins de quinze ans, n'échappe pas à cette réalité. Pourtant, derrière la fréquence des actes de violence, Caracas cache un autre visage. C'est la seule ville d'Amérique latine où l'on vend dans la rue plus de musique classique que de hip-hop, où les jeunes des*** barrios ***(quartiers défavorisés) peuvent jouer Mozart ou Tchaïkovski aussi bien que les meilleurs musiciens du monde, où chaque enfant rêve de rejoindre un orchestre, voire de devenir musicien professionnel.***

*Depuis trente ans, le Venezuela vit une transformation sociale profonde, notamment grâce au déploiement d'un projet d'éducation musicale révolutionnaire :* El Sistema. *Par sa foi en l'homme et la musique et sa force de conviction, son fondateur, le maestro visionnaire José Abreu, a réussi l'exploit d'en faire un programme national.*

*Tous les enfants, quels que soient leur âge et leur niveau social, peuvent intégrer un des nombreux orchestres présents dans l'ensemble du pays, surtout au cœur des* barrios. *Outre la découverte du plaisir de la musique, ils apprennent des valeurs comme le respect de l'autre, la solidarité et le travail en groupe.*

*La musique peut-elle être un outil de progression sociale ?* El Sistema *le prouve en permettant à des centaines de milliers de jeunes d'échapper au cycle de la pauvreté et de se construire un avenir.*

De sa fenêtre, José Abreu observe les jeunes qui traînent, désœuvrés, dans les rues. Certains y passent leurs journées. Quant à ceux qui sont scolarisés, ils sont tous les après-midi livrés à eux-mêmes, l'école au Venezuela se terminant à 13 heures. Il pense aux quartiers les plus difficiles où sévissent le trafic de drogue, le vol, la prostitution. Les bagarres y sont fréquentes et parfois des balles se perdent, allant jusqu'à toucher des innocents. Mais ce qui le frappe le plus est le manque d'espoir de tous ces jeunes.

À ses yeux, la pire des pauvretés n'est pas de manquer de toit ou de pain, mais de ne pas avoir d'identité. D'où sa détermination à les sortir de cette situation. Il croit à la magie de la musique. Il sait aussi que tous les Vénézuéliens aiment chanter, danser, jouer et partager des moments

D.R.

James Sebastine
NANBAN

D.R.

D.R.

© Jacques Grison / Rapho - Le Rire Médecin

Caroline Simonds

LE RIRE MÉDECIN

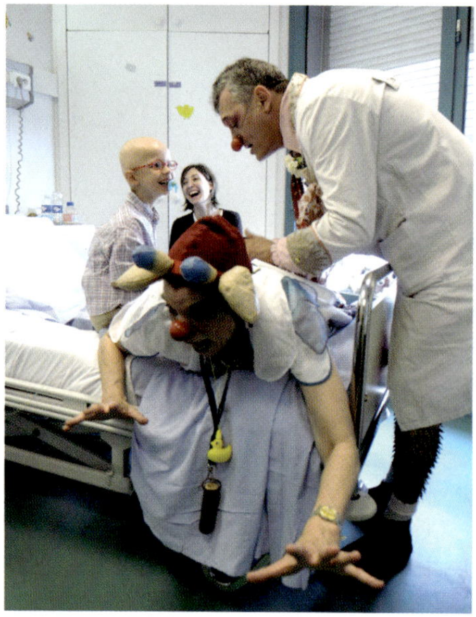

© Jacques Grison / Rapho - Le Rire Médecin

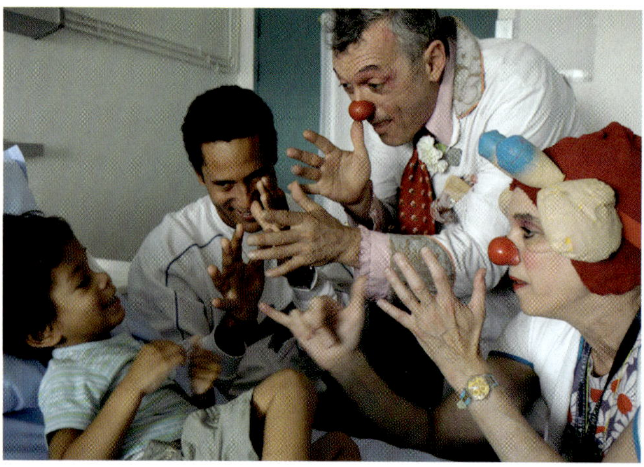

© Jacques Grison / Rapho - Le Rire Médecin

Marie-Dominique
Genoud-Champeaux
AS'TRAME

© Maki Katoh

D.R.

David Alan Harris

LES ORPHELINS
DE KOINDU

© David Alan Harris

© La Source

Gérard Garouste
LA SOURCE

© La Source

© C.Gugelmann AFP

© La Source

© Théâtre Grodzki

© Théâtre Grodzki

Maria Schejbal
THÉÂTRE GRODZKI

© Théâtre Grodzki

© Roots of Empathy

© Melanie Gordon

Mary Gordon

ROOTS
OF EMPATHY

© Melanie Gordon

© Circolombia

© Sandra Roa

Felicity Simpson
CIRCO PARA
TODOS

© Circolombia

D.R.

D.R.

José Antonio Abreu
EL SISTEMA

© Raul Lubo

© Catherine Cabrol

Philippe Oddou
SPORT
DANS LA VILLE

© Catherine Cabrol

© Catherine Cabrol

© Catherine Cabrol

D.R.

D.R.

Martine
Roussel-Adam

CHEMINS
D'ENFANCES

D.R.

D.R.

Père Ceyrac

Manamadurai, 2 Avril 2009. —

Les enfants sont notre avenir,
nous devons les aider à grandir, non pas par une accumulation de savoir, mais en leur permettant de s'ouvrir aux beautés du monde et de regarder l'avenir avec confiance.

Ma chère Martine, je sais que tu l'as bien compris mais il faudra passer le message.

Très amicalement,

P. Ceyrac sj.

d'émotion. Rassembler cette nouvelle génération autour de la musique devient le leitmotiv de sa vie.

Avec *El Sistema*, il fait de la pratique musicale la principale occupation de très nombreux enfants vénézuéliens. Et surtout un droit fondamental, quel que soit leur statut social. 80 % des participants aux programmes sont issus de familles pauvres dont les parents ont à peine de quoi se nourrir. Pour eux, une nouvelle vie peut s'ouvrir.

Leswi Pantoja a grandi dans un *barrio* de Caracas où il appartenait à un gang. Plusieurs de ses compagnons sont morts lors de fusillades, mais lui a pu rejoindre le programme et en gravir peu à peu les échelons. Il est devenu musicien professionnel, en tant que tubiste. « La musique a été une véritable rédemption », affirme-t-il. Quant au clarinettiste Lennar Acosta, aujourd'hui reconnu comme excellent professionnel, il a été emprisonné neuf fois pour vol à main armée et trafic de drogue pendant son adolescence, avant de changer complètement de trajectoire grâce à la découverte de l'orchestre de son quartier.

### L'homme-orchestre

Réunir des enfants en orchestre, c'est une tradition dans la famille Abreu. La grand-mère de José, musicienne et amatrice d'opéra, emporta d'Elbe, son île natale, des instruments et du matériel de musique. Avec son mari, ils créèrent un orchestre d'enfants qui se produisait régulièrement dans les villages des Andes vénézuéliennes.

Nul doute que le jeune José Abreu, aîné d'une famille musicienne de six enfants, a maintes fois entendu raconter l'histoire de l'orchestre fondé par ses grands-parents. Il se souvient aussi d'inoubliables représentations de théâtre où l'on déclamait en castillan ou dans la langue de Shakespeare dans le fond du jardin. L'art de la scène et celui des notes ont bercé son enfance.

Et lui ont donné sa vocation : devenir musicien. Pianiste, compositeur, professeur de musique, il considère celle-ci comme sa « nourriture spirituelle » et a le profond désir de la faire partager à ceux qui n'ont pas eu, comme lui, la chance de la connaître.

Parallèlement, il se lance dans de brillantes études. Titulaire d'un doctorat d'économie dans son pays, il poursuit ses études supérieures aux États-Unis, à l'université de Michigan. Sa carrière se déroule dans de prestigieux établissements, notamment la Banque centrale du Venezuela ainsi que dans la sphère politique. En 1983, il devient ministre de la Culture pendant un an.

Parmi tous les chiffres et statistiques économiques qui défilent devant ses yeux, certaines données le bouleversent : nombre de pauvres, taux de chômage, précarité, pourcentage d'handicapés. Car cet homme a, profondément ancré en lui, la volonté de s'attaquer aux inégalités sociales et à l'exclusion.

Convaincu que « la justice sociale et la justice culturelle sont les deux faces d'une même pièce », il veut créer, autour de l'art, des projets rassemblant le plus de monde possible. Son objectif : que tous les jeunes Vénézuéliens aient la possibilité de découvrir la musique, et de la choisir comme métier s'ils en ont le talent et l'envie. Être ingénieur dans les compagnies pétrolières nationalisées ne doit pas être la seule vocation de tous ces jeunes !

Au début des années 1970, de graves problèmes de santé lui imposent un an de repos forcé, il met ce temps à profit pour construire son grand projet. Certes le pays est doté, à l'époque, d'écoles de musique, mais celles-ci sont peu structurées et loin d'être accessibles à tous. Quant aux orchestres symphoniques, il en existe seulement deux qui évoluent en cercle fermé avec des musiciens pour la plupart étrangers.

Sa première idée est pragmatique : créer un orchestre symphonique de jeunes en recrutant les talents des différentes écoles de musique de Caracas et des villes environnantes dont Maracay et Barquisimeto. José Abreu se souvient encore de la toute première répétition. Il avait réussi à collecter cinquante pupitres, ce qui lui aurait permis de former cent jeunes, mais seuls onze d'entre eux se sont présentés. Il décida de relever le défi et promit à ces enfants qu'il ferait de cet orchestre l'un des meilleurs au monde. Ils étaient onze au départ, mais le lendemain, ils étaient déjà vingt-cinq…

Et, le 30 avril 1975, un concert est donné au ministère des Affaires étrangères en ouverture du gala consacré à la venue du président mexicain. C'est la première fois qu'un orchestre de jeunes se produit officiellement. Ébloui par la qualité de la musique, le chef d'État mexicain invite les jeunes musiciens dans son pays. Un an plus tard, l'équipe part en tournée internationale montrant au monde entier le talent d'une grande et jeune nation musicale. « À l'époque j'avais treize ans, raconte Raul Lubo, ce fut une expérience inoubliable. Jeune trompettiste, j'ai fait le tour de l'Europe pendant un mois et demi : Aberdeen, Londres, l'Italie, l'Espagne, le Portugal… Et croyez-moi je ne peux oublier ça. »

Fort du succès de cette première initiative et fidèle à sa vision, José Abreu veille à ce que l'art musical ne soit pas le monopole d'une élite, mais le patrimoine des plus pauvres et de l'enfance défavorisée. Il s'appuie sur ses relations et un réseau de professeurs pour créer des cellules d'orchestres de jeunes dans tout le département : les *nucleos* (noyaux). Tous les enfants et les jeunes, et particulièrement ceux en difficulté, y sont invités. Pour les attirer au départ, il leur offre la promesse d'un repas.

À raison de cinq ou six heures de musique par jour, six jours par semaine, les progrès des élèves sont rapides. Très vite les « classes orchestre » se répandent et de nombreux *nucleos* s'ouvrent dans les villes du département.

1979 marque une étape décisive puisque l'initiative de José Abreu devient le Système national d'orchestre pour les enfants et les jeunes du Venezuela : *El Sistema*, le plus important programme social et orchestral public au Venezuela.

Il lui assigne trois objectifs : aider les enfants les plus pauvres à sortir de l'exclusion en les accueillant dans un réseau orchestral ; ensuite, grâce à la pratique musicale, inculquer aux jeunes des valeurs qui leur permettront de grandir en ayant un impact positif sur leur vie dans la société ; enfin, leur apporter une initiation esthétique, « élever leur âme ».

Par la suite, en 1996, la Fondation[1] publique pour le système national d'orchestres (*Fesnojiv*) a été créée afin de promouvoir le programme et de développer la formation. Elle devient en 2011 la *Fondation musicale Simon-Bolívar*.

José Abreu cache sous sa silhouette frêle et fragile un enthousiasme et une détermination à toute épreuve. Dès qu'il parle, son visage s'anime, ses yeux pétillent derrière ses lunettes rondes, sa voix est profonde. Qualifié tantôt de « semeur d'espoir », tantôt de « visionnaire », tantôt encore de « fabricant de rêves », le maestro est sans doute tout cela à la fois. En tout cas, il a l'art d'entraîner tous ceux qui l'écoutent dans sa symphonie fantastique.

À soixante-douze ans, il insuffle toujours son énergie à sa fondation, travaillant jour et nuit, avec ferveur et fermeté. Il est de santé fragile mais lorsqu'on lui suggère de se reposer un peu, sa réponse est toujours la même : « Nous nous reposerons lorsque nous serons morts ! » J'aime ce témoignage d'un de ses proches : « Nous nous disons parfois qu'avec dix personnes comme lui le monde serait différent. » Car dans le sillage d'un homme, une puissance mondiale musicale est née. Rien que dans son pays, le réseau musical rassemble, à travers les orchestres et chorales, plus de trois cent cinquante mille enfants et jeunes et a donné naissance à une trentaine d'orchestres symphoniques professionnels.

### Des écoles de vie

Les activités se déroulent au sein des *nucleos*, centres communautaires qui regroupent tous les programmes disponibles dans la localité : orchestres d'enfants, de jeunes, chorales. L'accès est gratuit et ouvert à tous dès deux ou trois ans. À cinq ans, l'enfant, désireux de jouer, reçoit l'instrument de musique de son choix. Il sait qu'il a la perspective, au terme de son apprentissage et selon ses efforts, son goût de l'excellence et ses performances, de jouer dans un orchestre de façon professionnelle.

Toute petite, Lisa a commencé dans un « orchestre de papier ». Elle se rappelle avoir manipulé une fausse clarinette en carton, soigneusement confectionnée pour acquérir les bonnes positions du corps et apprivoiser rythmes et sons. Mais quelle joie lorsque l'orchestre se produisait en public ! Elle se sentait déjà vraiment musicienne. À cinq ans, on lui remet sa première clarinette. « Quelle émotion, je n'en revenais pas de tenir cet instrument entre les mains. » Parallèlement, elle rejoint une chorale afin de se familiariser avec la subtilité des notes de musique. Aujourd'hui elle a treize ans et tous les jours, après l'école, elle passe cinq heures à jouer de la musique classique avant de rentrer chez elle, où elle doit encore faire ses devoirs. C'est exigeant mais c'est le chemin pour réaliser son rêve le plus cher : devenir musicienne professionnelle et intégrer l'*Orchestre de jeunes Simon-Bolívar*.

Si la plupart des *nucleos* sont rapidement accessibles à pied depuis les quartiers difficiles, certains enfants habitent parfois au fond des bidonvilles et ont besoin de plus d'une heure de marche pour rentrer chez eux. Sur le trajet, un enfant peut être blessé par une balle perdue. C'est ce qui est arrivé à Genesis : « C'était mon premier jour à l'école de musique et en chemin on m'a tiré sur une jambe. J'ai beaucoup pleuré. Ce n'était pas pour la blessure, mais parce que je ne pouvais pas rejoindre l'orchestre ce jour-là. »

*El Sistema* joue avant tout le rôle d'une école de vie. Le but n'est pas que chacun devienne un musicien professionnel, mais d'apporter au plus grand nombre les bienfaits de la pratique de la musique. D'abord leur offrir un havre de paix. « Quand nous fondons un orchestre dans un quartier, explique José Abreu, cela permet aux enfants d'avoir des loisirs utiles plutôt que de traîner dans la rue et d'être exposé à des dangers comme la drogue, la violence, voire la pornographie infantile. »

Chaque enfant est accueilli avec beaucoup d'attention et de respect. La priorité absolue est qu'il s'amuse et prenne du plaisir. C'est ce qui permet de souder les équipes. Il faut voir la joie avec laquelle les enfants courent vers leurs instruments, aussitôt franchi le pas de la classe d'orchestre. L'envie d'expérimenter et la motivation sont palpables à tous les niveaux de l'institution. Et personne ne regarde l'horloge, tant chacun est concentré sur son instrument.

La discipline est nécessaire mais elle n'est pas imposée, de même que la régularité est indispensable sans que l'absentéisme soit pour autant sanctionné. Les enfants expérimenteront par la suite qu'il faut travailler dur et accepter les contraintes pour réussir, mais le plaisir est tout aussi important. « Jouez, mais jouez avec votre cœur, pas avec votre tête », répètent inlassablement les professeurs. La technique viendra plus tard.

Pour José Abreu, l'orchestre est aussi une expérience capitale du vivre-ensemble, une forme vivante et permanente de cohésion humaine et sociale permettant de lutter contre l'exclusion. Ils doivent y apprendre le sens même de la vie en communauté : l'interdépendance, l'écoute active de l'autre, le travail en équipe, la solidarité et par-dessus tout l'émotion collective. La musique instaure de l'harmonie et chacun sent aussi qu'il fait partie d'un groupe tourné vers un même objectif.

Un des grands plaisirs de José Abreu est de demander aux enfants le nombre d'années depuis lequel ils jouent de la musique car, invariablement, ils répondent : « J'appartiens à *El Sistema* depuis x années. » En effet, pour eux musique et *El Sistema* ne font qu'un.

## Un esprit de famille

La plupart des enseignants sont eux-mêmes issus du programme et en comprennent parfaitement l'enjeu social et musical. Cela permet une transmission immédiate des valeurs dont chacun est si vite imprégné. « Pratiquer la musique avec les autres peut sauver nos vies et nos âmes, m'expliquait une jeune enseignante. Ce que j'ai reçu, je tiens absolument à le redonner à d'autres. Mes jeunes élèves s'identifient à moi car ils savent que nous sommes tous issus du même moule. » Les professeurs sont formés pour enseigner l'art musical mais aussi pour être à l'écoute des enfants et accorder une importance particulière à chacun d'eux.

Car ils ne doivent pas perdre de vue les deux piliers de *El Sistema* : d'abord l'amour des enfants et en second l'amour de la musique. Ils jouent souvent le rôle de famille de substitution. Beaucoup d'élèves ont perdu un de leurs parents et ont besoin de tendresse, d'attention et surtout d'une vraie relation de confiance. La plupart d'entre eux passent plus de temps avec leurs maîtres de musique qu'avec leur famille. Les jeunes élèves appellent d'ailleurs José Abreu « Abba » (grand-père).

Cette ambiance familiale ne remplace pas pour autant l'entourage proche des jeunes. Le mobiliser est extrêmement important, à commencer par les parents. Quand les enfants commencent à jouer d'un instrument, les enseignants les sensibilisent pour qu'ils apportent leur soutien lors des exercices à la maison. Ils sont également bienvenus lors des répétitions et toujours invités à assister aux concerts. Ils constituent, au fil du temps, un maillon de la chaîne qui soutient avec ferveur le programme. C'est un autre moyen pour *El Sistema* de favoriser l'intégration sociale.

Naturellement, en écoutant les autres, en suivant le modèle des plus grands, les jeunes élèves apprennent très vite à ne pas avoir peur des difficultés, à chercher à progresser.

## « *Tocar y luchar* » : le cursus vers l'excellence

L'emblème de *El Sistema*, « *Tocar y luchar* » (jouer et lutter), rappelle à chaque instant la nécessité de persévérer jusqu'à ce que le rêve devienne réalité.

À travers des auditions, les enfants passent d'un orchestre à un autre en fonction de leurs progrès. Forcément une certaine compétition existe au sein des groupes, mais le climat voulu par le maestro est sans pression ni stress, tout doit se passer dans la confiance. La réussite est ressentie comme globale : les lauréats sont félicités par tous et les non-promus continuent à prendre du plaisir à jouer.

La plus belle réussite pédagogique est probablement d'avoir réussi à créer une synergie entre les objectifs de développement de l'enfant et ceux de la performance artistique.

L'excellence se traduit par le fait d'intégrer un orchestre professionnel, parmi la trentaine existant à ce jour.

Fleuron du programme, le célèbre *Orchestre de jeunes Simon-Bolívar* est plébiscité aujourd'hui sur les plus grandes scènes du monde. Des musiciens de stature internationale en sont issus, comme Gustavo Dudamel et Edicson Ruiz.

Rejoindre cette équipe est un idéal pour les jeunes musiciens formés à la pédagogie développée par José Abreu. Seuls les meilleurs y parviendront. On ne peut qu'être non seulement touché, mais ébloui par la performance de l'orchestre, à commencer par la force, la joie de vivre et le charisme de son jeune chef, Gustavo Dudamel.

**Gustavo Dudamel : le chef à la baguette magique**

Assister à un concert orchestré par Gustavo Dudamel est une expérience fascinante. Il semble jaillir au milieu de l'orchestre, comme un bouchon de champagne qui répandrait les bulles d'or d'une force intérieure libérée d'un seul coup. Son corps souple danse en rythme, ses boucles brunes voltigent autour de sa tête tandis que ses mains semblent mimer la musique. Nul besoin de partition. Chacun de ses gestes est habité par la musique. C'est comme si toute l'âme de son pays s'exprimait à travers sa baguette. Baguette dont la magie envoûte tous ceux qui l'écoutent et le regardent.

À commencer par les musiciens. Il leur impulse une énergie qui les imprègne de tout leur cœur et de tout leur corps. Il arrive même fréquemment que l'un d'eux se lève en plein concert pour célébrer son plaisir en dansant avec son instrument. La solidarité profonde entre Gustavo et ses musiciens est palpable. C'est au-delà de la complicité pouvant naître entre ceux qui ont pris l'habitude de répéter ensemble, il y a quelque chose de beaucoup plus fort, d'unique. Sans doute cet idéal qu'a insufflé José Abreu.

Depuis toujours, Gustavo Dudamel porte en lui la graine des prodiges. Issu d'une famille de musiciens, il jouait, déjà tout petit, à animer des orchestres avec des figurines. À dix ans, il intègre un orchestre d'enfants dans sa ville natale, Barquisimeto, d'abord comme tromboniste, puis violoniste. L'histoire raconte qu'un jour où le chef d'orchestre était en retard il s'empare de la baguette et sidère tout le monde par sa maîtrise de la situation… À quinze ans, il devient le chef des orchestres juniors du Venezuela et a le privilège d'être formé par José Abreu en personne, qui sent en ce gamin un leader à qui il pourra un jour passer le flambeau. Il ne s'était pas trompé. Gustavo Dudamel devient directeur de l'Orchestre de jeunes Simon-Bolívar en 1999 et, il y a deux ans, alors qu'il n'a que vingt-huit ans, il est promu directeur musical du Philharmonique de Los Angeles.

Il n'oublie jamais de revenir dans son pays pour enseigner aux jeunes, tant au niveau local que national. Les valeurs transmises par José Abreu sont ancrées en lui, comme en chacun des anciens élèves. Tout succès doit profiter à la nation tout entière.

Et le succès, Gustavo Dudamel le connaît. Il est capable de faire se lever le public et de le faire danser ! Dernièrement à la salle Pleyel, le public parisien lui a fait une *standing ovation* de plus de trente minutes !

## Des orchestres pour intégrer à travers la musique

Dans sa volonté de rassembler y compris ceux qui sont « différents », José Abreu a aussi lancé, dès 1995, des « programmes d'éducation spécialisée ».

Le vaisseau amiral en est sans conteste le désormais célèbre *Chœur des mains blanches*. Peu de spectacles sont aussi émouvants que ces mains gantées de blanc qui s'élancent au-dessus des têtes au rythme de la musique. Elles dansent en volutes, elles s'envolent. C'est à travers ces gestes à la fois gracieux et précis que les sourds et malentendants jouent la musique. Pendant ce temps, les jeunes aveugles chantent de tout leur cœur les morceaux qu'ils ne peuvent pas lire et les déficients psychologiques ou moteurs les accompagnent comme ils le peuvent, debout ou assis en fauteuil roulant. Pour compléter le tableau, des enfants sans handicap particulier viennent apporter leurs sens, leur corps et leur esprit dans un don total d'eux-mêmes. Le résultat est surprenant de beauté, de grandeur et d'harmonie.

Il existe actuellement douze *Chœurs de mains blanches* à travers le Venezuela. Leurs spectacles ont été diffusés dans de nombreux pays et primés à maintes reprises. Ils représentent sans doute un des plus beaux exemples au monde d'intégration réussie.

## L'impact du projet

Ce sont plus de deux millions d'enfants qui ont été élèves d'*El Sistema* et chaque année le nombre de bénéficiaires augmente de plus de 30 %. L'impact en termes d'insertion économique est très important puisque 60 % des jeunes deviennent musiciens professionnels. Ils enseignent dans tout le pays, animent des formations classiques ou des groupes de jazz. Les meilleurs intègrent l'*Orchestre de jeunes Simon-Bolívar*.

Ceux qui prennent une autre voie ont en moyenne six ans de pratique musicale intensive derrière eux, ce qui leur a permis d'en tirer un enrichissement sur les plans physique, émotionnel, psychologique, culturel, social et spirituel.

L'apprentissage en orchestre valorise chez l'enfant la sociabilité, l'esprit d'équipe, le *leadership* et la générosité. Ce sont ces qualités essentielles qui le soutiendront dans son apprentissage scolaire et au cours des étapes de sa vie. Mais surtout ils retirent de toutes ces années d'entraînement une force qui leur servira toute leur vie : le goût de réussir et la certitude que c'est possible.

Chaque année, *El Sistema* réalise des études sur l'évaluation des programmes. Toutes soulignent une amélioration des résultats scolaires et du développement psychologique chez les jeunes ayant bénéficié de cet enseignement. On constate notamment une réduction de l'abandon précoce du système scolaire ainsi que des conduites violentes.

Fort de ces résultats, un *Centre national pour l'action sociale* à travers la musique vient d'être créé à Caracas. C'est un énorme complexe abritant quatre salles de concert gigantesques permettant à cinq orchestres de pouvoir répéter en même temps. Le centre est situé à côté d'un parc qui était jusqu'ici considéré comme infréquentable à cause de l'insécurité environnante. En organisant des concerts publics dans le parc, en le rendant à nouveau accessible et sûr pour le public grâce à la musique, José Abreu a réussi à faire, de cet endroit que tous fuyaient, un paradis dédié à l'art musical. Aujourd'hui la plupart des orchestres internationaux rêvent d'y jouer.

La fondation souhaite développer fortement le nombre de *nucleos* pour accueillir bientôt un million d'enfants. L'objectif est ambitieux mais réalisable compte tenu de l'appui des plus hautes instances du pays. En effet, depuis trente ans, José Abreu a toujours su convaincre les politiques, des plus conservateurs aux plus socialistes, de l'utilité de son programme. Le président Hugo Chavez ne déroge pas à la règle. Il vient de lui renouveler toute sa confiance et a décidé, il y a quelques mois, de nationaliser la fondation et de lui attribuer plus de 350 millions de dollars. Il veut qu'on parle de son pays comme d'une élite musicale.

## Le rayonnement de *El Sistema*

Le rayonnement du projet du maestro visionnaire n'a plus de frontières. L'Unesco, en 1998, a nommé les membres de l'Orchestre de jeunes Simon-Bolívar « ambassadeurs et artistes pour la paix » et chargé José Abreu du développement d'un système mondial d'orchestres et de chorales de jeunes sur le modèle vénézuélien. Le Programme des Nations unies pour le développement (PNUD) a cité à deux reprises ce projet comme « exemplaire dans le cadre de la réduction de la pauvreté ».

Depuis 1982, plus de vingt-cinq pays ont lancé des orchestres de jeunes en s'inspirant du modèle vénézuélien, notamment l'Argentine, le Brésil, la Colombie, le Chili, l'Équateur, le Mexique, le Canada, le Royaume-Uni et les États-Unis.

En France, Jean-Claude Decalonne[2] a initié, en 1999, le programme *Orchestres à l'école* ayant pour but d'offrir à tous les enfants, et notamment à ceux des classes en grande difficulté, la possibilité de pratiquer un instrument de musique dans le cadre scolaire. Les résultats sont très positifs :

cohésion du groupe, enfants se sentant plus épanouis, amélioration des résultats scolaires. Forts du succès de l'initiative, les *Orchestres à l'école* continuent à se développer avec six cent cinquante orchestres à fin 2010.

*El Sistema* a pris une telle ampleur internationale que s'est créé en 2009 aux États-Unis un réseau ayant pour objectif de diffuser des informations sur la philosophie et la méthodologie du programme. Sa première initiative a été de lancer un cursus universitaire pour les jeunes musiciens talentueux qui veulent se convertir en ambassadeurs de *El Sistema* et le développer à travers la planète.

Ainsi les orchestres de jeunes sèment la musique et l'espoir autour du monde… Jour après jour, le maestro au grand cœur poursuit son rêve : « Nous espérons construire cette nouvelle ère de l'enseignement musical où l'art est mis au service de la société, au service du plus faible, au service de l'enfant et de tous ceux qui revendiquent leur condition humaine et l'élévation de leur dignité… Révélons la beauté de la musique à nos enfants, et la musique leur montrera la beauté de la vie. »

### *El Sistema*
### *Fondation musicale Simon-Bolívar*

**Création** : 1979

**Mission** : Sauver les jeunes les plus vulnérables en leur donnant accès à un programme national d'éducation musicale reposant sur la pratique collective de la musique. Les aider à s'insérer dans la société.

**Implantation du projet** : Venezuela.
Essaimage : dans 25 pays, en Amérique du Sud, en Amérique du Nord et en Europe.

**Développement**
Plus de 200 orchestres de jeunes, 60 orchestres d'enfants, de nombreuses chorales (110 000 membres) et 30 orchestres professionnels.

**Bénéficiaires**
350 000 enfants par an, dont 60 % deviendront musiciens professionnels. Objectif : 1 million.

**Finances**
Budget : non communiqué.
Ressources : 90 % fonds publics.

**Distinctions** : José Abreu a reçu de nombreux prix dont le « prix Nobel alternatif » en 2001, le prix TED en 2009, le prix « WEF Crystal Award » de la fondation Schwab en 2009. En 2009, il recevait la Légion d'honneur de la République française.

En savoir plus : www.fesnojiv.gob.ve/en.html

PHILIPPE ODDOU
*SPORT DANS LA VILLE*, FRANCE

# Accompagner l'intégration des jeunes des quartiers sensibles à travers le sport

« Un souvenir sain, conservé depuis l'enfance, est peut-être la meilleure des éducations : si l'on fait provision de tels souvenirs pour la vie, on est sauvé définitivement. »
Fiodor DOSTOÏEVSKI,
*Les Frères Karamazov*

***Les discriminations sont parfois criantes à l'égard des jeunes issus de l'immigration. Les émeutes de 2005 en France ont fait éclater au grand jour un climat de violence dans les quartiers dits « sensibles » mais aussi beaucoup de revendications et de souffrances.***

***Comment aider les plus jeunes à braver la désillusion de leurs aînés, à grandir et s'épanouir, à trouver leur place dans notre société ? Quand les méthodes traditionnelles n'apportent plus de solutions, quand les pouvoirs publics sont à bout de souffle, des initiatives neuves, pragmatiques, peuvent surgir. Elles émergent de l'engagement de citoyens visionnaires qui regardent au-delà des préjugés. C'est ainsi qu'est né*** **Sport dans la ville.**

***Un jour, deux jeunes à qui la chance souriait ont créé une passerelle entre leur monde privilégié et les adolescents des banlieues sensibles françaises, pleins de rêves mais sans avenir. Philippe Oddou et Nicolas Eschermann ont su réaliser le grand écart entre les patrons d'entreprises et Medhi, Amar et tous leurs camarades. Grâce au sport, activité qui fait tomber les barrières sociales, fédératrice par essence.***

Philippe Oddou avait tout pour briller dans une grande entreprise, un beau diplôme en poche, une tête bien faite et bien pleine, l'enthousiasme de ceux qui savent penser et convaincre. L'Oréal et Paribas lui avaient ouvert grandes les portes. Il y a passé quelque temps, puis a fait le mur en choisissant de créer une structure associative.

Lorsque je l'ai croisé, c'est d'abord sa stature de chef d'entreprise que j'ai remarqué. Philippe Oddou a un discours rodé, structuré lorsqu'il vous présente son association. Et avec son ami Nicolas Eschermann, cofondateur, il a insufflé dans les gènes du projet des méthodes très proches de celles de l'entreprise ainsi qu'une culture de la rigueur et de l'efficacité. « Dans notre esprit, la mission de *Sport dans la ville* est sociale et éducative mais nous fonctionnons comme une entreprise, m'explique-t-il. Nous sommes très attachés aux résultats de nos jeunes. Nous sommes une entreprise sociale. » D'un côté un conseil d'administration constitué à 90 % de chefs d'entreprise, de l'autre deux mille cinq cents jeunes des quartiers réunis autour de la pratique sportive, le football, le basket et le rugby, pour apprendre à vivre ensemble et donner corps à leur envie de réussir.

Comment les fondateurs de *Sport dans la ville* ont-ils pu concilier ces deux mondes si différents, surtout dans notre société facilement discriminante ? Après quelques minutes de conversation, Philippe, une étincelle dans les yeux, me donne la clé. *Sport dans la ville* est avant tout né d'une conviction profonde qui a permis de soulever les montagnes : dans la vie il n'y a pas de plus grande joie que de donner à ceux qui ont moins reçu.

## Cœur et raison

Durant son enfance dans un beau quartier parisien, Philippe Oddou ne manque, en apparence, de rien. Il a toujours vu ses parents s'occuper des autres et notamment de personnes en difficultés. Adolescent, c'est une posture défensive qu'il adopte vis-à-vis de leurs engagements. Avec le recul, il reconnaît qu'ils lui ont apporté une vraie richesse.

Son père chef d'entreprise lui a aussi donné le goût du travail et c'est tout naturellement qu'il opte pour une voie sérieuse, la finance, à l'École de management de Lyon. Première rencontre déterminante, celle de Nicolas Eschermann lui aussi gâté par la vie, et avec qui il commence à rêver d'un projet pour aider ceux qui n'ont pas eu la même chance. Le reste de l'histoire est le fruit d'une succession d'expériences marquantes et de rencontres qui ont fait leur chemin jusqu'au déclic.

Premier temps fort, un voyage en Inde que Philippe effectue en juillet 1992 avec l'association *Inde Espoir* pour construire une école. Ce séjour de trois mois dans un petit village du Tamil Nadu a marqué sa vie à jamais. Pour la première fois il est confronté à la grande pauvreté des habitants de ce village sans électricité et avec très peu d'eau courante. Mais le vrai choc est ailleurs. Les parties de volley-ball le soir avec les enfants de Mogayour sur un terrain vague avec un ballon à peine gonflé sont des moments de plaisir intense. Il est frappé par leur joie de vivre extraordinaire. « Dans l'ombre de la souffrance, de la détresse, du doute, il y a toujours la lumière de l'espoir, du rêve et de la vie. » Au fond de son cœur, il acquiert plus que jamais l'envie de mettre sa vie au service des autres.

Mais la raison l'emporte et, à la fin de ses études, Philippe Oddou convole pour l'Oréal en Autriche. Une petite voix lui dit pourtant qu'il n'est pas à sa place. « J'avais le profond besoin d'un autre chemin pour m'exprimer, trouver du sens en partageant et en aidant les autres. » Mais lequel ? Ce sera la politique ! Un ami de ses parents, alors président de la région Rhône-Alpes, lui propose de l'aider. Philippe s'installe à Lyon et se lance à fond dans la campagne des régionales. Mais, très vite, c'est une grosse déception. « J'ai découvert un milieu à des années-lumière de ce que j'avais envie de faire », raconte Philippe. Lui qui a tout quitté pour ce projet sombre dans le découragement. Jusqu'à ce fameux soir de janvier 1997…

### *Fête le mur*

Cela faisait un an que Philippe Oddou était à Lyon, engagé dans un « job alimentaire » et un projet politique bien loin de ses aspirations. Devant son poste de télévision, Anne Sinclair anime *7 sur 7*. Et c'est le déclic. L'invité du jour est Yannick Noah, que notre féru de tennis admire entre tous. Noah parle de *Fête le mur*, l'association qu'il vient de créer pour permettre à des jeunes de quartiers sensibles de s'initier à la pratique, souvent considérée comme élitiste, du tennis. Il veut ouvrir des centres en France et peine à trouver des partenaires. Philippe est galvanisé par ce projet. S'investir auprès de jeunes qui n'ont pas eu sa chance et vivre avec eux sa passion – le sport –, c'est exactement ce qu'il rêve de faire. Deux jours plus tard, il déjeune avec Yannick Noah et lui propose d'ouvrir un centre dans un quartier sensible. Son ami Nicolas Eschermann lui emboîte le pas et, en septembre 1997, ils inaugurent un premier site à Vaulx-en-Velin. « J'y suis allé directement en sortant du bureau, raconte Philippe. Avec mon costume-cravate, on m'a pris pour un militant politique venant à l'assaut de Vaulx-en-Velin ! » Le terrain d'entente est vite trouvé. Car les jeunes « bon chic bon genre » et les jeunes des cités parlent le même langage, celui du sport.

Tous les mercredis et samedis, l'association propose des animations gratuites de tennis. Chaque week-end, Philippe est sur le terrain pour l'encadrement. Cette expérience le bouleverse. Loin des préjugés véhiculés autour des banlieues sensibles, il découvre une autre réalité. Les projecteurs sont toujours braqués sur ce qui va mal dans les quartiers mais en réalité la grande majorité des jeunes regorge de vie, d'enthousiasme, de rêves. Ils ont les mêmes envies que n'importe quel autre enfant. Ces jeunes veulent réussir leur vie et avant tout s'intégrer. « Très vite, j'ai pris un plaisir immense à côtoyer des personnes débordantes d'énergie, de volonté et de générosité. » Mais comment s'en sortir, même si la volonté profonde y est, lorsque l'on vit dans un monde totalement cloisonné et que l'on se sent en situation d'exclusion ou de discrimination ?

## Le grand saut

L'expérience *Fête le mur* est essentielle pour Philippe Oddou et Nicolas Eschermann mais très vite ils veulent aller plus loin que les contours et la méthode définis dans le projet. Le tennis est un sport passionnant, mais la pratique de sports collectifs peut être plus fédératrice pour les jeunes des cités. En outre, ces derniers mobilisent plus d'enfants et permettent de réaliser un vrai travail pour véhiculer des valeurs comme le partage, l'esprit d'équipe et le respect. C'est encore une rencontre qui met Philippe sur la route de son grand projet. Celle d'Abdel Belmokadem, alors responsable du service médiation de la ville de Vaulx-en-Velin. « Avoir croisé Abdel, c'est un cadeau venu d'en haut, raconte Philippe. Si tout nous opposait socialement, tout nous rassemblait dans nos convictions, nos sensibilités, dans notre volonté commune de faire bouger les lignes pour que les quartiers sensibles deviennent des lieux de réussite, de joie et d'avenir. Avec Abdel comme avec Nicolas, j'ai rêvé *Sport dans la ville.* »

Avec Abdel, il apprend à comprendre les banlieues et surtout à les aimer pour ce qu'elles sont : des lieux de vie et de potentialités qui ne demandent qu'à s'exprimer. Ensemble, ils rêvent que *Sport dans la ville* puisse être une passerelle, synonyme de réussite sociale et d'insertion professionnelle. Car dans notre société plus qu'aucune autre c'est souvent l'emploi qui permet d'exister et d'être reconnu.

À ces intuitions s'ajoute une découverte essentielle. Un vent d'ouverture souffle sur des acteurs de terrain : les collectivités locales et les entreprises. De nombreuses communes en proie à des difficultés innombrables en matière de logement, d'effritement du lien social, d'éducation, de santé sont demandeuses de projets nouveaux et innovants. Elles sont prêtes à les financer. Et côté entreprises, on est aux balbutiements du mécénat « social ». Des patrons sont prêts à accompagner des projets pour aider les jeunes en difficulté. Si le nerf de la guerre est là, il restait peut-être le plus dur : faire le grand saut.

L'ultime coup de pouce viendra d'un grand chef d'entreprise : Henri Lachman qui était à l'époque P-DG de Strafor-Facom. Parrain de promotion, des deux amis à l'EM Lyon, il avait marqué Philippe Oddou, le jour de la remise du diplôme en 1994, en prononçant un discours peu conventionnel où il félicitait les jeunes diplômés tout en disant que sa grande fierté serait que certains d'entre eux choisissent de s'investir dans des projets associatifs pour aider les autres plutôt que le conseil, la finance, ou une multinationale. « Avant de quitter Paribas, j'avais un petit doute, raconte Philippe. J'ai envoyé un courrier à M. Lachman. C'était comme une bouteille à la mer dont je n'espérais aucun miracle. Et, trois jours après, il me recevait dans son bureau, raconte Philippe. "C'est génial ce projet, m'a-t-il dit. Il ne faut pas hésiter ! Ce soir vous écrivez votre lettre de démission et demain vous allez voir votre boss !" »

Je comprends combien cet épisode a été important. À un moment où le projet n'était qu'embryonnaire, Henri Lachman a eu confiance en eux. Cela leur a donné la force de franchir le pas, d'oser. C'est cette même énergie, insufflée par les rencontres et les expériences, que les deux acolytes veulent maintenant transmettre aux jeunes, à travers *Sport dans la ville*.

## Rêver et réussir sa vie

Pour que cette alchimie de visions et d'expériences soit une vraie réussite, Philippe Oddou retourne à l'EM Lyon pour bénéficier d'un programme de formation à la création d'entreprise. Il est convaincu que pour être efficace dans une cause associative, sociale, humanitaire ou médicale quelle qu'elle soit, il faut que la structure fonctionne comme une entreprise.

L'association ouvre ses trois premiers centres de basket-ball, appelés « Défense de Zone », en 1999. L'année suivante, le premier centre de football, « But en Or », est inauguré, ainsi que deux nouveaux centres de basket-ball. La pratique du rugby se développera en 2008. Nicolas Eschermann devient le président de l'association mais conserve son poste en entreprise. Philippe Oddou, son directeur général, s'investit à plein temps.

À l'époque, *Sport dans la ville* fait figure de pionnière en France dans le paysage de l'insertion sociale des jeunes par le sport. Lorsque ses fondateurs créent leur méthode pédagogique, ils n'ont aucun modèle. Ils partent de leurs observations du terrain, de leur histoire aussi et de leur propre capacité d'empathie. Toute leur démarche est fondée sur trois convictions fortes.

Tout d'abord l'importance du plaisir : il faut offrir du plaisir aux jeunes en leur permettant de faire du sport dans de belles infrastructures avec un encadrement professionnel et chaleureux. De là part l'élan vers une dynamique de progrès. Ensuite celle du rêve : les souvenirs heureux vécus à dix ou onze ans marquent au fer rouge et donnent une force intérieure et la capacité d'aller de l'avant. Enfin, l'envie : « Pour trouver le chemin de sa réussite, il faut en avoir envie dans ses tripes, son cœur, son cerveau », martèle Philippe. Nous sommes loin des logiques d'assistanat qui isolent le jeune dans ses capacités de développement, dans son élan vital.

Medhi Belarbi ne jure que par l'association. Né à Villeurbanne, il a cinq ans lorsque sa famille emménage à Vaulx-en-Velin au Mas du Taureau, considéré comme un des quartiers les plus sensibles de France. Jusqu'à l'âge de treize ans, il est en échec scolaire. Pour s'occuper, il squatte au quartier. « C'est s'asseoir à côté des grands, les aînés, et tenir les murs, discuter pendant des journées complètes, m'explique-t-il. On appelle aussi ça rouiller. » Vaulx-en-Velin est réputé pour ses braquages et trafics. « Cela ne m'intéressait pas, raconte Medhi. Pour me faire un peu d'argent de poche, j'achetais des boissons en grande surface, je les mettais dans une glacière et j'allais les vendre à 1 euro au marché aux puces de Lyon tous les samedis et les mercredis matin. Mes parents recevaient des bulletins d'absence scolaire à la maison quand je ne les interceptais pas avant. » Comme Medhi, de nombreux jeunes des quartiers voudraient faire des études mais ils ne pensent pas en avoir les moyens. « On est plein de préjugés quand on est originaire d'une ZUP [Zone à urbaniser en priorité]. On se dit que les études ce n'est pas fait pour nous. C'est pour l'élite parce que cela coûte cher. Nous, on est destiné à faire le boulot des ouvriers. » S'il ne pense pas à l'école, Medhi mise tout sur le football. Il rêve de devenir professionnel. Mais, à treize ans, on le refuse en centre de formation à cause de son comportement et de ses résultats scolaires. « Cela a été pour moi l'échec de ma vie. Je ne concevais pas mon futur autrement. » Sa rencontre avec *Sport dans la ville* est une aubaine. « C'était comme une bouée de sauvetage. Je me suis inscrit en 1998 et je n'ai plus lâché l'association. Tous les samedis et mercredis, j'allais jouer au foot là-bas. »

**Le ballon qui rassemble**

Dans les quartiers sensibles, le football – ou plus précisément le *foot street* – est l'activité sportive partagée par tous. Il suffit d'un ballon dégonflé et de deux portes de garage pour faire les buts… De là à faire de ce loisir un outil pédagogique, il n'y avait qu'un pas. Mais il fallait avant tout attirer les jeunes. Alors l'association a construit des infrastructures pour leur montrer qu'ils ont droit, eux aussi, au plus beau. Et chaque inauguration se fait en présence des joueurs stars de l'Olympique lyonnais. Rencontrer leurs idoles, c'est leur rêve ! Ensuite l'ambiance festive, structurante et les amitiés qui se nouent dans le cadre de la pratique sportive font le reste.

Tous les jeunes de sept à vingt-cinq ans ont la possibilité de rejoindre l'association mais une sélection naturelle se produit par l'âge au moment de l'inscription. Ceux de quatorze ou quinze ans viennent le jour de l'inauguration d'un centre mais dès qu'on leur présente les règles de fonctionnement – arriver à l'heure, respecter les coachs, etc. –, ils disparaissent le plus souvent. Pour eux, l'apprentissage d'une discipline n'est presque plus envisageable. Les plus assidus sont ceux qui ont commencé vers sept-douze ans. Le sport les passionne suffisamment pour qu'ils acceptent, sans rechigner, de respecter les règles imposées.

Une fois inscrits, les jeunes, répartis par classes d'âge, suivent un entraînement deux fois par semaine le mercredi et le samedi, animé par des éducateurs sportifs professionnels. Vingt centres sportifs ont déjà ouvert dans les banlieues lyonnaise et grenobloise et les éducateurs – pour la plupart salariés à quart ou trois quarts temps – sont dépositaires du programme pédagogique et des valeurs de l'association. Ils doivent apporter une compétence sportive aux jeunes tout en remplissant une mission éducative au cœur des quartiers. L'assiduité, la ponctualité, le respect des autres, des règles et des engagements, la politesse et l'investissement personnel, entre autres, sont enseignés et valorisés. Ces « coachs » apportent aux membres de l'association le cadre auquel ils aspirent et leur enseignent, par le jeu, des règles de vie pour s'épanouir individuellement et apprendre à s'intégrer dans un projet collectif.

Certains sont parfois d'anciens jeunes de *Sport dans la ville* comme Houssen. S'il est aujourd'hui un des meilleurs éducateurs de l'association, son passage n'a pas été des plus tranquilles. Hassim, son éducateur, se rappelle avoir été face à un véritable dilemme tant son comportement posait problème. Devait-il l'exclure pour protéger les autres – « Il flinguait une séance de vingt-cinq personnes ! » –, ou le garder puisque c'est le rôle de *Sport dans la ville* d'aider justement ceux qui sont les plus difficiles ?

Deux fois dans l'année, la petite équipe pédagogique se réunit pour évaluer les progrès réalisés par chaque enfant au regard d'un système de notation qui évalue le savoir-être : respect des règles, des autres, du matériel, etc. Les coachs travaillent également en lien avec les familles et l'école où est scolarisé l'enfant. Des visites sont organisées régulièrement pour favoriser une connaissance mutuelle et avoir une approche pédagogique la plus fine possible de l'enfant. Parfois les éducateurs sont même conviés aux conseils de classe. « Quand un enfant a des problèmes de comportement à l'école et à la maison, m'explique Hassim, notre rôle est de lui donner un petit coup de pouce. Lors des débriefs après chaque entraînement, nous cherchons à valoriser ce qu'il a fait de bien. On lui montre qu'il peut progresser et on le récompense pour lui donner l'envie de continuer et de changer. »

Une relation très forte se noue entre les jeunes et leurs éducateurs. « Mohamed Hedadji, se souvient Medhi, c'était comme mon grand frère. On était du même quartier et il avait un retour sur mon suivi scolaire. Il connaissait les membres de ma famille, il discutait avec mon père quand il venait sur le terrain et il connaissait ma vie. C'était quelqu'un de très bien pour les jeunes de notre genre car il était très sévère. Avec du recul je me dis que c'était un peu mon ange gardien. Il me disait que si je n'avais pas de bons résultats scolaires ce trimestre, je ne jouerais pas les prochains matchs. Ça marchait bien avec moi. Je voulais devenir professionnel, pour moi, jouer un match tous les week-ends, c'était indispensable. »

## S'ouvrir au monde

À côté des activités sportives bihebdomadaires, *Sport dans la ville* propose aux jeunes inscrits des activités complémentaires : des sorties, en particulier des matchs dans les stades deux ou trois fois par an, des camps d'été et d'hiver pour découvrir la nature *via* le sport (VTT, canoë-kayak, escalade, ski…). Car le second enjeu de *Sport dans la ville* est de faire sortir les jeunes de leur quartier. L'association a développé ces programmes pour permettre la découverte et les expériences fortes et rompre les spirales de repli sur soi. Ce sont les fameux « souvenirs heureux » chers à nos deux fondateurs. « Ce sont des séjours longs dans des endroits choisis pour leur beauté et leur calme, précise Philippe Oddou. L'idée est de faire évoluer les repères dans lesquels ils sont enfermés depuis leur enfance et développer leur réflexion. » Durant chaque camp, en plus des séances de football et de basket-ball le matin, l'association propose d'ailleurs aux jeunes des activités artistiques pour favoriser l'apprentissage de la créativité : vidéo, musique et chant, théâtre, poterie, travail sur bois, découverte de la nature, cuisine, peinture… Chaque enfant choisit ses ateliers en fonction de ses goûts.

L'accès à ces programmes étant limité en nombre, l'équipe éducative en a fait des temps de récompense pour souligner la qualité du comportement des jeunes dans l'association, mais aussi au sein de leur famille et de leur quartier. Les jeunes sont évalués chaque trimestre et chaque année deux cents sont récompensés. Le fonctionnement est méritocratique, mais cela a un vrai impact sur les enfants. Stimulés par les expériences des autres, ils veulent ensuite se prendre en main.

Cerise sur le gâteau pour les plus méritants, un programme d'échanges internationaux permet chaque année à une quarantaine de jeunes d'être accueillis pendant deux semaines à Rio de Janeiro ou à New York par deux associations jumelles : *Harlem RBI* et la fondation *Gol de Letra* fondée par le célèbre joueur brésilien Raï. Ou encore en Inde, à Calcutta, par l'association *Tomorrow's Foundation*. Qu'en est-il de ceux qui restent sur le carreau ? N'est-ce pas source d'inégalités ? Philippe Oddou me rassure. « La perspective de partir est un tel moteur pour eux que, dans tous nos centres, nous arrivons à avoir des dynamiques comportementales superpositives. Et comme chaque enfant reste en moyenne avec nous dix ans, tous bénéficient d'au moins un de nos programmes. »

## Trouver un métier

Pourquoi tant d'attention accordée à la qualité des comportements ? C'est déterminant pour réussir son insertion professionnelle, autre enjeu et but ultime de l'association. Pour *Sport dans la ville*, ce n'est pas leur niveau de compétences qui a permis à Soraya et Medhi de s'intégrer dans une entreprise. C'est leur attitude. Le savoir-être est un enjeu clé. Lorsqu'une personne intègre une entreprise, elle doit en honorer les codes : être à l'heure, savoir se comporter en groupe, respecter la hiérarchie et les règles. Ensuite, au-delà de la maîtrise de ces codes, il s'agit de formaliser un projet professionnel. Les jeunes de quinze-seize ans ont besoin d'avoir un projet pour entamer une démarche de formation et d'emploi. Le programme *Job dans la ville* leur permet de bénéficier d'un suivi individuel dans leur orientation et leur formation professionnelles, en lien avec leur famille et leur environnement scolaire. Il leur offre aussi la chance de découvrir le monde de l'entreprise qu'ils connaissent souvent mal. Des visites d'entreprises, des ateliers d'information et de formation, des stages de découverte sont organisés en lien avec des entreprises partenaires de *Sport dans la ville.* Les cent cinquante jeunes sont aussi suivis par un parrain bénévole issu de l'entreprise. « Notre objectif est de sortir des formations aux débouchés limités et d'orienter les jeunes vers des métiers qui recrutent, souligne Philippe Oddou. Les entreprises qui nous accueillent recrutent fortement et elles s'engagent à accueillir des jeunes pour des stages ou des temps d'apprentissage. » Aujourd'hui Medhi Belarbi est délégué commercial pour Coca-Cola. Avant d'en arriver là, il a fait un BTS « négociation et relation client » en alternance chez Décathlon puis un stage chez l'Oréal. « Toutes ces expériences, je les dois uniquement à *Sport dans la ville.* C'est dommage de le dire mais quand on vient de Vaulx-en-Velin et qu'on est d'origine maghrébine, sans piston, on n'a aucune chance d'intégrer une entreprise comme celle-ci. Sans le coup de pouce de *Sport dans la ville*, je serais vendeur sur les marchés. »

Pour ceux qui le souhaitent, l'association a aussi ouvert en 2007, en partenariat avec l'EM Lyon « Entrepreneur dans la ville », un programme d'accompagnement à la création d'entreprise. « Beaucoup de ces jeunes ont des prédispositions naturelles à la vente ou à la communication. Il faut juste les aider à démultiplier leurs efforts pour que cela fonctionne dans le cadre d'une création d'entreprise, explique Philippe. Et puis devant la réalité d'un quotidien sans emploi, ils sont nombreux à vouloir se créer leur propre job. » Le cursus leur ouvre un réseau, grâce au parrainage d'un chef d'entreprise, et leur apporte de la méthodologie, avec les trois mois de cours dispensés à l'EM Lyon. Une quarantaine de jeunes ont déjà créé leur entreprise. Patrice Caruso a créé Vitr'éclair, une société de nettoyage de vitres, moquettes et murs. « La formation était vraiment de qualité.

C'était nécessaire pour moi car je n'avais pas fait d'études dans ce domaine : j'ai pu apprendre plein de choses fondamentales pour pouvoir réussir. » Comme lui, Soraya est allée au bout de son ambition : Facilia Assurances, un cabinet de courtage en assurance. « Ça faisait longtemps que je voulais créer ma propre entreprise, mais je crois que sans cette formation et cet accompagnement je ne me serais jamais lancée ! Ce programme est une véritable chance pour tous les créateurs motivés et ambitieux. »

Pour les jeunes filles, l'association a également créé *L dans la ville*, parrainé par Marie Drucker. Constatant que parmi les jeunes la mixité entre garçons et filles est équilibrée sur les catégories des sept-dix ans, mais chute dès l'âge de douze ans, l'association a déployé ce programme spécifique pour protéger les filles de la pression de leur entourage (la famille, le quartier...), les aider à s'intégrer, se former et trouver un emploi.

## L'impact de *Sport dans la ville*

La réussite de l'association se voit immédiatement dans sa mission ultime, celle de l'insertion professionnelle. Sur les trois cents jeunes qui ont déjà bénéficié du programme *Job dans la ville*, 80 % ont trouvé une formation ou un emploi. Autre chiffre significatif : sur la cinquantaine d'élus au programme *Entrepreneurs dans la ville*, 78 % ont créé leur entreprise. Mais la portée de l'association va au-delà de l'insertion professionnelle. Deux mille cinq cents jeunes issus des banlieues sensibles pratiquent un sport collectif dans un cadre propice à la joie de vivre, permettant leur épanouissement personnel.

Depuis plusieurs années, l'association souhaite procéder à une évaluation de ses résultats mais se heurte à un problème de coût. L'obstacle a été partiellement levé. Le fonds de solidarité en faveur des jeunes lancé en 2009 par Martin Hirsch, alors haut-commissaire à la Jeunesse, finance un organisme d'évaluation pour mesurer pour la première fois l'impact qualitatif d'un des programmes de l'association *L dans la ville*. Les résultats seront connus mi-2012.

Autre élément fort du succès de *Sport dans la ville* : son maillage étroit avec les collectivités locales et les écoles à qui l'association prête d'ailleurs des terrains, et le très large réseau d'entreprises partenaires qui accueillent notamment les jeunes pour des stages. Alors que les discriminations à l'embauche sont encore très fortes en France, des initiatives comme *Sport dans la ville* contribuent à faire tomber les idées reçues. Les entreprises comprennent peu à peu qu'elles peuvent trouver dans les zones sensibles un vrai vivier de compétences. En outre le développement du parrainage par des collaborateurs de l'entreprise, les rencontres sportives interentreprises organisées régulièrement au cœur des quartiers sont autant d'occasions de faire tomber les barrières entre deux mondes encore trop cloisonnés.

Comme le souligne Philippe Oddou : « Il faut que les jeunes des quartiers aient accès à nos élites et que celles-ci osent se rendre dans les zones sensibles. C'est en se rencontrant qu'on fait tomber les préjugés, que des histoires humaines se produisent, qu'il y a des vies qui changent des deux côtés. » Et l'aventure ne fait que commencer puisque l'association entend essaimer son action dans d'autres régions, à commencer par l'Île-de-France. L'ouverture des premiers centres sportifs dans les départements du 92 et 93 (de Nanterre à Saint-Denis) est attendue pour le dernier trimestre 2011.

Le rêve de Philippe Oddou et Nicolas Eschermann est devenu réalité, comme celui de nombreux enfants et jeunes qui ont cru à la promesse que constitue *Sport dans la ville*.

Ils portent en eux l'envie d'aller de l'avant, l'envie de faire l'apprentissage du dialogue, de l'écoute et du respect de l'autre, de la confiance, du courage, de l'ambition et du travail... Ils sauront passer par la fenêtre si la grande porte est fermée.

**Personne n'est contraint à la fatalité**

*Entretien avec Hachim, éducateur*

Des enfants de six à dix ans en shorts et en maillots multicolores courant dans tous les sens, le ballon qui vole de l'un à l'autre, des exclamations de joie ou de déception, quelques coups de sifflet... somme toute, une partie de football comme toutes les autres. Je suis au « campus » de *Sport dans la ville* situé dans la zone de Vaise à Lyon, non loin des quartiers sensibles. J'attends Hachim, l'éducateur, que je dois interviewer.

À la fin de la partie, je m'avance vers lui, carnet et stylo à la main, mais il me demande de patienter encore une bonne vingtaine de minutes. Il m'en expliquera plus tard la raison : « Le plus important pour nous, ce n'est pas la partie elle-même, c'est le "débrief". Après chaque séance nous échangeons avec les enfants. Pas tant sur la façon dont on a joué techniquement mais sur les attitudes individuelles et collectives : A-t-on été correct avec les autres ? Les consignes ont-elles été respectées ? Est-on tous arrivés à l'heure ? »

Ce jour-là, il y a eu un problème. Trois enfants se sont mal conduits. Très excités, ils n'écoutaient rien, ils avaient aussi asséné quelques coups de pied à leurs camarades et proféré des mots grossiers. Hachim leur a dit : « Toute l'équipe considère que vous vous êtes mal comportés, que proposez-vous ? » Alors ils sont partis à l'écart tous les trois pour réfléchir. Comme chaque fois, ils étaient invités à revenir, mais avec une solution. Les trois jeunes ne tardent pas à arriver. Leur solution ? D'abord aller s'excuser auprès des personnes auxquelles ils ont manqué de respect, ensuite être privés de participer au « super cross » de *Sport dans la ville*, événement festif que tous les enfants attendent avec une grande impatience.

« Parfois, ils sont si sévères avec eux-mêmes qu'on est obligé de moduler, ajoute Hachim, mais il est très important qu'ils comprennent que ne pas respecter les valeurs les met hors jeu. »

Hachim est bien placé pour comprendre les difficultés de la vie dans les quartiers sensibles. Il y a vécu toute son enfance. Sa famille, arrivée d'Algérie en 1967, était, comme il l'exprime, « chaotique ». Un père alcoolique qui dépensait l'argent du foyer en boissons et battait sa femme devant ses quatre fils, une mère qui s'épuisait à faire des ménages jusqu'à des heures tardives. Jamais elle ne s'est plainte de son sort mais elle inculque à ses enfants de solides valeurs et les pousse à réussir pour s'en sortir. De son expérience, Hachim a tiré la profonde conviction que personne n'est contraint de subir la fatalité.

**Association *Sport dans la ville***

**Création** : 1998

**Mission** : Favoriser l'insertion sociale et professionnelle des jeunes, à travers le sport.

**Implantation du projet** : France (régions Rhône-Alpes et Île-de-France).

**Équipe**
– 24 salariés ;
– 20 centres sportifs dans 20 quartiers sensibles, animés par une équipe de 70 éducateurs spécialisés.

**Bénéficiaires**
– 2 500 jeunes participent chaque année aux activités ;
– 300 jeunes inscrits à *Job dans la ville* dont 80 % ont trouvé une formation ou un emploi ;
– 50 jeunes ont suivi le programme *Entrepreneur dans la ville*, dont 78 % ont créé une entreprise ;
– 300 jeunes filles ont suivi les activités du programme *L dans la ville*.

**Finances**
Budget annuel : plus de 3 millions d'euros (en augmentation en moyenne de 15 % par an) ;
Ressources : 25 % fonds publics, 75 % fonds privés.

**Distinction** : En 2007, Philippe Oddou a reçu le prix du meilleur éducateur ou dirigeant sportif décerné par l'Académie des sports.

En savoir plus : www.sportdanslaville.com

# IV.

# LES FACTEURS FAVORISANT LE MIEUX-ÊTRE DES JEUNES

Entre le clown qui redonne le sourire à l'enfant hospitalisé de la région parisienne, le thérapeute qui, en Afrique, danse avec les anciens enfants-soldats pour les sortir de leur enfermement dans la violence, en passant par tous ceux qui permettent à des ribambelles d'enfants des rues ou déracinés de redécouvrir la joie de vivre à travers les arts, le sport ou le jeu, qu'y a-t-il de commun ?

Les situations des enfants concernés sont différentes, comme le sont les régions géographiques et les méthodes utilisées. Et pourtant tous les projets mis en œuvre convergent vers la même finalité : donner à chaque enfant une chance de surmonter ses difficultés, permettre à chaque jeune de trouver sa place dans la société, apprendre à mieux vivre ensemble.

Plus j'examinais ces projets, plus je parlais avec leurs initiateurs, plus je les observais dans leur travail et plus je découvrais des enseignements communs. Peu à peu ont émergé des clés permettant de mieux comprendre les facteurs de réussite de leurs actions, c'est-à-dire leur impact durable sur le mieux-être des jeunes.

## Une approche holistique

Intéressons-nous d'abord à l'élément déclencheur de la relation à l'enfant. Qu'il passe par l'artistique, le ludique ou le sport, il touche en priorité la sphère émotionnelle. C'est l'étape première pour sortir la personne de sa situation d'enlisement, le baiser du prince charmant à la Belle au bois dormant. Une fois l'émotion créée par le mouvement du corps, la vraie renaissance sera le résultat d'une approche de l'être dans toutes ses facettes.

Convaincus que chacun dispose de ses propres ressources pour se développer, nos initiateurs de projets se considèrent avant tout comme des accompagnateurs. Leur rôle est de créer les conditions favorables à l'épanouissement de ceux dont ils s'occupent. Ils ne cherchent donc pas à inculquer des connaissances ou des principes qui, au mieux, resteraient au stade de la compréhension intellectuelle. Ils visent une intégration complète des informations, des expériences et des ressentis de manière à ce que le vrai changement vienne de l'intérieur. Pour cela, ils prennent en compte la personne dans ses dimensions physique, matérielle, intellectuelle mais aussi affective, artistique et existentielle. L'évolution de l'enfant vers un véritable mieux-être dépend de l'harmonie entre ces différents plans.

S'agissant d'une approche holistique, du grec *holes* qui signifie « tout entier », elle confère une cohérence à la personnalité du jeune. Il peut alors libérer une énergie nouvelle pour surmonter les difficultés et se tourner vers de nouveaux possibles.

Le processus est long car il est par essence participatif. C'est une coconstruction de chaque instant entre l'accompagnateur et l'accompagné. Et dans ce pas de danse improvisé, le maître est l'enfant, ou plutôt sa réalité psychique. Car nul ne peut prévoir ses réactions, une même situation traumatique produisant des effets divers parmi les victimes. En réalité, plus encore que l'événement lui-même, c'est sa perception, sa traduction personnelle qui se trouve source de blessures. Celle-ci est intimement liée à l'histoire de chaque individu, à son état de développement, au lien qu'il entretenait avec sa mère ou avec sa figure d'attachement, mais aussi à sa maturité affective. « Là où le petit enfant a besoin de trouver en premier lieu de la sécurité, l'adolescent fera voler en éclats tout ce qui lui a été appris pour ne conserver que quelques valeurs sur lesquelles il bâtira sa vie future. S'il en est empêché, c'est sa construction même qui s'en trouve menacée[1] », souligne le psychanalyste Philippe Porret.

Au-delà de chaque situation, il y a cependant un engrenage commun dans l'évolution de la souffrance, qu'elle se révèle affective ou physique. La personne confrontée à une expérience inassimilable peut adopter des stratégies de défense qui la conduisent à enfouir dans une partie de son psychisme des sensations, des émotions et des fantasmes. Elle peut alors se trouver enfermée dans une impasse douloureuse. C'est pourquoi il n'est pas rare que des problèmes se révèlent à une étape ultérieure de la vie, à l'occasion d'un changement majeur, comme l'adolescence, ou d'un événement futur qui rouvre la plaie. Nos porteurs de projets insistent donc sur la nécessité d'agir dès que possible, même si les troubles ne se sont pas encore manifestés.

## Un chemin de résilience

Mais comment intervenir ? En aidant les jeunes à mobiliser leurs forces pour repartir de l'avant. Loin de s'apitoyer sur leurs malheurs, les jardiniers de l'âme les incitent à y puiser un nouvel élan. C'est cette attitude fondamentalement positive qui sous-tend le concept de « résilience », introduit en France par le neuropsychiatre Boris Cyrulnik. En science physique, la résilience se définit comme la capacité d'un matériau qui a subi un choc de revenir à son état initial. Transposée dans le domaine de la psychologie individuelle, voire collective, elle devient « la capacité à réussir, à vivre, à se développer en dépit de l'adversité[2] ». Le but n'est donc pas de reprendre seulement sa forme antérieure mais de la dépasser. Ce n'est pas un état figé, « une qualité » comme cela a parfois été dit, mais un processus dynamique, Serge Tisseron préfère parler de « force[3] ».

La littérature et l'histoire offrent de multiples exemples de résilience à commencer par les héros des contes de Grimm, des personnages célèbres comme Jean-Sébastien Bach ou, plus près de nous, Édith Piaf. Chacun a non seulement surmonté des épreuves, quand d'autres auraient été anéantis, mais a aussi puisé, dans ces situations douloureuses – maltraitance, perte des deux parents ou misère –, une force de vivre qui a contribué à sa brillante réussite.

Ce cheminement de résilience se fait rarement seul. Il est en général rendu opérant par l'intervention d'une autre personne, un adulte souvent, qui pose un nouveau regard, repère les qualités et potentiels du jeune et l'aide à se replacer dans un parcours de développement. Boris Cyrulnik parle alors de « tuteurs de résilience ». Tels sont nos porteurs de projet.

Quels que soient les vecteurs sur lesquels ils s'appuient, tous articulent leur travail autour de quatre axes essentiels :

- répondre aux besoins affectifs et de reconnaissance, et redonner ainsi *le goût d'exister* ;
- aider à mettre hors de soi, retrouver la notion de plaisir et en faire émerger *le goût d'exprimer* ;
- permettre de trouver ou retrouver le sens et (res)susciter *le goût de vivre* ;
- donner les moyens de se construire un avenir et stimuler *le goût de devenir*.

## Le goût d'exister

Au cours de ces dix dernières années, j'ai eu l'occasion de visiter, à travers le monde, de nombreux orphelinats ou centres d'accueil pour enfants, plus ou moins bien tenus. Avec mon regard d'Occidentale, j'avais tendance à me faire une opinion à partir de critères objectifs : propreté du lieu, tenue des enfants, espace pour dormir, qualité de la nourriture. J'ai appris peu à peu que l'important n'était pas là. C'est dans le regard des enfants que l'on évalue un centre. Et ce regard nous dit : « Je me sens reconnu et j'existe » ou il est fuyant, exprimant « je ne suis rien ». Il traduit tout simplement l'attitude des adultes à leur égard.

C'est grâce au père Ceyrac, qui consacre depuis plus de soixante-dix ans sa vie aux plus démunis en Asie, que je l'ai compris. Dans les centres qu'il a initiés, il privilégie la relation humaine à l'organisation. S'il peut fermer les yeux sur quelque désordre dans le fonctionnement, ou même le constater avec une tolérance amusée, il ne transige jamais sur un comportement d'enfant. Dès son arrivée, lorsque tous les enfants se précipitent vers lui, il prend le temps de regarder chacun avec attention et, si l'un d'entre eux ne semble pas en forme ou manque de gaieté, il questionne immédiatement les responsables. Comme il l'exprime de façon imagée, « l'objectif n'est pas de transformer nos orphelins en petits singes savants avec les cheveux bien peignés, mais de leur mettre le nez au vent et des étoiles dans les yeux ». Mais comment ?

## L'acceptation inconditionnelle

Si je devais ne retenir qu'un seul enseignement de tous les échanges que j'ai eu la chance d'avoir avec le père Ceyrac au fil des années, ce seraient deux mots : « amour inconditionnel ». Par l'accueil de chaque être dans sa globalité, avec sa part d'ombre et de lumière, il en fait émerger le meilleur. Cela ne relève pas d'un optimisme naïf. Il ne nie pas et même accepte les côtés négatifs, plus ou moins visibles, de chacun, mais ce qui l'intéresse c'est d'aider la personne à les transformer en forces positives. Son regard appelle à la vie. « C'est de l'ombre que jaillit la lumière », aime-t-il rappeler. Et, me montrant un cadran solaire, il ajoute : « Comment lirais-tu l'heure s'il n'y avait pas d'ombre ? »

Ce regard positif inconditionnel, qui est aussi au cœur de l'approche développée par le thérapeute américain Carl Rogers, constitue un pilier fondamental de la raison d'être et de la réussite de tous les projets présentés dans ce livre.

Chez *Nanban*, le mot d'ordre est « l'écoute active et sans jugement ». Les animateurs doivent passer le temps nécessaire à écouter l'enfant qui vient de la rue, afin qu'il se sente entendu. Ils doivent lui manifester un véritable intérêt et reconnaître sans commentaire la situation vécue. La fugue, la drogue, les petits larcins sont nommés en tant que faits, sans jugement sur leur valeur morale ou immorale. Parfois, la situation peut sembler impossible à admettre. Comment accepter sans condition un enfant-soldat qui a commis des atrocités, y compris sur sa propre famille ? Le psychothérapeute américain David Alan Harris nous donne la clé. « Si nous ne pouvons approuver les barbaries ni les effacer, des frontières doivent être clairement définies entre l'acte réalisé et le jeune qui l'a commis, le plus souvent contre son gré. Ce jeune est une personne et c'est celle-ci qui doit être reconnue totalement. »

Dans une autre mesure, le regard positif posé par ses parents sur l'enfant malade est un encouragement à guérir. En effet, l'entourage est souvent dans une telle souffrance qu'il ne voit plus l'enfant qu'à travers sa maladie, ce qui ne l'aide guère à lutter. Grâce à l'intervention des clowns, le petit hospitalisé qui rit redevient un enfant comme les autres, et ses proches comprennent l'importance de ne pas le considérer seulement comme malade. C'est un cercle vertueux car, de ce fait, le jeune en vient à admettre l'adversité comme une composante de sa vie actuelle, sans s'y identifier. Il est alors mieux armé pour combattre la maladie et aller vers la guérison. Son être profond est préservé.

En réalité, l'importance de cette attitude d'acceptation totale trouve sa justification dans la création, ou la réactivation du socle le plus basique de la construction de l'enfant : l'amour de la mère, d'un parent ou d'un proche, à partir duquel, assuré de son existence même, il peut commencer à se construire[4]. L'enfant acquiert ainsi une manière positive d'entrer en contact avec les adultes et de voir en eux une base de sécurité. S'il l'a connue, il faut la réactiver. Cela peut arriver de façon inattendue, comme ce jeune adolescent marqué par le décès de sa mère dans sa petite enfance, qui, grâce à un moment d'amour inconditionnel avec un bébé (*Roots of Empathy*), perçoit la possibilité d'une vie nouvelle.

Si l'enfant n'a jamais bénéficié de cet élément fondateur, c'est plus difficile. Le processus est long et exige des trésors de patience ainsi que l'acceptation de retours en arrière. On ne peut d'un coup de baguette magique réparer un mal-être qui a pris racine depuis des années.

**L'amour inconditionnel**

*Entretien avec le Père Ceyrac*

**Tant dans vos paroles que dans vos écrits, vous évoquez souvent la notion d'amour inconditionnel, qu'entendez-vous par là ?**

C'est très simple. Il faut aimer sans limite. Comment voulez-vous aider quelqu'un si vous avez des réserves à son égard ? Les beaux raisonnements n'ont jamais soulevé des montagnes mais le vrai amour, oui. Le cœur, c'est comme une clé. Là où la raison ne passe pas, seul l'amour ouvre la porte.

**Mais si une personne a commis des actes répréhensibles, pouvez-vous l'accepter inconditionnellement ?**

Qui peut juger sans connaître le contexte ? Je me souviens d'une femme très pauvre qui vivait dans les rues de Madras seule avec trois enfants. Elle venait me voir de temps en temps, nous parlions ensemble et je lui donnais un peu d'argent. Un jour, un de ses enfants est mort parce qu'il avait bu de l'eau polluée, elle n'avait même pas de bois pour faire bouillir l'eau. Et puis je ne l'ai plus revue. Au moins une année plus tard, elle est revenue très maigre et considérablement vieillie. Elle avait fait de la prison car elle avait volé des chapattis pour ses enfants. Comment lui en vouloir ? Fallait-il la bannir parce qu'elle avait commis un acte répréhensible ou plutôt admirer le courage qu'elle avait eu en prenant tous les risques pour sauver ses deux derniers enfants ? Si elle est revenue vers moi après cette longue absence, ce n'était pas pour réclamer quelques roupies, elle ne me les a même pas demandées, elle voulait seulement retrouver sa dignité humaine, savoir que, malgré son acte, elle pouvait être aimée et retrouver l'estime d'elle-même. Il est très important de rechercher la part de lumière qui est en chaque être et l'aider à la développer. On est toujours surpris de voir les richesses tapies au fond des individus. Certains ne peuvent pas les faire apparaître car personne ne les a aimés sans condition.

## Des miroirs positifs

Grâce à l'acceptation inconditionnelle ne serait-ce que d'une personne, l'enfant acquiert ou retrouve peu à peu sa confiance en lui-même. Cette évolution est porteuse d'un élan qui lui permet d'oser montrer autre chose de lui que sa part de souffrance. En miroir, le regard des autres s'en trouve transformé.

Les enfants des *barrios* du Venezuela ne déclaraient-ils pas qu'ils n'étaient « rien » avant de rejoindre les orchestres et de devenir des modèles adulés par leur entourage ? Comme l'affirme l'un des participants : « Chacun de nous est devenu important. »

Un ancien jeune des cités explique comment la confiance en lui-même, acquise grâce au programme de *Sport dans la ville*, lui a permis de se défendre face aux sarcasmes malheureusement encore fréquents en entreprise, comme le « ça va, la racaille ? » lancé par certains lorsqu'il arrivait à la cafétéria. Par moments, il aurait eu envie de démissionner pour échapper à ce type de réflexions mais, s'appuyant sur la reconnaissance que ses animateurs lui avaient témoignée, il a su répondre avec humour et fermeté et aujourd'hui, le regard de ses collègues a complètement changé.

Souvent, pour accélérer encore ce processus de reconnaissance sociale si utile au développement de la personnalité, nos créateurs de projets s'appuient sur la mise en scène d'un spectacle. L'enfant ou le jeune doit souvent faire un effort immense pour surmonter sa peur et oser se produire en public mais les applaudissements qu'il reçoit en retour sont des catalyseurs de changement. Grâce à sa performance, c'est tout son être qui se trouve transformé.

Parfois la prise de conscience est impressionnante. Tel ce père maltraitant qui, en assistant à une représentation du *Théâtre Grodzki* dans lequel son enfant tenait un rôle proche de son vécu quotidien, se rendit compte de l'inanité de son comportement. Derrière l'image négative qu'il projetait sur son fils, il a découvert l'être humain. À partir de ce jour, son attitude a changé et l'enfant s'est enfin senti « exister ».

Et le spectacle joué par les ex-enfants-soldats devant toute la communauté n'a-t-il pas été le moteur de la réconciliation ? Ayant accepté, grâce au travail avec David Alan Harris, de se pardonner à eux-mêmes et de prendre le risque de s'exposer en public, ils ont permis à la communauté de comprendre ce qu'ils avaient vécu et de les voir non plus comme des parias, mais en tant que personnes. C'est à partir de là que la cohérence de leur personnalité, intégrant leur douloureux passé, a pu se reconstituer.

## Le goût d'exprimer

Grâce à la reconnaissance inconditionnelle qui lui est témoignée, l'enfant acquiert une sécurité. C'est un socle. Encore faut-il qu'il y prenne appui pour déployer ses ailes.

Et pour cela, il a besoin d'exprimer, au sens littéral du terme « mettre hors de lui ». En créant la distance nécessaire avec sa souffrance, il va pouvoir s'en dés-identifier. L'exprimer avec des mots est souvent difficile, voire impossible, surtout pour les enfants. Le « dire » peut alors prendre d'autres formes. Réaliser, créer, pratiquer une activité ludique, se mouvoir dans l'espace sont autant d'activités qui favorisent l'expression. Elles ont aussi l'immense mérite de procurer du plaisir, indispensable pour donner l'envie d'agir, car c'est là que se trouve l'élan vital. Les jardiniers de l'âme font tous appel à l'une ou à plusieurs de ces activités. Ils insistent sur la joie que ressentent les enfants à jouer en liberté, à rire, à créer une œuvre artistique, à se voir confier un instrument de musique, à participer à un sport collectif, à faire des acrobaties.

Le psychanalyste Philippe Porret résume bien l'importance de ces vecteurs d'expression. « Pour aider l'enfant à avoir accès à ce qu'il ne sait pas de lui-même, il faut faire appel à des médiations entre lui et lui-même pour lui permettre un "dire" nouveau. » Mais comment ces processus à l'œuvre parviennent-ils à transformer la souffrance ?

## Le jeu, ce « plaisir qui se transforme en joie de vivre[5] »

Quelle que soit la situation vécue, et même s'il a été contraint par la vie à mûrir trop vite, un enfant reste un enfant. Lui offrir de renouer avec son enfance est donc fondamental. Or quelle est la caractéristique essentielle de celle-ci si ce n'est le jeu ?

Le psychologue Jean Piaget a montré le rôle indispensable du jeu dans le développement de l'enfant. Jouer est une activité universelle. À toutes les époques, sous toutes les latitudes, le jeu occupe une place primordiale dans la vie de chaque enfant. L'importance du jeu et des activités récréatives est telle qu'ils ont été érigés en droit fondamental par la Convention internationale sur les droits de l'enfant, ratifiée par l'ONU en 1989[6]. C'est donc un devoir pour les adultes de permettre aux enfants d'exercer pleinement ce droit, à plus forte raison lorsqu'il a été entravé par les circonstances ou par l'Histoire. Poussés par l'urgence, les programmes d'aide humanitaire ont souvent tendance à faire prévaloir la réponse aux besoins matériels et à ne pas considérer le ludique comme une priorité. Pourtant un enfant qui ne joue pas est un enfant qui ne va pas bien. Au sein des programmes de nutrition mis en place à la suite d'une catastrophe, certains enfants refusent de s'alimenter malgré la qualité des interventions des organisations concernées. Bouleversés par ce qu'ils viennent de subir, ils ont perdu l'envie de manger, de rire et peut-être même de vivre. Les inciter à jouer peut leur permettre de reprendre goût à la vie.

Mais qu'entend-on exactement par « jeu » ?

C'est d'abord un espace de liberté par son lien avec la fiction et l'imaginaire. L'enfant qui joue crée une relation entre sa réalité intérieure et le monde qui l'entoure. Citant Montaigne, le psychologue Bruno Bettelheim déclare : « Le jeu devrait être considéré comme l'activité la plus sérieuse des enfants. » L'enfant peut accepter ou refuser de jouer et partir dans la direction que lui dicte son propre imaginaire. C'est aussi le lieu de tous les possibles et, par là, un moyen de travailler la confiance en soi. « C'est l'occasion d'expérimenter que perdre ne détruit pas. Pour le jeune enfant, le jeu permet le développement de l'autonomie et de la confiance en soi pour ensuite accéder à l'indépendance », affirme Odile Périno, pionnière des ludothèques en France. Le jeu est aussi gratuit. L'enfant se laisse aller au plaisir sans attendre un rendement immédiat. Même si cette apparente improductivité ne l'empêche pas, comme l'a montré Piaget, d'être un excellent outil de développement de l'enfant sur tous les plans : intellectuel, sensoriel, cognitif, physique. Il a un caractère éducatif.

Enfin, le jeu est un moyen d'expression, voire de libération. L'enfant joue à être quelqu'un ou quelque chose, il met en scène des relations, des personnages, exprime ses désirs, ses frustrations. Et, en cela, il est indispensable à l'enfant en bas âge, qui ne dispose pas de moyens pour s'exprimer autrement. Comme le souligne encore Odile Périno : « Pour les adultes, les mots ont un pouvoir libérateur, mais avant sept-huit ans les enfants ont encore peu de vocabulaire pour s'exprimer. C'est pourquoi après le 11 septembre 2001, on a vu tant de petits Américains fabriquer des tours avec des cubes ou toutes sortes d'objets et des avions pour les abattre. C'était une façon pour eux d'évacuer la situation dramatique, de reprendre à leur compte la situation[7]. »

Dans le même esprit, le jeu « Sculpture humaine » consistant à reproduire, sous la forme d'un tableau vivant, une scène vécue par l'enfant, se retrouve dans plusieurs des projets étudiés. Chez *Nanban*, le jeune qui a été victime d'un abus ou témoin d'une violence entre ses parents ressent une certaine culpabilité à avoir assisté à la scène réelle sans avoir rien pu faire. En la revivant symboliquement avec l'aide de ses camarades, il se donne un nouveau rôle en se levant et en s'interposant pour protéger sa mère. Le jeu lui permet une réappropriation de la situation douloureuse à l'origine du traumatisme et une possibilité d'en organiser une sortie positive. Le groupe essaie alors de chercher une solution de réparation. Pour les ex-enfants-soldats, le jeu de la sculpture humaine, qui dans un premier temps avait été le révélateur de leur incapacité à ressentir des émotions, leur a permis, quelques semaines plus tard, de représenter leur famille avant et après leur enrôlement, ce qui les a aidés à prendre conscience de leur appartenance.

## De nouvelles façons de jouer

Le développement des nouvelles technologies a ouvert le champ à d'autres façons de jouer. Les jeux vidéo déferlent dans notre vie quotidienne : ordinateurs, télévisions, consoles, téléphones. Ce sont, d'après une étude récente, trois milliards d'heures qui sont passées chaque semaine à jouer sur les écrans[8]. Faut-il y voir la fin des jeux traditionnels ? Certainement pas, ils sont d'une nature différente et les deux peuvent coexister, voire se compléter.

On reconnaît aux jeux vidéo certains effets bénéfiques : ils permettent à l'enfant de développer des compétences, d'accroître la confiance en soi, d'améliorer la capacité à résoudre des problèmes et parfois ils encouragent la coopération. Ils apprennent à connaître et à respecter des règles, lesquelles y tiennent une place importante. À cet égard, de nombreux jeux à vocation culturelle ou pédagogique se sont développés, et avec succès. Une étude, publiée dans le *British Medical Journal*[9], prête même aux jeux vidéo les vertus d'atténuer la douleur ressentie par certains patients, notamment des enfants sous chimiothérapie et d'aider dans la rééducation physique.

Mais les jeux vidéo présentent aussi des inconvénients. Avec des scénarios le plus souvent construits autour de la conquête du pouvoir envers et contre tous, ils ne sont pas le meilleur outil pour favoriser la compréhension des autres et l'empathie. En incitant l'enfant à pénétrer dans des mondes virtuels, ils peuvent aussi créer une confusion avec le réel et susciter parfois des comportements violents. Autre danger, une certaine dépendance, même si les cas extrêmes d'addiction sont peu fréquents en Europe, contrairement à certains pays, la Corée et la Chine notamment.

En tout état de cause, comme le souligne le psychothérapeute Michael Stora, la médiation technique n'est pas neutre : l'image, les sons, les sensations, les bruitages ont une emprise. Moins libre que le jeu classique, ce type de jeu n'est certainement pas le meilleur outil pour développer la créativité d'un enfant ou l'aider à exprimer ce qu'il a au plus profond de lui, ses joies comme ses souffrances.

Pour avoir vu, au fin fond de l'Indonésie, des enfants réfugiés à la suite du tsunami de décembre 2004, reprendre petit à petit goût à la vie en remettant en scène inlassablement, à travers le jeu, la catastrophe, ou encore une petite fille abusée, récupérée sur un trottoir de Madurai, qui ne pouvait s'exprimer par des mots mais qui, avec sa poupée, a pu faire comprendre ce qu'elle avait subi, j'ai tendance à penser que rien ne pourra remplacer les jeux libres, au moins pour ce type de situation.

Il est aussi parfois souligné que les jeux vidéo engagent peu le corps et donc sont moins mobilisateurs de l'émotion que le jeu réel. Cela est en train d'évoluer puisque certains jeux proposent maintenant de se dépenser physiquement, voire de s'engager dans des matchs sportifs.

Parmi les projets étudiés, seul le *Théâtre Grodzki* accorde une place significative aux jeux vidéo. C'est, pour la directrice de l'association, un moyen de familiariser les jeunes avec les nouvelles technologies et de ne pas ajouter, à la fracture sociale, une fracture numérique. Un programme sur deux ans a permis à un groupe, composé d'enfants handicapés, de jeunes victimes d'addiction et d'adolescents en situation de risque, de créer leur propre jeu, avec le soutien d'animateurs et d'artistes. Ils y ont appris les techniques du graphisme numérique et le montage vidéo, mais surtout le travail en équipe et l'enrichissement par les différences. Cette expérience, soutenue par l'Union européenne, a eu un grand succès puisqu'une étude a montré que 80 % des jeunes qui y avaient participé ont repris ensuite leurs études secondaires ou ont trouvé un travail.

Le phénomène des jeux vidéo est encore trop récent pour en connaître les effets à long terme sur les générations qui y ont eu recours de façon intensive depuis leur plus jeune âge. En définitive, la réponse se situe sans doute dans la nature des jeux et la façon de les utiliser. Les jeux vidéo bien conçus, laissant aux jeunes une part de libre arbitre, mobilisant le corps et utilisés sans compulsion peuvent être d'excellents outils de progression et peuvent même canaliser la violence. « Si quelqu'un a des pulsions de violence, mieux vaut que cela soit dans le virtuel que dans le réel », pointe Serge Tisseron.

## Le rire et l'humour, origines des fées

Une phrase de James Barrie, le père de Peter Pan, illustre le caractère magique du rire : « Lorsque le premier bébé rit pour la première fois, son rire se brisa en un million de morceaux, et ils sautèrent un peu partout. Ce fut l'origine des fées. » Ce sont ces fées qui, réactivées par les clowns hospitaliers du *Rire médecin*, permettent à l'enfant hospitalisé d'oublier pour un moment sa douleur et son ennui et de retrouver le plaisir de vivre.

Les vertus physiques et mentales du rire sont reconnues depuis fort longtemps. Déjà, dans l'Antiquité, de nombreux auteurs et philosophes l'ont attesté. À commencer par Hippocrate et Galien qui soulignent l'importance du rire sur « les maux du cœur et de l'esprit ». Quant à Rabelais, il considérait que « rire est le propre de l'homme » et que « faire rire les malades était les mettre sur la voie de la guérison ». Cependant ce n'est que vers la fin du XIX^e^ siècle que des chercheurs entreprennent de mener des études scientifiques sur le rire. Dans son *Essai sur la signification du comique*, Henri Bergson en confirme les conséquences bénéfiques sur la santé. Aujourd'hui des études attestent, chiffres à l'appui, les effets physiologiques et physiques du rire. Il réduit les tensions musculaires et la pression artérielle, stimule la libération d'endorphines, les hormones du plaisir. Plus encore, il augmente la tolérance à la douleur et améliore le système immunologique[10].

Il faudra cependant attendre le début des années 1980 pour voir apparaître la première clinique fondée sur l'humour, l'humanisation des soins et la gratuité. C'est le fameux « Gesundheit ! Institute » (Institut « À votre santé ! »), créé par le célèbre Dr Hunter Patch Adams, personnifié au cinéma par Robin Williams. À sa suite, plusieurs hôpitaux ne tardent pas à offrir des séances de thérapie par le rire, certains disposant même d'une salle de rire où chacun peut visionner des films drôles ou lire des livres comiques. Plus récemment, en 1995, un médecin indien, le Dr Madan Kataria, a créé le premier club du rire. Son approche, appelée « yoga du rire », s'appuie sur l'idée que rire sans raison développe une attitude positive envers la vie. Aujourd'hui, on dénombre plus de cinq mille clubs du rire dans le monde, auxquels s'ajoutent de plus en plus d'ateliers de thérapie par le rire.

À un degré plus subtil, l'humour est également thérapeutique. Selon Philippe Porret, « il signe un changement de réalité ; un autre espace se crée ». En fait, il est beaucoup plus qu'un simple divertissement. Il est une façon de prendre du recul par rapport à une situation. Loin de nier les problèmes, il les intègre tout en permettant un autre regard, empreint de plus d'objectivité et de légèreté. Cette mise à distance permet de négocier la situation difficile, de voir son côté insolite et de déclencher un sourire, voire un éclat de rire. Freud affirmait que l'humour permet à l'humain de « démontrer son refus de se laisser abattre par la souffrance et d'affirmer l'invincibilité du moi ». Il en découle une nouvelle force et par là un lien très direct avec la résilience.

Mais à partir de quel âge un enfant est-il sensible à l'humour ? En réalité la capacité d'exprimer et de comprendre l'humour commence très jeune, dès l'âge de trois ans. Il se renforce en finesse vers huit ans, avant d'atteindre un niveau sophistiqué au début de l'adolescence. Il est pour les enfants à la fois une façon de renforcer l'idée de soi, son pouvoir, son territoire, un régulateur des relations et un filtre qui lui permet de dédramatiser des situations difficiles. C'est pourquoi les clowns du *Rire médecin* en font leur cœur d'intervention dans le contexte particulièrement délicat de l'hôpital. En utilisant, par exemple, le masque de l'infirmière comme hamac pour bébé singe, ils provoquent le rire mais surtout ils permettent de porter un autre regard sur cet objet qui généralement inquiète les jeunes enfants. Ils arrivent ainsi à diminuer leur anxiété.

De même, quand les éducateurs de *Nanban* miment avec force exagération les enfants des rues se faisant passer pour handicapés afin d'apitoyer le passant et de récolter quelques pièces, les intéressés éclatent de rire. Ils libèrent la culpabilité qu'ils peuvent ressentir, tout en se rendant compte que personne n'est dupe. C'est une façon de dédramatiser.

## Les activités artistiques, grâce auxquelles « la vie vaut la peine d'être vécue[11] »

La plupart des cultures traditionnelles considéraient déjà l'art comme thérapeutique et cathartique. Il était, le plus souvent, indissociable des rituels et célébrations diverses. Et combien de personnages célèbres, comme Van Gogh, Schubert ou Rimbaud pour ne citer qu'eux, ont trouvé dans l'exercice de leur art une planche de salut à leur mal de vivre !

Au début du XX^e^ siècle, le psychiatre Carl G. Yung introduit l'approche par l'art dans sa pratique. Dans cette lignée se développe le mouvement d'« art thérapie », principalement au Canada, avec la création en 1967 du *Toronto Art Therapy Institute*, et dans de nombreux pays nordiques ainsi qu'aux États-Unis. Cette forme de psychothérapie utilise la palette des activités artistiques pour réveiller les facultés d'expression et stimuler les processus créatifs.

L'art a un pouvoir guérisseur parce qu'il est d'abord source de plaisir. La personne, placée dans un environnement calme et sans tension, libre de s'exprimer sans but précis à atteindre, et ayant entre les mains de nouveaux outils, vit une expérience rassurante, absorbante et jubilatoire. Rappelons-nous la fierté des enfants pauvres du Venezuela lorsqu'on leur confie pour la première fois un instrument de musique ou ceux de Colombie juchés sur un monocycle ! Le plaisir diminue le stress, relativise la douleur, fait baisser les symptômes de détresse psychologique et donne un élan pour sortir de soi, pour s'ouvrir.

Le jeune peut alors ressentir et exprimer ses émotions et l'art devient langage. À travers les multiples formes artistiques – dessins, peinture, écriture, musique, théâtre, danse, etc. –, il implique sa sensibilité, son âme, ses fantasmes. En disant sa blessure ou son mal-être à travers sa réalisation artistique, il met son traumatisme ou sa souffrance à distance.

En proposant juste un thème de scénario et en laissant libre cours à l'improvisation, certains ateliers du *Théâtre Grodzki* permettent soudain à une parole personnelle de s'exprimer sous couvert d'un propos général.

C'est aussi la démarche qu'utilise la fondation *As'trame,* notamment dans les dispositifs d'accompagnement à la suite du décès d'un proche. Sous forme de dessins, de mise en scène de personnages ou d'animaux, l'enfant réagit et traduit des ressentis dont il n'avait lui-même pas conscience, tant le rôle attribué aux enfants est, le plus souvent, minimisé dans les deuils.

L'art renforce aussi l'imagination, l'intuition et les émotions. De lui émerge la créativité, et le processus de création est fondamental pour parvenir à la métamorphose nécessaire pour se sortir de certains enfermements. Gérard Garouste, artiste reconnu et fondateur de *La Source* l'exprime clairement : « L'art est une nécessité dans la vie des enfants. L'idée n'est pas de leur en apprendre les techniques. C'est, grâce à la peinture, au cinéma, à la cuisine, au théâtre, et à toutes les activités artistiques possibles et inimaginables, de créer un désir de quelque chose qui les pousse vers le haut, de les responsabiliser en ce sens, et non pas de voir la vie comme un échec avant même d'avoir commencé à vivre. » L'expérience artistique restaure chez chaque enfant, chaque adolescent, la conscience de quelque chose d'unique en lui-même. Quand il découvre en lui cette dimension inaltérable, quoi qu'il ait pu faire ou subir, alors la guérison peut commencer.

Sollicitant à la fois le corps, l'esprit et le cœur, l'art favorise aussi l'intégrité et la cohérence du jeune être. C'est à travers le langage du mouvement que David Alan Harris arrive à réunifier les anciens enfants-soldats qui étaient déchirés entre leurs rôles de bourreau et de victime. La danse et le mouvement ont induit un changement dans l'image qu'ils percevaient d'eux-mêmes et ont permis l'intégration de la gestuelle et de la sensibilité.

Pratiqué en groupe, l'art permet en plus de s'apercevoir qu'on n'est pas seul, que d'autres ont vécu des expériences similaires et d'interagir avec ses pairs sans avoir à s'exposer directement.

*El Sistema* offre non seulement la possibilité à chaque enfant de trouver son rythme et sa voix mais aussi de tenir compte de la complémentarité avec les autres de telle sorte que l'ensemble soit harmonieux.

### Les activités sportives, tremplin pour un développement éducatif et social

Le sport est aujourd'hui reconnu comme une activité essentielle à la croissance et à l'épanouissement des enfants et des jeunes. Les études de santé publique montrent qu'une participation régulière à des programmes d'activité physique joue un rôle prépondérant dans l'amélioration de notre forme physique, psychique et mentale.

C'est pourquoi le sport devient un outil au service du développement éducatif et social des enfants et des jeunes, et plus particulièrement des populations en situation de vulnérabilité.

L'association *Sport sans frontières* l'a compris depuis longtemps et met en œuvre des programmes s'appuyant sur le sport pour soutenir le processus de résilience des victimes. Car les bienfaits du sport sont nombreux. D'abord physiques. Il améliore la musculature et la forme. Grâce aux endorphines que le cerveau produit quand le corps travaille, il permet de mieux gérer le stress et les tracas du quotidien. Il constitue un moyen de canaliser l'agressivité et renforce la persévérance. Combien de fois les jeunes élèves de *Circo para todos* doivent-ils répéter un exercice de cirque pour arriver à le réussir ! Et pourtant, motivés par le résultat à atteindre, ils ne se découragent pas et apprennent ainsi à se dépasser eux-mêmes.

À ceci s'ajoutent le plaisir et l'excitation pendant les entraînements, la satisfaction d'améliorer ses performances, la joie de partager une passion avec d'autres personnes, le bien-être après l'activité.

La pratique sportive a également une fonction sociale puisqu'elle permet à chacun de trouver sa place dans un groupe, selon ses propres aptitudes. Pour des jeunes en manque de repères, ou en échec scolaire, ce jeu de rôle est extrêmement structurant. Le dernier de la classe peut découvrir sa capacité à être dans les meilleurs et inversement. Il confère donc un accès à une meilleure connaissance de soi-même et des autres. Le sport apprend aussi à partager des valeurs comme le respect de l'autre et des règles fixées, la solidarité et l'esprit d'équipe. De plus, si elles sont proposées aux filles comme aux garçons, les activités sportives favorisent l'égalité des sexes ainsi que leur intégration dans la vie sociale et communautaire.

Chez *Nanban*, les activités physiques constituent aussi, pour les filles qui ont été abusées ou sont victimes de discrimination de genre, un moyen de se réapproprier leur corps.

Enfin, à travers le sport, on expérimente l'envie de réussir ensemble. Par exemple, les jeunes qui ont suivi les programmes de *Sport dans la ville* déclarent que les valeurs apprises, notamment apprécier le caractère collectif de la victoire ou accepter l'échec temporaire pour mieux rebondir, leur sont très utiles dans leur vie professionnelle.

**Le caractère magique du sport : stocker du positif**
*Entretien avec Ryad Sallem*

Ryad Sallem est un athlète de haut niveau, triple champion d'Europe de basket en fauteuil roulant (handibasket). Très engagé pour faire évoluer les mentalités sur la diversité et le handicap, il est notamment Directeur de Cap SAAA (Cap Sport, Art, Aventure, Amitié).

**Comment vous êtes-vous intéressé au sport ?**

Handicapé dès la naissance, j'ai passé mon enfance entre centres de rééducation et hôpitaux, au fur et à mesure des opérations que j'ai dû subir. À l'époque, c'étaient des établissements très médicalisés, laissant peu d'espace de liberté et ludique.

J'étais de nature agitée. Le sport a été pour moi un moyen de canaliser mon énergie et aussi de m'échapper de cet univers qui me faisait penser à une prison.

J'ai commencé le basket à sept ans et cela m'a très vite passionné. C'est cette passion qui m'a donné la force de poursuivre pendant toutes ces années malgré toutes les opérations que je subissais et qui n'apportaient pas de grands résultats. Je crois que vivre son rêve d'enfant aide à accepter beaucoup de galères.

Et puis sont venues les compétitions. C'est très motivant et en plus gratifiant. Quand tu as une médaille autour du cou, les gens te regardent différemment, ils arrêtent de ne voir que ton fauteuil roulant.

**Quels sont les bienfaits du sport ?**

Le sport se pratique de la même façon, quelle que soit sa religion, ses idées politiques, son état physique, et tout le monde en accepte les règles, et pourtant chacun y met sa touche personnelle.

C'est aussi un moment d'échanges : on prend le temps de parler, d'écouter, d'expliquer les bonnes attitudes. On se sent solidaires.

Pour affronter les autres, il faut s'affronter soi-même, donc il permet le dépassement de soi. Il reproduit la loi du plus fort, mais avec des règles, c'est différent de la loi de la nature. La richesse de l'être humain est de chercher des solutions à ses faiblesses, d'apprendre à les compenser. C'est en les surmontant qu'on devient plus fort.

Le sport a aussi une qualité extraordinaire : le droit à l'erreur. On peut perdre, ce n'est pas grave car on reste un élément fondamental du jeu. Cela ne nous empêchera pas de faire un beau match.

Et puis le sport est un plaisir et cela fixe affectivement les choses. Il a ce côté magique de stocker du positif.

Quel que soit le moyen d'expression proposé au jeune pour sortir de son mal-être ou se réconcilier avec lui-même –

le rire, le jeu, la mise en scène, l'art sous ses multiples formes ou encore le sport –, nos dix créateurs de projets les utilisent toujours dans un cadre précis. Car au-delà de la proposition d'un espace de liberté pour s'exprimer, l'idée est aussi de leur donner des points de repères.

## L'ordre et le chaos

Le psychologue Philippe Valls, cofondateur de l'ONG Enfants réfugiés du monde, a côtoyé au quotidien pendant des années des enfants de la rue et des victimes d'addiction. Il aime à souligner l'importance d'un cadre auprès d'enfants qui fréquemment s'affranchissent des règles établies mais sans en avoir conscience. « Le problème n'est pas de transgresser la normalité, c'est de ne pas savoir qu'on la transgresse[12]. » Dans les projets proposés dans cet ouvrage, le cadre proposé est souvent matérialisé par un espace physique dans lequel sont respectées des règles propres. Cet espace, selon les activités et les zones géographiques, prend les formes les plus diverses. Qu'y a-t-il de commun entre les bâches posées à même le sol dans les bidonvilles de Madurai, les locaux de *La Source* installés en pleine campagne normande et les terrains de sport au cœur des quartiers sensibles de la région lyonnaise ? Peu de choses à première vue. Et pourtant dans chacun de ces cas, j'y ai vu un lieu clairement délimité, protégé et entièrement consacré aux enfants et à l'activité proposée. Certains jeunes du *Théâtre Grodzki* m'ont confié qu'au début leur principale motivation pour venir aux ateliers était d'être dans un endroit où ils n'entendraient pas de cris et où on ne les solliciterait pas constamment pour des tâches ménagères. L'école de musique au Venezuela est aussi considérée comme un havre de paix, qui tranche avec le climat de violence dans lequel vivent les enfants des *barrios*. Ces nouveaux cadres établis représentent aussi un espace temporel, un temps pour vivre l'enfance. Les activités sont toujours organisées de façon régulière, avec un début et une fin et le rythme permet à l'enfant de se repérer.

Parfois, pour installer le nouveau cadre, il est nécessaire de faire voler en éclat l'ancien. En mettant un désordre monumental dans la chambre d'hôpital, en utilisant de façon farfelue les objets les plus sérieux, les clowns hospitaliers créent une surprise qui favorise la sortie d'un certain repli sur soi souvent lié à l'état de malade. C'est aussi une façon de transformer un lieu anonyme et peu avenant en un univers de gaieté et de fantaisie. Les enfants peuvent ainsi se le réapproprier. Il en est de même de l'intrusion des innocents bébés de Mary Gordon (*Roots of Empathy*) dans les salles de classe installées dans des quartiers empreints d'une certaine violence.

Comme le dieu Shiva, à la fois destructeur et constructeur, nos jardiniers de l'âme, qui ont semé le désordre et l'inattendu, font régner, dans le nouveau cadre, une grande rigueur. La règle trace les frontières, marque les interdits et délimite le nouvel espace de liberté. Même si l'accès aux clubs est gratuit pour les enfants indiens, ils doivent signaler leur présence en arrivant, ne pas apporter de nourriture, ranger les jouets quand ils ont fini, s'interdire toute violence. De même pour les jeunes de *Sport dans la ville*. En s'inscrivant, ils s'engagent à respecter les règles de comportement et d'organisation de l'association. Cette discipline est également nécessaire dans les apprentissages, souvent longs et exigeants, que comportent les activités artistiques ou sportives. À *La Source*, par exemple, la concentration et le respect des autres font partie des principes sur lesquels on ne transige pas. C'est parce que les règles sont définies que la créativité peut se libérer. Comme l'exprime Colas

Duflo : « Le jeu est l'invention d'une liberté dans et par la légalité[13]. »

La rigueur ne concerne d'ailleurs pas seulement les bénéficiaires des programmes mais aussi les intervenants. Rappelons le professionnalisme des clowns hospitaliers, leur respect des horaires, leurs codes suivant que le nez rouge est posé ou non. Et également les six cent trente-neuf pages de fiches pédagogiques remises, en plus du manuel de formation à chaque instructrice formée par *Roots of Empathy*.

De même, dans les espaces de jeux organisés au sein des clubs d'enfants initiés par *Nanban*, les animateurs se doivent de respecter strictement la classification des jeux et leur installation dans des zones déterminées ayant chacune son code couleur.

La discipline, qu'elle soit imposée aux jeunes ou qu'elle soit observée par l'exemple des adultes qui les entourent, est aussi un apprentissage de la vie sociale. On ne peut vivre ensemble qu'en respectant les autres et en acceptant des règles communes de comportement.

# Le goût de vivre

Adulte ou enfant, tout être humain a besoin de sens car c'est ce qui le raccroche à la vie. Le trouver n'est pas toujours facile surtout lorsqu'on a vécu des expériences négatives dans sa prime jeunesse. Voici une nouvelle clé commune aux initiateurs de projets que j'ai rencontrés. Tous ont insisté sur l'importance d'accompagner l'enfant ou le jeune dans sa reconquête de sens. Retrouver le sens en soi-même puis dans la relation aux autres.

## Le sens au fond de soi

Par nature, la violence, la souffrance, la maladie et les traumatismes n'ont pas de sens. La quête de sens commence donc par la prise de conscience que sa vie, malgré et avec les épreuves traversées, est reliée positivement à quelque chose de plus large. Il s'agit de dépasser les frontières de ses problèmes, de s'en détacher, pour accéder à une cohérence entre soi et l'univers.

La recherche de sens passe aussi par le fait de ressentir qu'il y a au fond de soi des éléments positifs sur lesquels prendre appui. C'est ce que le groupe d'enfants emmené dans l'Himalaya par Sonali Ojha[14], une femme indienne que j'ai rencontrée il y a quatre ans à Bombay, a appelé « le diamant ». Cette force intangible et invincible, quoi qu'il arrive, permet de dépasser le monde matériel limité dans le temps et dans l'espace.

**La force du diamant**

*Entretien avec Sonali Ojha*

Après de brillantes études, notamment à l'université John Hopkins, Sonali Ojha se consacre à la défense des Droits de l'Homme, et surtout à ceux des femmes et des enfants.

Touchée particulièrement par la situation des enfants de la rue, elle décide de vivre avec eux et cela durera sept ans. À plusieurs reprises, elle les emmène en voyage dans l'Himalaya. De ces expériences, elle retire une approche pédagogique qu'elle développe à travers la fondation Dreamcatchers, créée en 2001.

**Qu'avez-vous découvert en vivant avec les enfants en difficulté ?**

Les enfants des rues, comme beaucoup d'enfants en difficulté, connaissent le mensonge et la violence. L'adversité dans laquelle ils baignent leur interdit tout projet. La peur paralyse l'action et la pensée. Ils se sentent incapables d'exprimer des sentiments positifs, ils n'imaginent même pas qu'ils puissent en éprouver. Ils sont enfermés dans une situation sans avenir, sans espoir et n'ont pas la force de s'en sortir, parce qu'ils n'en voient pas le sens.

Au cours de mes voyages avec eux dans l'Himalaya, j'ai découvert que si on leur offre la possibilité de trouver un espace de paix en eux-mêmes, ils ont le désir d'accéder à autre chose. Ils cherchent des miroirs qui ne reflètent pas continuellement des erreurs qu'ils ne peuvent pas corriger, mais au contraire des images d'eux-mêmes qui attestent qu'ils sont forts, éveillés, créatifs et uniques. Alors une fenêtre commence à s'ouvrir…

**Ils doivent donc retrouver un sens à leur vie ?**

C'est exactement cela. L'idée est d'abord de permettre à chacun de découvrir ce qui est beau dans le monde et ce qui est précieux au fond de lui. Créer des images des moments positifs de sa vie, en allant chercher ce qui est caché, mis de côté ou simplement sous-évalué. Cette part intangible, ce trésor en eux, a été appelé « le diamant », parce qu'il est précieux et indestructible.

La recherche du diamant les a aidés à prendre conscience qu'ils avaient un cœur rempli d'amour, d'espoir, de rêves et de pardons. Ils ont découvert que ce diamant les rendait forts, qu'il y avait à l'intérieur d'eux des capacités et des qualités, qui les définissaient comme êtres uniques, comme êtres humains.

Mais ce n'était que la première étape. Il fallait comprendre comment le diamant pouvait transformer la colère, guider l'enfant à travers ses peurs et ses souffrances. Il fallait refaire le chemin de toutes les situations de souffrance, de peine, de peur, pour s'en libérer. En racontant leurs différentes histoires, les jeunes se sont rendu compte qu'elles avaient des similitudes, que chacun avait réagi de façon personnelle à une situation de souffrance, mais qu'il y avait des possibilités de s'en libérer. Ils ont découvert que le diamant avait une voix, à la fois une voix qui vous dit « tu n'es bon à rien quand tu es en colère », et une autre petite voix qui dit simplement « ne te fais pas plus de mal, laisse faire ».

Il y a donc un moyen de stopper nos blessures, de rompre le cercle vicieux et de trouver un vrai pouvoir dans ce diamant. Chaque expérience douloureuse peut être accompagnée d'une aspiration à un moment heureux. Alors une porte s'entrouvre vers un monde de possibles. Le changement devient envisageable, la transformation nécessaire. Et la vie reprend sens.

**Quel est le rôle des adultes dans ce cheminement ?** Trouver le diamant est difficile, puis l'écouter quand les choses vont mal est encore plus difficile. Évoquer des aspirations, des désirs et les rechercher apporte la crainte de l'échec car lorsqu'on a été blessé toute sa vie, qu'on a au fond de soi de la colère et de la souffrance, le changement prend du temps. C'est le rôle des adultes de parler à l'enfant comme son propre diamant le ferait. Si les adultes adoptaient cette démarche, beaucoup de choses s'amélioreraient. Lorsqu'un enfant dit qu'il s'en moque car de toute façon cela ne changera rien, il s'agit en fait d'un cri en direction de l'adulte, lui demandant de lui montrer les raisons pour lesquelles il doit se battre. Cela exige que celui-ci lui montre continuellement les possibilités offertes.

Chaque fois que les enfants arrivent à se sentir « complets », ils éprouvent de la joie, un sentiment de puissance sur la vie, un sens de la dignité et surtout ils comprennent qu'ils ne sont plus seuls.

Certains de nos porteurs de projets évoquent aussi le rôle de la spiritualité dans cette quête de sens, même si certains, notamment en Europe, restent très prudents avec ce terme qui recouvre des notions multiples. En Occident, la notion de spiritualité est encore le plus souvent assimilée à la religion alors qu'en Asie elle fait partie intégrante de la vie, au-delà de toute croyance. Elle permet à chaque individu d'entrer en contact avec ce qu'il a de plus profond en lui, de sublimer le matériel et de se raccorder au « tout ». Comme le disait André Malraux en s'adressant à Nehru : « En Europe, nous sommes tous pressés. Mais vous en Orient, et surtout en Inde, vous avez une fenêtre ouverte sur l'éternité[15]. » La méditation permet de se connecter à cette éternité. Sa pratique est très répandue en Inde en dehors de toute appartenance à une religion. J'ai toujours été très émue de voir des enfants s'arrêter d'un seul coup au signal et se recueillir dans un silence absolu, les yeux clos, imprégnés de cette conscience que le matériel n'est pas tout, que la vie a aussi une autre dimension, alors que quelques minutes avant ils jouaient et couraient dans tous les sens. Selon James Sebastine, le fondateur de *Nanban*, cette forme de recueillement et de « lâcher prise » est une grande source d'apaisement et de force pour les enfants en souffrance qui vivent l'agitation et le combat de la survie au quotidien.

Cette recherche peut aussi prendre la forme d'une foi, religieuse ou non. En France, le parcours de Tim Guénard représente sans doute l'un des plus beaux exemples de résilience à l'époque actuelle. Dans son ouvrage *Plus fort que la haine*[16], il raconte l'enfer de son enfance – à quatre ans il est retrouvé roué de coups et inanimé dans la cour de la maison de son père – et surtout le parcours humain et spirituel qui lui a permis de redonner un sens à sa vie et de fonder dans la confiance une famille. Lorsqu'on lui demande où il a puisé une telle force après ce qu'il a vécu, il répond sans hésitation que ce sont les rencontres humaines, et particulièrement celle avec un prêtre, qui l'ont éveillé à la foi.

Adoptant une autre voie, l'initiative récente de la *philosophie pour enfants*[17] est également à souligner. Née aux

États-Unis et développée dans de nombreux pays, cette approche consiste à faire réagir des groupes d'enfants sur des histoires ou des contes qui leur sont lus. Le cadre et le contenu sont rigoureusement étudiés pour permettre aux jeunes d'élaborer leurs propres pensées et de renforcer leurs capacités cognitives. Un enfant des rues, un enfant-soldat, ou un enfant très pauvre ne possède pas grand-chose. Le peu qu'il détient peut lui être, à tout moment, arraché. Quand il crée ses propres pensées, il détient quelque chose que personne ne pourra lui enlever. Comme un trésor inaltérable.

### Le sens de l'autre, l'empathie

Selon Matthieu Ricard, moine bouddhiste et philosophe, ce que l'on réalise, non pas pour son seul plaisir mais en pensant aussi aux autres, serait la seule source de bien-être durable. L'intérêt d'encourager les enfants à aider les plus petits ou les plus faibles, ou tout simplement à s'entraider en partageant, est souligné dans tous nos projets.

Ce sont les jeunes des quartiers défavorisés qui forment les nouveaux arrivants à l'art du cirque en Colombie ou à la musique au Venezuela. Au *Théâtre Grodzki*, on apprend aux jeunes déficients intellectuels à soutenir ceux qui ont un handicap physique et vice versa, chacun puisant dans ce qu'il a de valide pour apporter son aide à l'autre.

Cette solidarité est bénéfique tant à celui qui donne – il renforce sa confiance en lui-même – qu'à celui qui reçoit. Encore faut-il être capable d'appréhender ce que l'autre ressent, c'est-à-dire de sortir de son propre cadre de référence pour se mettre à la place de l'autre et comprendre ce qu'il vit, autrement dit faire preuve d'empathie.

Saisir la douleur ou le plaisir de l'autre comme celui-ci les ressent, et en percevoir les causes comme lui, ne doit pas être confondu avec la compassion ni l'identification. On serait alors dans la sympathie, au sens littéral « souffrir avec », qui est une notion différente car elle amène à répondre en fonction de soi et non plus de l'autre.

L'empathie est souvent naturelle chez les enfants, surtout lorsqu'ils en ont bénéficié dès leur plus jeune âge. Mais s'ils ont grandi dans un climat d'insécurité psychologique, ou s'ils n'ont pas d'estime d'eux-mêmes, ils ont plus de mal à la ressentir. Et comme le note Serge Tisseron : « Le manque d'empathie mobilise l'agressivité et le mépris en miroir. »

C'est pourquoi Mary Gordon a eu à cœur de susciter l'empathie chez des enfants de milieux affectivement défavorisés. Son idée très originale de s'appuyer sur la relation empreinte de forte empathie dans le rapport mère (ou père)-nourrisson a guidé tout son programme et montre d'excellents résultats.

Doit-on en déduire qu'il serait bon d'apprendre l'empathie à l'école comme l'écriture ou le calcul ? Le risque d'aller trop loin dans cette voie serait que les enfants apprennent « par cœur » les attitudes sociales exigées mais n'acquièrent pas réellement au fond d'eux-mêmes cette qualité. Ce serait alors une façon de recouvrir les attitudes agressives d'une sorte de « vernis social ». C'est pourquoi la sensibilisation à l'empathie ne peut s'apprendre de façon mentale. Et c'est ce qui m'a touchée dans l'approche de Mary Gordon, elle ne cherche pas à inculquer des principes moraux ou éthiques mais elle fait ressentir. La résonnance émotionnelle que suscite la relation avec le bébé permet l'ancrage de l'empathie.

La démarche de David Alan Harris concerne une autre forme d'empathie : l'empathie corporelle ou kinésique. Les années de guerre, en leur interdisant tout sentiment, ont fait perdre aux enfants-soldats le contact avec leur propre corps. Certes, celui-ci pouvait fonctionner de façon mécanique mais il était désincarné. Par le mouvement, ils apprennent à « réhabiter » leur corps. Et, seulement à partir de là, ils peuvent, par la danse en groupe, entrer en empathie avec les autres et retrouver leur place au sein de la communauté.

Quelle que soit sa forme, l'empathie est sans doute une qualité essentielle pour l'avenir. Très inquiet de la montée des tensions et de l'agressivité en particulier chez les jeunes, Jean-Paul Delevoye, à l'époque médiateur de la République, pointait dans son rapport à l'Élysée l'année dernière l'urgence à « ne pas cultiver la peur de l'autre mais l'empathie. »

## Le sens de l'appartenance

Dans une conférence récente sur les crises auxquelles est confronté notre monde, Edgar Morin concluait son intervention par trois mots : « relier, relier, relier[18] ». C'est précisément l'action à mener auprès des jeunes en difficultés car une des conséquences les plus graves des situations qu'ils ont vécues est la perte du réseau familial, amical ou social. C'est particulièrement vrai pour l'enfant des rues coupé de sa famille qui ne peut plus compter sur personne ou pour l'enfant-soldat qui a commis des exactions sur sa propre communauté. Quant à l'adolescent renvoyé de toutes les écoles ou confronté à la maladie ou au handicap, il souffre lui aussi de sa marginalisation.

Pour le professeur Michel Manciaux[19], l'isolement et la solitude sont très souvent l'origine de troubles du comportement. C'est pourquoi la nécessité d'offrir aux enfants et adolescents la possibilité de se reconnaître dans un groupe et d'y trouver leur place est une des constantes de tous les projets analysés. Encore faut-il que cette dimension collective soit organisée, sans entraver le libre arbitre de chaque individu. Rejoindre une bande peut être attirant pour des adolescents en perte de repères mais avoir à terme des effets négatifs, étant donné son caractère souvent uniformisant. Philippe Porret l'explique : « On est alors obligé d'adopter un vocabulaire, des goûts, un style. On déserte le singulier. » En revanche, des activités comme le cirque, le théâtre et la musique permettent de s'intégrer dans une équipe, d'appartenir à une nouvelle « communauté » tout en restant libre. Selon les propres termes des jeunes suivant les ateliers de *Circo para todos*, ils se battent moins depuis qu'ils appartiennent à l'école de cirque. En Inde, les enfants de *Nanban* réunis en *child friendly groups* réfléchissent ensemble à la résolution des problèmes de chacun d'entre eux. Le travail en groupe stimule la réflexion, crée une solidarité et donne l'occasion à chacun d'exprimer ses talents, ses pensées et ses opinions et surtout lui permet de se sentir utile aux autres. Les parcours de reliance proposés par *As'trame* aux enfants qui souffrent de situations de deuil ou de ruptures reposent également sur le soutien des autres enfants du groupe. C'est avec l'autre, et à travers son expérience différente et similaire à la fois, que s'éprouve la solidarité et que l'enfant peut partager sa souffrance et reconstruire de nouveaux liens. Gérard Garouste, lui aussi, dans le cadre de *La Source*, veille à créer des « passerelles » entre les enfants issus de l'exclusion rurale et leurs parents, invités eux aussi à venir aux ateliers, pour que la famille se parle et se retrouve. Quant à David Alan Harris, il cherche à transmettre aux enfants dont il s'occupe les caractéristiques d'un soutien familial au sein même du groupe. Les plus grands sont considérés comme les frères ou comme les oncles. C'est grâce à cet environnement rassurant, semblable à celui d'une famille, que les jeunes trouvent le courage de s'exprimer.

Cette appartenance est encore plus structurante si elle peut aussi intégrer une dimension culturelle. Tel un arbre privé de ses racines, un enfant aura beaucoup de mal à se développer s'il ne renoue pas avec ses origines. Or les situations difficiles qu'ils ont vécues incitent parfois les jeunes à renier leur passé en bloc. Pour les jeunes Colombiens, cela est allé parfois jusqu'à remettre en cause leur identité régionale ou nationale. Sortir du cliché de la Colombie assimilée au trafic de drogue et à la violence et renouer avec ses traditions et son histoire est un des piliers du travail de *Circo para todos*, notamment à travers l'enseignement des arts traditionnels.

Lorsqu'ils partent faire des tournées à l'international, les musiciens de l'Orchestre de jeunes Simon-Bolívar (*El Sistema*) portent leur veste aux couleurs du drapeau national du Venezuela car c'est tout leur pays qu'ils veulent emmener avec eux.

Grâce à la découverte de sens en lui et dans sa relation aux autres, et seulement une fois cette étape franchie, l'enfant ou le jeune aura acquis la sécurité nécessaire pour s'ouvrir à l'avenir.

# Le goût de devenir

« Quand je serai grande, je serai éducatrice de foot, comme Farid, Béchir ou Franck, et je ferai tout pour que les petits connaissent toutes les chances que *Sport dans la ville* m'a données depuis mes sept ans. » Derrière ces mots, Malika témoigne avant tout de son plaisir à participer aux activités de *Sport dans la ville*. Elle y vit des moments heureux avec des éducateurs bienveillants. Cela déclenche son envie d'avenir. Même chose pour les élèves de l'école de cirque de *Circo para todos* qui rêvent tous de devenir artistes professionnels ou ceux d'*El Sistema* qui travaillent si dur pour pouvoir rejoindre le prestigieux Orchestre Simon-Bolívar. Lorsqu'on demande aux jeunes en fin de parcours ce qu'ils retiennent de toutes ces années, ils répondent : « Savoir que l'on peut progresser dans la vie si l'on fait des efforts et qu'on peut se fixer des objectifs. »

Mais nombre de rêves risqueraient de se trouver brisés si l'on n'aidait pas l'enfant à les atteindre. Nos accompagnateurs l'ont bien compris. Ils pointent bien entendu l'importance de l'éducation scolaire, même si sa forme académique n'est pas toujours adaptée, mais ils insistent aussi sur la nécessité d'acquérir des compétences dans les comportements tant individuels que sociaux qui les mèneront peu à peu sur le chemin de l'autonomie et d'un métier, gage ultime de la reconnaissance sociale.

## Apprendre, mais autrement

La reconnaissance de la multiplicité des dimensions de l'éducation est qualifiée par l'Unesco d'un des progrès majeurs de ces dernières années. « Une nouvelle relation à l'apprentissage devrait être cultivée [...] de façon à favoriser le développement complet de la personne humaine, c'est-à-dire un développement créatif, artistique, éthique, spirituel et social[20]. » Pour ces enfants et ces adolescents souvent contraints par la vie à mûrir plus vite que les autres sur de nombreux aspects, le système scolaire classique apparaît bien souvent abstrait et déconnecté de leur propre réalité. Astreints à « se débrouiller » par eux-mêmes, ils ont développé un esprit critique, voire de méfiance, à l'égard des adultes et sont peu enclins à ingurgiter un savoir académique imposé par un maître. La discipline leur paraît artificielle par rapport aux réalités auxquelles la « vraie » vie les a confrontés. La tendance est alors au repli, ou même à la fuite, comme tous ces enfants des rues qui, même après avoir accepté de retourner à l'école, s'en échappent à nouveau. À la fragilité psychologique risquent alors de s'ajouter des difficultés à s'insérer dans la société, faute d'éducation suffisante.

Comment faciliter leur apprentissage ? Nos dix projets n'ont pas vocation à se substituer au système scolaire mais les aptitudes qu'ils permettent de développer constituent une ouverture pour apprendre. La plupart se tournent vers des approches fondées sur l'échange et l'interactivité car elles présentent beaucoup d'intérêt particulièrement pour les enfants en situation de vulnérabilité. Au rapport vertical et autoritaire entre l'adulte et l'enfant se substitue une relation plus participative, dans laquelle le jeune s'implique plus facilement.

C'est le fondement du mouvement des « nouvelles pédagogies ». Nées au début du siècle dernier, et s'inspirant des théories de Jean-Jacques Rousseau, elles considèrent l'éducation comme un acte global de construction de la personne et non comme une simple transmission de connaissances. Elles se développent un peu partout dans le monde.

Aux États-Unis, John Dewey ouvre, en 1896, un laboratoire d'étude sur la psychologie appliquée et développe l'approche « *Learning by doing* » (Apprendre par l'action). En Italie, Maria Montessori fonde sa fameuse méthode sur l'observation des rythmes et appétences spécifiques à chaque enfant. Elle favorise le libre choix de l'enfant dans son travail, la recherche et la découverte du plaisir d'apprendre, l'exploration avec tous les sens. Dans la même ligne, Célestin Freinet, initiateur du mouvement de l'éducation nouvelle en France, défend l'idée que pour qu'un savoir soit compris et surtout retenu par l'enfant, il faut l'ancrer dans son vécu. En Allemagne, Steiner ouvre la première école Waldorf, dans laquelle une place aussi importante est réservée aux activités artistiques et manuelles qu'aux enseignements académiques.

C'est sans doute à travers l'expérience du « Libre progrès » à l'école de l'ashram de Pondichéry que l'expérience de l'intégration de tous les éléments de l'être humain, le physique, le vital, le mental et le psychique, a été le plus poussée. Fondée dans les années 1950 par Mira Alfonsi, compagne spirituelle de Sri Aurobindo, l'école vise plus à former des « âmes vivantes » que de « brillants élèves[21] ». L'éducation permet à chacun de progresser à son propre rythme, de découvrir ses centres d'intérêt et surtout d'apprendre à se connaître lui-même et à élever sa conscience. Plusieurs écoles d'Auroville, lieu de diversité culturelle où coexistent plus de cinquante nationalités différentes, suivent cette même voie. Antonella Verdiani qui a rédigé une thèse de doctorat sur le sujet parle d'« éducation à la joie ».

Toutes ces pédagogies convergent sur l'idée que l'apprentissage doit être un processus d'éveil et de perfectionnement global de la personne. Prônant une éducation qui accorde autant d'importance aux domaines intellectuels, artistiques, manuels, physiques et sociaux, elles s'appuient sur les centres d'intérêt et les talents propres à chaque enfant. S'il leur est parfois reproché de ne pas être assez efficaces dans l'acquisition des savoirs, notamment par le manque de systèmes de notations et de sanctions, force est de constater que les idées et principes d'actions qui en découlent sont particulièrement adaptés aux enfants et aux jeunes, et encore plus s'ils sont vulnérables. Pour des raisons essentiellement financières, ces nouvelles pédagogies ont peu essaimé dans les systèmes éducatifs à travers le monde et, malheureusement, restent réservées à un petit nombre d'enfants.

Une initiative du gouvernement indien pourrait être prometteuse. S'appuyant sur les travaux d'un groupe de pédagogues, issus du *Rishi Valley Project,* fondé par le philosophe Krishnamurti, il a décidé de lancer en 2005 une nouvelle méthode pédagogique, *ABL (Activity-Based Learning)*, à titre de projet pilote dans plusieurs villes du Tamil Nadu. Cette méthode repose sur une échelle d'apprentissage permettant à l'enfant d'avancer, dans chaque matière, à son propre rythme. L'enseignant accompagne l'enfant dans ses choix, le guide dans son apprentissage sans l'intimider, sans le punir mais en l'encourageant. Si les résultats sont concluants, elle sera ensuite étendue à l'ensemble du pays. Ce projet très nouveau se heurtera sans doute à beaucoup de résistances, surtout en Inde où l'apprentissage mécanique et la contrainte continuelle des examens sont encore les règles, mais il a le mérite d'être diffusé dans les écoles publiques et devrait donc être destiné à un public beaucoup plus large.

Par le détour que constituent l'art, la musique, le jeu, les activités physiques et une approche globale de la personne, nos initiateurs de projets déverrouillent les blocages, dus notamment à l'apprentissage du « par cœur », et le cercle vicieux de l'échec pour replacer les jeunes en situation de réussite. Un ancien enfant des rues l'exprime clairement : « Je fuguais tout le temps de l'école car je pensais que j'étais stupide et chaque fois que je tentais d'y revenir, on me mettait au fond de la classe et je me sentais relégué par les autres. Lorsque, avec *Nanban*, j'ai réalisé que je pouvais apprendre le texte d'une pièce de théâtre et être applaudi parce que je le disais bien, je me suis dit, pourquoi ne pas faire pareil avec mes leçons à l'école ? » C'est aussi ce qui sous-tend le changement d'attitudes des jeunes qui rejoignent *Sport dans la ville*. Ils se croyaient derniers partout et ils se rendent compte qu'ils peuvent être aussi parfois les premiers. Cela brise l'image de perdants qu'ils ont d'eux-mêmes.

La réappropriation de la confiance grâce à ces approches innovantes va de pair avec la forte incitation à suivre le cursus scolaire classique car, même avec ses imperfections au regard des jeunes concernés, il reste la meilleure solution pour pouvoir s'insérer dans la société. Ainsi *Nanban* en Inde, *Circo para todos* en Colombie et *El Sistema* au Venezuela conditionnent l'accueil des jeunes au fait qu'ils aillent à l'école et les aident, si besoin, à faire leurs devoirs.

## Savoir se comporter dans la vie sociale

Privés d'un cadre familial structurant, nombreux sont les bénéficiaires des projets étudiés dans cet ouvrage qui ont vécu dans une sorte de « loi du plus fort ». Et comment survivre autrement dans certaines *favelas* ou *barrios* d'Amérique du Sud, dans les bidonvilles du Tamil Nadu ou dans quelques quartiers dits sensibles en France ? Agresseurs ou victimes, il n'y a souvent pas de troisième voie dans l'esprit de ces adolescents dont les seuls exemples sont leurs aînés, les « grands frères ». D'autres n'ont connu que l'isolement et n'imaginent pas qu'ils puissent en sortir tant ils sont conditionnés par leur milieu d'origine.

D'où l'importance de sensibiliser tous ces jeunes au « savoir-être ». Leur apprendre à acquérir une plus grande indépendance, une capacité de jugement, développer leur imagination et leur sens esthétique. Ainsi ils deviennent plus responsables d'eux-mêmes et de leur vie.

C'est bien dans cet esprit que *Sport dans la ville* fait réfléchir, après chaque entraînement, les participants sur leurs comportements ou que *La Source* initie les jeunes à l'art et à la créativité afin qu'ils regardent le monde différemment. Mais c'est aussi le fondement de l'attention que porte le *Théâtre Grodzki* à l'apprentissage par les jeunes handicapés des gestes et pratiques qui leur permettront de devenir autonomes dans leur vie quotidienne.

Le savoir-être nécessite, de plus, une certaine discipline et particulièrement le respect des règles. Sans lui, la vie sociale ne serait pas possible. Dans les projets, il constitue le plus souvent une condition à la participation aux activités. Pour rejoindre *Circo para todos*, comme *El Sistema* ou *Nanban*, il faut s'engager à ne pas toucher à la drogue, à garder le contrôle de soi-même en toute situation, à se soumettre à des horaires, à respecter les autres.

Car l'enjeu majeur est bien de savoir vivre ensemble. En développant une compréhension et un respect des autres, de leur culture et de leurs valeurs, on apprend à s'enrichir des différences. Les jeunes pourront alors affronter les challenges du futur dans l'interdépendance et non la division, faire face aux conflits, inévitables dans tout groupe, de façon pacifiée. Le travail de *Roots of Empathy* est entièrement orienté dans cette voie.

Tous ces comportements, indispensables à la réinsertion dans la société, sont aussi de nature à préparer les jeunes à la vie professionnelle, et le dernier volet de l'action des jardiniers de l'âme, pour leur donner le goût de devenir, est de leur permettre d'acquérir des compétences professionnelles.

## Accéder à un métier

Quel plaisir de rencontrer dans les rues de Madurai des jeunes femmes au volant de rickshaws toutes fières de leur travail ou les apprentis de la boulangerie heureux de nous montrer leurs productions alors que, quelques années plus tôt, les uns ou les autres erraient dans les gares ! Et que dire de cette jeune fille applaudie tous les soirs sur les plus beaux paquebots de croisière, parce qu'elle a choisi avec *Circo para todos* de se bâtir un avenir dans la voltige aérienne ou de ce jeune, ancien toxicomane, qui a découvert sa passion pour le théâtre de marionnettes (*Théâtre Grodzki*) et a pu intégrer une grande compagnie en Pologne ? Ou encore tous ces concerts çà et là dans le monde qui se terminent par des *standing ovations*, parfois d'une heure, parce que, un jour, un gamin des *barrios* a croisé le chemin de *El Sistema* et gravi tous les échelons pour devenir musicien professionnel !

*Sport dans la ville* a même développé des programmes spécifiques comme *Job dans la ville*, *Entrepreneurs dans la ville* ou *L dans la ville* pour les filles, qui ont déjà placé près de cinq cents personnes dans le monde professionnel.

Mais ne nous y trompons pas, ces succès ne doivent pas masquer une réalité inquiétante. À l'heure actuelle, beaucoup de jeunes ont un avenir bouché. Rien qu'en France le taux de chômage des moins de vingt-quatre ans atteint plus de 23 % et bien plus pour les jeunes sans qualification[22]. C'est devenu un sujet des plus préoccupants. Comment faire en sorte que chacun puisse trouver sa place dans la société ?

Dans notre monde en perpétuelle mutation, une des pistes est sans doute de rendre les personnes capables de s'adapter à une variété de situations souvent imprévisibles et à travailler en équipe. En cela, l'entrée progressive dans le monde du travail, à travers des structures diverses, en parallèle d'un cursus d'apprentissage peut apporter une solution.

Une initiative européenne lancée en 1995 par la ministre Édith Cresson, sur la base du travail d'un groupe d'experts présidé par le doyen, Jean-Louis Reiffers, a permis d'engager de nombreux jeunes sans aucun diplôme dans cette voie. *Les Écoles de la deuxième chance* offrent une opportunité à ceux qui sont en rupture scolaire de se réinsérer dans la vie professionnelle, grâce à un parcours qui allie maîtrise de savoirs de base et stages dans les entreprises. Aujourd'hui, on compte en France près de 70 *E2C* (Écoles de la deuxième chance) et les taux de réussite sont étonnants. Rien que pour Marseille, la première et la plus importante en taille, on dénombre 66 % d'accès à l'emploi ou à la formation, alors que 98 % de ces jeunes n'avaient aucun diplôme et qu'en moyenne ils avaient quitté le système scolaire depuis plus de deux ans. Je suis allée rencontrer le professeur Reiffers, initiateur du système et président de l'*E2C* de Marseille.

## Redonner le goût d'apprendre

*Entretien avec Jean-Louis Reiffers, président de l'E2C de Marseille*

**Vous vous occupez de jeunes en rupture totale avec le système scolaire. Quelle est votre approche ?**

C'est une approche individualisée qui, outre l'apprentissage d'un socle de compétences fondamentales, s'adresse à la personne tout entière. Le parcours de chacun est enraciné dans un système d'échanges et de réciprocité. C'est un travail de restructuration des identités pour ces jeunes qui, souvent, ont perdu confiance en eux. Il faut miser sur leurs aptitudes à développer leurs ressources propres, leurs capacités d'initiatives et de choix, leur possibilité, enfin, de bâtir un projet de vie.

De plus, pendant la formation, les jeunes sont amenés à faire deux ou trois stages dans des entreprises de la région pour découvrir le monde du travail, ses contraintes, ses possibilités. Il est important qu'ils soient immergés dans la réalité socio-économique de leur région. L'alternance est au cœur du dispositif.

**Comment arrivez-vous à leur redonner l'envie d'apprendre ?**

Nos actions s'appuient sur une pédagogie de la réussite. Les stagiaires n'ont pas de note ni de sanction en cas d'échec. Ils se voient progresser en fonction de leurs objectifs propres. La formation est personnalisée. Il s'agit avant tout d'aider le jeune à comprendre le monde dans lequel il se trouve, à se situer dans la société et à en comprendre les mécanismes. Nous travaillons sur la tolérance, le respect, la vie en collectivité.

L'apprentissage est loin d'être formel. Pour l'acquisition des savoirs de base, nous disposons d'outils ludiques, qui tiennent compte du rythme de chacun. Les nouvelles technologies permettent maintenant d'apporter des solutions sur mesure. Des activités sportives sont également proposées. Elles favorisent la dynamique de groupe. Les élèves participent aussi à des séances de théâtre ou à des visites pour expliquer ce qu'est la citoyenneté. Dans le même esprit, au travers d'une initiation à la philosophie, l'*E2C* donne aux stagiaires la possibilité de prendre la parole, de s'exprimer, de réfléchir, de donner leur point de vue.

En fait, il s'agit de conduire progressivement le jeune vers l'autonomie. Pour lui donner le goût d'apprendre, il faut toujours accepter l'erreur et valoriser ce qui est compris. Plus on valorise, plus il va avoir envie de progresser, ce qui souvent permet de débloquer des situations, en maths et en français notamment. Et puis nous rédigeons un contrat personnalisé avec chacun d'eux afin de l'amener à s'engager dans son parcours et à en devenir acteur.

C'est un point majeur : la responsabilisation de chacun.

**C'est ce qui explique votre taux élevé de sorties positives ?**

En grande partie oui, mais le secret de la réussite est aussi dans le partenariat avec les entreprises et toutes les institutions participant à la vie de l'école, une direction dynamique et motivée ainsi qu'une équipe pédagogique soudée dont l'assistante, sur chaque site, est un peu le pivot. Et puis, bien sûr, la capacité des jeunes à s'ouvrir.

La réussite est avant tout collective !

En aidant l'enfant ou le jeune à surmonter ses difficultés et à grandir en s'appuyant sur toutes ses capacités et facultés, les jardiniers de l'âme construisent durablement sur l'être tout entier. Et ce sont autant d'enfants qui, grâce à eux, peuvent prendre leur envol ! Reste que l'aide à la jeunesse défavorisée ne peut se concevoir uniquement en termes de contenus et de programmes. Il faut aussi que les projets soient solides et pérennes.

# V.

# LES CONDITIONS DE RÉUSSITE DES PROJETS

Parmi les nombreuses associations que j'ai rencontrées dans le monde au cours des dix dernières années, une constante s'impose : leur fragilité. Lancées au départ par une poignée d'individus passionnés par une cause, beaucoup d'organisations se retrouvent, des années plus tard, enlisées dans des problèmes financiers, d'organisation, de développement et parfois même d'identité. Le risque est alors que leurs créateurs se lassent de tant de problèmes qui les éloignent de leur mission principale. Et le feu sacré s'éteint. Si la structure n'est pas suffisamment solide, elle peut alors se trouver contrainte de diminuer ses activités, voire de les stopper. Avec les conséquences qui en découlent pour des bénéficiaires qui comptent sur elle. Même si elle est fondamentale, la qualité des programmes ne suffit donc pas.

Mais peut-on concilier la créativité, l'innovation et l'audace indispensables au lancement de ce type de projets, avec les contraintes d'une gestion rigoureuse et parfois tatillonne ? Peut-on entraîner dans un élan de cœur des collaborateurs, dont de nombreux bénévoles, et se montrer exigeants avec eux sur les résultats ? Peut-on parler d'objectifs et de rentabilité quand la mission est sociale ?

## Entrepreneurs et innovateurs sociaux

Face à cette problématique est apparue, il y a une quarantaine d'années, la notion d'entrepreneur social. Et, depuis les années 2000, ce courant ne cesse de s'amplifier et de se diversifier, retenant de plus en plus l'attention des pouvoirs publics, des médias et plus récemment des acteurs du monde économique.

De dynamiques structures ont émergé à commencer par Ashoka, organisation internationale fondée par Bill Drayton, qui soutient près de trois mille entrepreneurs sociaux à travers le monde et qui s'est développée en Europe depuis 2005, la fondation Schwab en Suisse, et la Skoll Foundation aux États-Unis. En France, l'Avise (Agence de valorisation des initiatives socio-économiques), lancée en 2002 par la Caisse des dépôts et consignations, a pour vocation de faciliter, soutenir et promouvoir les initiatives qui conjuguent dimension économique et finalité sociale. Les entrepreneurs sociaux eux-mêmes commencent à se fédérer en France avec la création en 2007 du Collectif pour le développement de l'entrepreneuriat social (Codes) et, en 2010, le Mouvement des entrepreneurs sociaux (Mouves).

Autre signe d'évolution en faveur du secteur : les grandes écoles de commerce, à commencer par l'ESSEC, HEC et l'INSEAD et les instituts d'études politiques se dotent toutes de chaires ou de formations spécialisées, emboitant le pas aux grandes universités américaines.

Entrepreneur par le comportement, social par la vocation, l'entrepreneur social est porteur d'un nouveau modèle de développement de société pour apporter des réponses à des enjeux d'intérêt général que le marché ou la puissance publique seuls ne savent pas traiter. Trop récent pour être enfermé dans une définition rigide, ce terme recouvre plusieurs significations. En France, il puise ses racines dans l'économie sociale et solidaire « mais avec un esprit moins institutionnel et plus dynamique », comme le commente Hugues Sibille, vice-président du Crédit coopératif. Dans l'acceptation la plus répandue, la notion englobe trois composantes, lesquelles sont prises en compte dans des proportions variables : une finalité sociale, un projet économique et une gouvernance participative[1].

Pour Ashoka, qui s'appuie en cela sur la conception anglo-saxonne, un entrepreneur social est avant tout quelqu'un d'exceptionnel, qui a la capacité de « révolutionner l'approche d'un problème social en induisant un changement systémique » et qui s'appuie sur les méthodes de l'entreprise. Obtenir le titre de *fellow* relève d'un processus long et rigoureux. Il suppose d'abord de répondre aux cinq critères essentiels : le caractère innovateur, la forte créativité, les qualités entrepreneuriales, l'impact social et la fibre éthique. Mais il exige aussi de présenter et de défendre son projet devant plusieurs commissions nationales et internationales, ce qui peut durer plus de six mois.

Dans cette définition, qui insiste plus sur l'innovation que sur la performance économique ou le mode de gouvernance, nos jardiniers de l'âme sont très proches des entrepreneurs sociaux. Plusieurs d'entre eux, Marie-Dominique Genoud-Champeaux (*As'trame*), Mary Gordon (*Roots of Empathy*) et Maria Schejbal (*Théâtre Grodzki*), se sont déjà vu décerner le titre de *fellow* Ashoka. Et, au regard des critères de sélection, les autres auraient sans doute pu se le voir attribuer s'ils en avaient fait la demande.

Toutefois, le terme d'innovateur social, retenu ici, m'a semblé plus inclusif de l'ensemble des réalités décrites. Il correspond à la notion européenne qui définit l'innovation sociale comme « la conception et la mise en œuvre de réponses créatives aux besoins sociaux ». Dans tous les projets sélectionnés, on retrouve bien la mise en place opérationnelle et concrète d'approches innovantes, se démarquant des schémas d'éducation formelle, pour répondre à un besoin social fondamental : donner la possibilité à chaque enfant, chaque jeune, quelle que soit sa situation de difficulté ou de vulnérabilité, de trouver une place dans notre société.

Mais le plus important ne se situe pas dans les questions de qualification. Il est dans ce courant profond et universel qui est en train de se diffuser sur notre planète et qui replace l'humain et la recherche de sens au cœur des préoccupations pour relever les grands défis de demain. C'est surtout un état d'esprit.

## Vision, audace et ténacité

Hommes et femmes porteurs de solutions novatrices, n'hésitant pas à s'affranchir des pratiques traditionnelles, nos jardiniers de l'âme n'en appellent ni à la charité ni à la réflexion abstraite, ils se situent dans la création et dans le pragmatisme.

Quel aplomb a-t-il fallu au *Rire médecin* pour introduire les clowns dans un milieu aussi austère que l'hôpital, à *Circo para todos* pour faire marcher sur des fils des adolescents que rien n'y préparait et au *Théâtre Grodzki* pour mettre sur scène, devant un public, des enfants handicapés !

Cette audace hors du commun est portée par une vision. Frappés par une injustice ou une inégalité sociale, ces initiateurs proposent une solution porteuse de changement. Là où les modèles classiques restent enfermés dans leur propre logique, ils prennent le recul nécessaire et font apparaître une autre dimension. Pour aller d'un point à un autre, ils n'empruntent pas le chemin le plus direct ni le plus attendu mais passent par l'art, l'activité physique, l'humour, la symbolisation.

Ce sont aussi des individus engagés à 100 %. Rien n'arrête leur ténacité. Tel José Abreu (*El Sistema*), réussissant, envers et contre tous, à imposer des écoles de musique pour les enfants des quartiers les plus défavorisés. Sa détermination sans relâche le mènera jusqu'à la sphère politique et aboutira à la création d'un réseau d'orchestres de jeunes aux niveaux national et international.

Souvent, ils ont puisé cette foi inébranlable dans leur passé. Si Gérard Garouste n'avait pas vécu une enfance si douloureuse, se battrait-il avec autant d'opiniâtreté pour faire accéder à l'art des jeunes en situation de désert culturel ? Et James, le fondateur de *Nanban*, aurait-il pu résister à toutes les pressions qu'il a subies si lui-même n'avait pas, vissé à ses entrailles, le souvenir douloureux de la froideur des orphelinats ? Leur parcours de résilient leur a conféré une énergie à toute épreuve pour transformer leur vision en réalité.

L'ardeur qui anime les innovateurs sociaux peut aussi provenir d'une passion artistique qu'ils ont à cœur de communiquer, persuadés qu'elle est vecteur de guérison ou tout au moins de mieux-être. C'est le cas du cirque avec *Circo para todos*, de la musique avec *El Sistema*, de la danse avec David Alan Harris. Enfin, elle peut résulter d'une expertise pédagogique comme celle de Mary Gordon, la fondatrice de *Roots of Empathy*, ou de Marie-Dominique Genoud-Champeaux, fondatrice d'*As'trame*.

Ils ont en commun d'avoir pris les problèmes à bras le corps, de ne jamais avoir renoncé, quels que soient les obstacles rencontrés, c'est ce qui leur a permis de « soulever des montagnes ». Mes ces profils exceptionnels n'étaient pas forcément destinés au départ à devenir des « héros ». Ce sont aussi des citoyens qui ont su se mobiliser à la suite d'une situation inacceptable à leurs yeux. Dans leur sillage, beaucoup d'entre nous pourraient aussi se mettre en marche. Il faut oser, les solutions suivent.

Toute personne voulant lancer un projet d'innovation sociale doit cependant être consciente qu'elle suscite des espoirs et des rêves, qu'elle passera par des périodes d'enthousiasme mais aussi de découragement. Pourtant, elle ne peut décevoir, et encore moins s'il s'agit d'enfants ou de jeunes vulnérables. Au-delà des bonnes intentions, une grande rigueur est donc nécessaire.

Elle passe par quatre conditions :

- Être ancré sur le ou les territoire(s) d'action : *interagir* ;
- renforcer sa solidité organisationnelle et financière : *pérenniser* ;
- se donner la capacité de mesurer son impact : *évaluer* ;
- étendre l'impact de ses actions : *se déployer*.

# L'interaction locale

Une des grandes forces des innovateurs sociaux, comme des entrepreneurs sociaux en général, est leur ancrage dans la société civile. Proches du terrain, ils connaissent les problématiques locales et les solutions qu'ils proposent sont connectées à la réalité. Ils agissent, dès le départ et tout au long de l'évolution du projet, en adéquation avec les besoins des citoyens et de façon complémentaire avec les acteurs locaux. Ce maillage peut prendre différentes formes.

## L'adhésion des communautés

Une étude préalable est souvent nécessaire pour mieux s'adapter aux contextes spécifiques, bien s'imprégner des cultures locales et comprendre en profondeur les besoins. Il est nécessaire d'entendre les réticences et de détecter les difficultés à surmonter. C'est aussi l'occasion d'expliquer le projet, répondre aux questions, prendre en compte les contraintes et faire diminuer les craintes et peurs que suscite fatalement l'intervention de nouveaux opérateurs surtout s'ils sont porteurs de changement. Sans cette étape, les projets seraient voués à l'échec.

Comment les équipes de *Nanban* auraient-elles pu développer les séances de jeu libre dans les bidonvilles de Madurai, si elles n'avaient pas, appuyées par *Chemins d'enfances*, pris en compte la nécessité de garantir que le travail scolaire serait effectué et convaincu les familles et les autorités religieuses que jouer n'est pas seulement un passe-temps, voire un dérivatif aux tâches ménagères, mais un moyen d'aller mieux, de s'exprimer et de progresser y compris à l'école ?

*Roots of Empathy* en fait même une condition d'implantation. L'association préfère renoncer ou retarder le lancement d'une nouvelle antenne si elle n'emporte pas un consensus et même une approbation de tous les acteurs locaux.

L'adhésion communautaire peut aussi accélérer le développement du projet, comme au Venezuela, où *El Sistema,* en entraînant dans la spirale de la découverte musicale familles, amis et voisins, a fait des orchestres une composante essentielle de la vie locale.

Parfois, les circonstances ne se prêtent pas à une acceptation dès le départ, celle-ci doit alors intervenir plus tard. Cela a été le cas pour David Alan Harris. Il se serait heurté à une telle résistance s'il avait proposé d'emblée aux populations meurtries de se réconcilier avec les ex-enfants-soldats qu'il a dû commencer par intervenir avec les jeunes, leur faire exprimer leur rage intérieure et faire naître une compassion pour les victimes. Alors seulement, il a pu obtenir le consentement de la communauté et la récompense suprême : la réintégration en son sein de ceux qu'elle rejetait depuis plus de cinq ans !

## La participation directe

La mobilisation locale peut aussi consister à intégrer les populations au projet. Par exemple, la création d'un comité dédié dans lequel les familles peuvent exprimer leurs attentes et discuter des orientations données au programme. Ou encore le recrutement de personnes locales. C'est le cas des femmes des bidonvilles de Madurai qui, en devenant animatrices des clubs d'enfants, s'initient à la pédagogie et reçoivent un revenu en contrepartie de leur travail.

*Roots of Empathy* choisit systématiquement les binômes parent-nourrisson dans l'entourage de l'école où le programme se déroule, en privilégiant les familles les plus isolées. Les répercussions sont bénéfiques pour tous : les enfants voient des visages familiers, le parent est valorisé dans sa relation à son bébé et l'école resserre les liens avec son quartier.

Certains innovateurs sociaux vont jusqu'à fédérer explicitement des citoyens qui, à la fois, adhèrent à leur mission sociale et s'y investissent en apportant des ressources financières, humaines, matérielles ou sous forme de services.

Cette méthode, fondée sur des apports réciproques, renforce l'efficacité des actions et leur pérennité car la participation ne dépend plus alors du bon vouloir de l'un ou de l'autre au moment où le besoin s'en fait sentir mais repose sur une base préalablement établie. C'est ce que réalise *Sport dans la ville* en concluant des accords avec les entreprises. Elles s'engagent à offrir des stages aux participants aux programmes avec possibilité d'embauche si les essais sont concluants. De plus, des collaborateurs peuvent devenir parrains d'un jeune et donc le suivre de façon personnalisée. Pour l'association, c'est un appui important et une sécurité dans la recherche de débouchés. Mais les entreprises apprécient également d'être parties prenantes d'une action responsable sur un plan sociétal, dont elles peuvent constater par elles-mêmes les résultats. Elles fédèrent leurs salariés autour d'un projet mobilisateur, et, en outre, s'ouvrent la possibilité de repérer de jeunes talents.

## L'implication du réseau

Plus largement, c'est tout un réseau qui doit être impliqué dans la dynamique du projet. Et pour cela, une communication claire et des rencontres sont essentielles. Les événements, fêtes, journées portes ouvertes auxquels tous les membres de la communauté sont invités permettent de mobiliser la société civile et de la rendre elle-même actrice de changement, dans le sillage des innovateurs sociaux.

Les enseignants ont un rôle fondamental à jouer. Ils sont bien placés pour déceler chez un élève une difficulté que le système éducatif ne peut résoudre. Ce sont le plus souvent eux qui orientent vers la fondation *As'trame* les enfants qui ont vécu la perte d'un proche ou une séparation des parents. Ils peuvent observer l'évolution de leurs réactions et parler à ce sujet avec les conseillères psychologiques.

L'association du *Théâtre Grodzki* échange aussi beaucoup avec les écoles, notamment à travers les ouvrages et vidéos sur la tolérance et la non-discrimination qu'elle diffuse aux enseignants des classes élémentaires, dans une optique de prévention.

Gérard Garouste, fondateur de *La Source*, qualifie, quant à lui, son action comme le lien principal entre l'enfant, la famille et l'école. Le cœur de sa mission est l'accompagnement individuel de ceux qui en ont le plus besoin, en complément de la prise en charge collective des enfants par l'école. Mais l'association propose aussi à l'Éducation nationale la mise en place de classes artistiques ouvertes à tous. Tous les enfants peuvent ainsi bénéficier de l'expérience acquise auprès des enfants en difficulté.

Le travail en réseau décuple la puissance d'intervention, car il permet d'y associer d'autres acteurs spécialisés. Par exemple, les enfants nécessitant une prise en charge particulière peuvent être dirigés vers une autre association ou vers des structures médico-sociales d'aide à l'enfance.

Mais il peut s'agir aussi de particuliers. Comme le réseau constitué par les travailleurs sociaux de *Nanban*, parmi les vendeurs de nourriture ou de boissons, les balayeurs, les coolies (porteurs de valise) pour repérer les enfants qui descendent seuls des trains et qui traînent dans les alentours de la gare. Leur rôle est fondamental car dans ce domaine il faut intervenir vite, avant que les enfants errants ne soient sous l'emprise de malfaiteurs.

Un autre intérêt d'entretenir un réseau avec le tissu local est la valorisation possible de son action, au sens financier du terme. Concernant *Sport dans la ville*, les collectivités locales sont conscientes du service rendu par l'association. Elles deviennent demandeuses de l'implantation du projet sur leur territoire et sont, de ce fait, prêtes à y contribuer financièrement.

Mais le principal moteur de changement reste sans doute l'enfant ou le jeune, bénéficiaire du programme. Qui pourrait-être plus légitime que lui pour témoigner de son utilité ?

## Le jeune, acteur de changement dans son environnement

Il est d'abord et avant tout un modèle pour ses pairs qu'il entraîne dans un sillage positif. La plupart de nos innovateurs sociaux s'appuient sur les plus grands ou les plus expérimentés pour faire venir et prendre en charge les plus petits ou les nouveaux arrivants.

Lorsqu'on interroge les jeunes Vénézuéliens sur la raison qui leur a fait rejoindre les Orchestres de *El Sistema*, vient largement en tête l'exemple de ceux qui ont ainsi trouvé un sens à leur vie, voire une carrière prestigieuse. Chez *Circo para todos*, c'est même un des piliers de l'action. Les élèves de l'école de cirque vont à la rencontre des jeunes des bidonvilles et leur proposent des séances de sensibilisation. Ensuite, ce sont eux qui forment et encadrent les nouveaux venus.

Mais les jeunes sont aussi d'excellents porte-parole. Ils savent expliquer aux autres enfants, avec leurs propres mots, et en s'appuyant sur leurs expériences personnelles. Il faut donc les encourager à jouer un rôle actif et responsable, développer leurs connaissances par des apprentissages qui peuvent s'appliquer à la vie de tous les jours. Ils en seront les premiers bénéficiaires mais aussi transmettront le message avec beaucoup de facilité car les échanges entre enfants sont naturels. Et leur message imprégnera petit à petit les familles et les communautés. C'est sur ces idées qu'a été lancée en 1978 par une équipe de professionnels dans les secteurs de la santé et de l'éducation l'approche *Child to Child* (L'enfant pour l'enfant). D'abord conçue pour remédier aux problèmes de santé et d'hygiène dans les pays en voie de développement, elle s'est étendue, grâce notamment au travail d'organisations comme la fondation Aga Khan et le Child to Child Trust, à plus de quatre-vingts pays.

Le but de cette approche est de provoquer un changement positif et significatif par les enfants. Tout d'abord améliorer le bien-être physique, mental, émotionnel et social de tous. Ensuite, développer les capacités personnelles des enfants : la confiance en soi, les relations avec les autres, les modes d'expression. Enfin, faire prendre conscience aux adultes de l'intérêt de donner un rôle aux enfants et de développer des méthodes pédagogiques plus centrées sur eux.

Cette méthode est particulièrement efficace pour les filles qui sont souvent laissées pour compte dans les pays pauvres. Non seulement elles retrouvent l'estime d'elles-mêmes mais aussi transmettent des bonnes pratiques aux plus petits dont souvent elles ont la charge.

Le concept *Child to Child* est très populaire en Inde. Il est appliqué dans les écoles, dans les communautés ou dans les programmes des organisations. Parfois, il est nommé en tant que tel, mais d'autres fois ce même processus est suivi sous des appellations diverses. Chez *Nanban,* les clubs d'enfants dans les bidonvilles ont pour vocation d'avoir un rôle de lobbying auprès de la communauté. Par exemple ce groupe d'enfants qui, à force de lettres et d'appels téléphoniques, a fini par décrocher un rendez-vous avec un responsable local pour obtenir un éclairage dans un endroit particulièrement dangereux du « slum ».

Futurs adultes, les enfants qui auront été sensibilisés dès leur plus jeune âge à des attitudes positives adopteront un comportement différent dans le monde de demain. C'est le pari de *Roots of Empathy*. En enseignant dès la maternelle l'empathie, l'association est convaincue que les participants au programme seront de meilleurs parents et des citoyens plus responsables et pacifiques.

Le changement produit chez l'enfant a donc des répercussions importantes sur le mieux-être de la communauté tout entière et réciproquement. La résilience n'est plus alors seulement individuelle mais devient celle du groupe social. Comme on le sait, celle-ci n'est pas acquise une fois pour toutes mais relève d'un processus qui nécessite une continuation des interventions dans le temps. La pérennisation des projets, et donc de la structure qui les porte, est fondamentale.

# La pérennisation de la structure

Toute organisation, pour s'inscrire dans la durée, doit avoir une conscience très claire de son identité et être dotée d'une assise financière durable. C'est encore un véritable défi pour la plupart des dix projets étudiés. La vision, c'est-à-dire ce vers quoi on veut aller, doit être clairement définie mais aussi partagée, ainsi que la mission expliquant l'enjeu de société ciblé.

Or, bien souvent, les collaborateurs rejoignent le leader du fait de son charisme et du caractère enthousiasmant de la cause mais n'ont pas tous une idée claire et complète de la vision, de la mission et des objectifs de l'association. Ce décalage appauvrit la réflexion stratégique collective et peut même engendrer des incompréhensions.

## La professionnalisation, étape nécessaire

Il est important que les innovateurs sociaux se penchent avec leurs équipes sur les fondamentaux de leur projet : son identité, le besoin social auquel il veut répondre, sa valeur ajoutée, ses objectifs. Des méthodes, comme le « business plan social » peuvent les y aider. Cet exercice de formalisation, qui peut paraître laborieux et exigeant en termes de temps, s'avère très efficace car il permet non seulement de dégager des consensus sur les lignes directrices mais aussi d'anticiper les risques qui tôt ou tard se présentent.

Au moment des choix, je peux vous affirmer, en m'appuyant tant sur mon expérience de l'entreprise privée que sur celle de l'innovation sociale, qu'il est fondamental. Beaucoup de décisions sont à prendre dans l'urgence car les opportunités ne se présentent qu'une fois. On peut être très tenté de s'engager dans une voie et s'apercevoir par la suite qu'elle aurait été source de désorganisation, voire de déstabilisation. Ou à l'inverse, laisser passer une occasion unique. Disposer d'une charte écrite, qui a été réfléchie avec son équipe, constitue alors un point de repère permettant de garder son cap.

Dans leur très intéressant ouvrage *Entrepreneuriat social*, Amandine Barthélémy et Romain Slitine citent une étude américaine selon laquelle les entrepreneurs qui élaborent un business plan ont 2,6 fois plus de chances de poursuivre leur entreprise que les autres[2].

Une bonne organisation constitue aussi une des clés de réussite des projets. Bien définir les rôles et les fonctions de chacun, disposer d'outils de contrôle et de gestion administrative, financière et logistique, prévoir des plans d'actions maîtrisés et surtout les suivre, sont des éléments à ne pas négliger. La gestion des ressources humaines est particulièrement importante, d'autant plus que le personnel est souvent moins rémunéré dans les organisations sociales et que des bénévoles se joignent au projet. La motivation doit alors forcément être au rendez-vous.

Il existe des outils très utiles à la rédaction des « business plans sociaux ». En France, un travail méthodologique remarquable a été réalisé par la chaire entrepreneuriat social de l'ESSEC. De son côté, *Chemins d'enfances* a élaboré, avec le cabinet de conseil Kéa et partenaires, l'approche « Evalu'action », dans le but de renforcer les capacités entrepreneuriales de ses partenaires. Il s'agit d'un ensemble d'outils qui permettent à la fois de mesurer la performance de l'organisation en termes d'efficacité et de pérennité, et de bâtir des plans d'action sur les axes faibles.

Les associations déduisent, par elles-mêmes et en fonction de leur contexte propre, les actions à réaliser. Au début, elles sont accompagnées par un consultant mais, très vite, elles s'approprient la méthode qui devient pour elles un véritable outil de pilotage et de progression. Nous avons pu l'expérimenter dans plusieurs cas notamment en Indonésie et en Inde.

L'exigence de professionnaliser conduit-elle à calquer toutes les méthodes de l'entreprise classique ? Certainement pas sans discernement. Chaque domaine a ses spécificités. On ne peut gérer de la même façon une entreprise dont l'objectif est avant tout économique et une organisation qui a une vocation sociétale. Mais, comme Maria Nowak le souligne dans son dernier livre[3], il est regrettable que l'image de l'entrepreneur ait été ternie par les excès de certains, notamment à travers les avantages personnels et les dividendes de quelques dirigeants. Ce genre de comportement n'est tout de même pas le plus fréquent et gardons-nous des généralisations abusives. Pour ma part, je reste persuadée que les modèles et méthodes développés par les entreprises classiques peuvent être très inspirants pour les innovateurs sociaux, à condition, bien sûr, de savoir les adapter. Les mondes de l'entreprise et du social ont tout intérêt à se rapprocher car ils ont beaucoup à s'apporter mutuellement.

C'est pourquoi de plus en plus d'organisations, dont certaines issues du monde lucratif, accompagnent le développement de projets sociaux : le réseau Entreprendre, par exemple à travers sa branche « Entreprendre autrement », mais aussi des incubateurs comme Antropia, cofondé par l'ESSEC et la Caisse d'Épargne, ou l'association Ashoka qui offre à ses *fellows* l'accès à un réseau de professionnels et de consultants dans les domaines juridique, stratégique et de la communication. Nous verrons plus loin que les financeurs accompagnent aussi le développement de ceux qu'ils soutiennent.

Un autre appui à la professionnalisation des structures est le mécénat de compétences, par lequel des personnes actives en entreprise donnent de leur temps pour apporter bénévolement leur aide à des associations. Patrick Bertrand, le directeur de *Passerelles et compétences*, qui met en relation des associations de solidarité et des professionnels, dans le cadre de missions ponctuelles bénévoles, me confiait récemment qu'il a beaucoup plus d'offres de compétences que de sollicitations d'associations à être aidées.

Il est dommage que les organisations sociales ne se tournent pas davantage vers toutes ces aides ! Peut-être faut-il tout simplement un peu plus de communication et de temps.

Pour ce qui concerne les projets étudiés dans cet ouvrage, elles structurent, pour la plupart, leurs activités.

*Le Rire médecin* a élaboré, il y a deux ans, un plan de développement intitulé : « Cap 500 000 sourires. » Ce document a permis de ressouder les équipes travaillant dans différents hôpitaux, de donner un nouveau sens à leur travail, de mieux cerner la stratégie à moyen terme mais aussi de disposer d'un document structuré pour convaincre des bailleurs. Le secrétaire général du *Rire médecin* estime que, si la première école de clowns hospitaliers ouvre aujourd'hui ses portes, c'est grâce à la réalisation de tout ce travail.

*Roots of Empathy* et la fondation *As'trame* sont dans la même voie. *La Source* fonctionne avec des plans de développement triennaux. *Sport dans la ville* organise, quant à elle, régulièrement des séminaires « vision », en impliquant concrètement tous les salariés dans la stratégie de l'association, mais aussi le conseil d'administration composé essentiellement de chefs d'entreprise.

Mais presque tous reconnaissent manquer de temps et de moyens pour aller jusqu'au bout de leurs intentions, car le financement devient un problème de plus en plus épineux.

## Le financement, clé de voûte du projet

*Vers la philanthropie active*

Sous l'effet conjugué du désengagement des pouvoirs publics et d'une évolution profonde dans l'esprit du don, le financement des projets connaît une vraie mutation.

Tout d'abord, il est clair aujourd'hui que les subventions accordées par les États ou les collectivités locales vont aller en diminuant. Les financements européens ou internationaux ne sont pas adaptés aux structures de petites tailles. Les montants en jeu, la masse et la difficulté des documents à remplir sont le plus souvent disproportionnés, sauf à s'unir avec d'autres associations pour répondre à un appel d'offres, comme l'a fait, avec succès, l'association du *Théâtre Grodzki.*

Quant aux dons privés, ils s'inscrivent de plus en plus dans un nouveau courant que les Anglo-Saxons appellent la *Venture philanthropy*[4] » et qui se décline, en France, sous la forme de la philanthropie active. Le donateur du XXI^e^ siècle tend à concevoir son don comme un investissement. Il en attend un retour, pas tant financier, mais en termes d'impact tangible et mesurable sur l'amélioration d'une situation sociale.

C'est pourquoi tous les partenaires financiers privés, les fondations familiales, les entreprises intervenant directement ou par l'intermédiaire de leur fondation, sont de plus en plus exigeants sur la nature et la quantification des résultats escomptés. Et les donateurs particuliers commencent à leur emboiter le pas. En corollaire, cela témoigne d'une implication de plus en plus grande de leur part, et par là même, un appui plus soutenu et une plus grande fidélité.

D'où l'importance d'être très vigilants sur la communication et, comme nous le verrons ci-dessous, sur l'évaluation.

Au final, les associations doivent veiller à ne pas dépendre de quelques grands donateurs et s'efforcer d'élargir la gamme des bienfaiteurs. À cet égard, les dons des particuliers constituent une piste intéressante, même si elle est plus lourde à gérer du fait du plus grand nombre d'interlocuteurs, aussi bien pour le recouvrement des fonds que pour la communication. En revanche, elle assure une meilleure répartition du risque. De plus, la fiscalité française est incitative à cet égard. Pour les associations éligibles, 66 % du montant donné est exonéré de l'impôt sur le revenu, dans la limite de 20 % du revenu imposable. À titre d'exemple, les personnes privées permettent de financer près de 60 % du budget du *Rire médecin,* soit plus de 1,5 million d'euros. Il faut dire que l'association a une communication particulièrement pertinente et réussie.

Ces nouveaux éléments sont majeurs pour nos jardiniers de l'âme, dont 70 % en moyenne des ressources proviennent des dons et subventions. Conscients de la valeur du bon vieux précepte selon lequel « il ne faut pas mettre tous ses œufs dans le même panier », les innovateurs sociaux s'engagent dans des stratégies de diversification des sources de revenus, ce qu'on appelle aujourd'hui l'hybridation. Les pistes explorées prennent différentes formes.

### *La contribution des bénéficiaires*

Il est bien entendu difficile d'exiger une participation financière des bénéficiaires directs quand ce sont des populations très pauvres ou des enfants. Mais parfois une contribution, même minime, permet de valoriser la prestation car elle implique davantage. La participation aux parcours sur le deuil ou la séparation de la fondation *As'trame* est, par exemple, payante. C'est un moyen de mobiliser les familles aux côtés des enfants.

Quant au *Rire médecin*, il a développé l'idée de s'adresser aux bénéficiaires indirects de son action, à savoir les hôpitaux. Ayant su montrer que, grâce à l'allègement de la tâche médicale lorsque le rire s'invite dans le service, l'impact des clowns est positif pour tous, l'association est rémunérée pour la plupart de ses interventions.

Mais ce système a ses limites. Contrairement à ce qui se passe dans une entreprise classique, le fait que le « client » direct ou indirect ne puisse pas payer n'entraînera pas *de facto* le refus de fournir la prestation, car ce serait au détriment de l'enfant. La structure ne peut donc pas s'appuyer uniquement sur ses bénéficiaires.

Une autre solution est de faire contribuer les anciens bénéficiaires. Ainsi les élèves diplômés de *Circo para todos* reversent 30 % de leurs revenus à la fondation à la fin de leur première année, 20 % à la fin de la deuxième année et 10 % la dernière année, garantissant ainsi une partie du fonctionnement annuel de la fondation.

***La valorisation de ses savoir-faire***

Plusieurs de nos projets parviennent à tirer de leur mission sociale elle-même quelques revenus. Le *Théâtre Grodzki* réalise des sessions payantes pour former diverses institutions à sa méthodologie de travail avec les jeunes drogués. La fondation *As'trame* a également développé des formations à destination des professionnels du psychosocial pour qu'ils puissent proposer des parcours de reliance auprès des enfants et adultes en situation de deuil ou séparation qu'ils côtoient. Et cette même prestation est aussi à l'étude auprès d'une autre cible, les entreprises. Autre exemple, *La Source*, qui vend aux enchères ses productions artistiques.

*Circo para todos* s'est beaucoup développée dans cette direction car les recettes des spectacles, donnés localement ou internationalement à travers son agence Circolombia, couvrent la moitié du budget de l'association.

Trouver le bon équilibre entre la valorisation de son savoir-faire et la mission sociale des projets n'est pas toujours évident. Et cela renvoie même parfois à des questions de fond. Par exemple, nous avons mené avec le *Rire médecin* une réflexion sur la façon d'utiliser le travail des clowns pour bénéficier de revenus supplémentaires. Une première idée, qui aurait pu sembler la plus simple, était de donner des spectacles comiques devant des publics classiques mais elle a été abandonnée car il n'y avait plus assez de lien direct avec le cœur de l'association, qui n'est pas de déclencher le rire en soi, mais de s'en servir comme outil thérapeutique. Une autre piste consistant à aider des équipes, et pourquoi pas des comités de direction, à mieux communiquer et à interagir grâce au travail des clowns est apparue plus légitime et est en cours d'étude.

***Les activités génératrices de revenus***

Une autre stratégie consiste à développer, à côté de sa mission sociale, une activité génératrice de revenus. C'est ce qu'a fait *Nanban* avec la création d'un atelier mécanique et d'une boulangerie. Ces entreprises permettent de former des apprentis, anciens enfants des rues, et ont vocation à dégager des bénéfices destinés à l'association. L'initiative est très intéressante mais, en pratique, les revenus pour l'association sont très faibles, les entités arrivant tout juste à s'équilibrer. Après en avoir discuté avec les initiateurs du projet, j'ai constaté qu'ils avaient beaucoup de difficultés à raisonner en « purs » chefs d'entreprise. Dans leur esprit, les prix doivent être plus bas que ceux du marché afin que leurs produits ou services soient accessibles à tous. D'un point de vue social, leur façon de penser se comprend, d'autant plus que leur clientèle est celle des quartiers pauvres, celle-là même qu'ils essaient d'aider par ailleurs. Mais sous l'angle économique, le problème n'est pas résolu.

Autre exemple, l'unité de réadaptation professionnelle de jeunes toxicomanes du *Théâtre Grodzki* : les ateliers de reliure et d'impression génèrent des revenus, ce qui est positif, mais ceux-ci parviennent juste à couvrir les besoins propres, sans dégager de revenus supplémentaires pour l'association.

En réalité, si ces dynamiques sont à encourager, elles auront cependant des difficultés à se développer à grande échelle car cela nécessiterait un changement de mentalité, parfois de nouvelles compétences et souvent un risque de confusion avec la mission première des projets qui est avant tout sociale.

En fait, le fond du problème ne se situe-t-il pas dans nos mentalités ? Nous avons beaucoup de mal à admettre que la souffrance, le mal-être, la misère ont un coût pour nos sociétés. Lorsque ceux qui s'attaquent à ces fléaux ont besoin de fonds, on leur accorde des aides comme s'il s'agissait « d'aumônes », alors qu'en fait ils offrent une prestation qui permet de réduire considérablement des coûts sociaux et ils devraient être rémunérés pour cela.

Selon l'Avise, 1 euro investi dans un projet à fort impact social en France, ce sont 2 euros de retour sur les dix-huit mois. L'association Ashoka a fait chiffrer le coût « négatif » du travail des entrepreneurs sociaux qu'elle soutient. Écoutons Arnaud Mourot, son dynamique directeur en France, en Suisse et en Belgique.

### Diminuer les dépenses publiques grâce à l'entrepreneuriat social

*Entretien avec Arnaud Mourot, directeur Ashoka France, Suisse et Belgique*

**Avez-vous engagé des recherches sur les économies que l'entrepreneuriat social permet à la société de réaliser ?**

Nous avons travaillé sur les données de nos entrepreneurs sociaux, recoupées avec celles d'autres organismes officiels dans une approche « coût/bénéfice ». En d'autres termes, nous quantifions les économies générées pour la collectivité par les entrepreneurs sociaux.

À partir de là, en extrapolant d'un point de vue macro-économique, on peut obtenir des ordres de grandeur à l'échelle d'un pays par exemple.

**Quelles en sont les principales conclusions ?**

La principale conclusion est que les entrepreneurs sociaux sont particulièrement performants, non seulement en termes d'impact, mais aussi de coûts.

Et on observe que leur efficience est, le plus souvent, bien supérieure à celle de certains dispositifs publics notamment.

Ils constituent donc un « investissement » très rentable pour ceux qui les financent.

**Pouvez-vous nous donner un exemple ?**

Oui, prenons l'exemple des *Invités au Festin*, association qui répond au besoin crucial de manque de logement pour les personnes handicapées psychiques en créant des lieux d'accueil et de vie mixant des personnes handicapées ou non. Les résultats sont tangibles puisque les symptômes des personnes atteintes des troubles psychiques, ainsi que la prise de médicament diminuent et on note un mieux-être général de tous les bénéficiaires. Deux mille journées d'hôpital ont pu ainsi être épargnées, ce qui représente 750 000 euros d'économie par an et par maison. Avec cinquante maisons comme celles déjà créées, la collectivité pourrait faire une économie de 37 millions d'euros par an. Et ceci pour un investissement de moins de 300 000 euros par maison !

Autre exemple, le nombre de fractures et de diabètes (type 2) évités grâce à l'exercice physique régulier proposé par « Siel bleu[5] » notamment aux seniors, amènerait à une économie, rien qu'en France, de 15 milliards d'euros sur les trois prochaines années et de 59 milliards sur la période 2012-2020.

**Quels enseignements en tirez-vous pour le secteur de l'innovation sociale ?**

D'une part, qu'il faut faire confiance aux individus et à la base pour trouver de nouvelles approches. Les approches « *top-down* » technocratiques ne fonctionnent pas.

D'autre part, qu'il faut privilégier l'investissement dans ces structures pour les aider à grandir.

Il y a là de quoi être créatifs dans les modes de financement et une idée que nous poursuivons est la création d'une sorte de Fonds Stratégique pour l'innovation sociale qui saurait repérer des projets à fort impact social, faible coût de revient, et qui aurait pour objectif de les financer et de les accompagner dans leur changement d'échelle. En investissant un minimum, ce sont des milliards d'euros qui pourraient être économisés chaque année grâce aux entrepreneurs sociaux.

Dans ces conditions, doit-on encore parler de subventions accordées généreusement par des bailleurs à une association ? Ne s'agit-il pas plutôt d'une prestation payée dans un rapport efficacité/coût défiant toute concurrence ? Il y a là une piste pour régler le problème des revenus des associations : rééquilibrer la relation financeur-financé et considérer les associations non plus comme des assistés mais comme des prestataires dans le domaine social, voire sociétal.

Ce changement de posture est fondamental. Il est loin de remporter un consensus en France, même si des mouvements comme le Mouves sont très actifs en ce sens. Dans les pays anglo-saxons il se propage à grande vitesse. En Grande-Bretagne par exemple, une initiative très récente mérite d'être soulignée. Afin de réduire le nombre de récidives chez les anciens prisonniers, le gouvernement britannique offre à des investisseurs privés une rémunération variant avec le résultat obtenu par les entreprises sociales dans lesquelles ils ont placé leurs fonds et qui embauchent les anciens prisonniers. Autrement dit, leur investissement n'est rémunéré que si le taux de récidive baisse. C'est une façon de reconnaître que les innovateurs sociaux peuvent apporter une prestation suffisamment utile au service public pour qu'il la rémunère. De même, aux États-Unis, les subventions accordées à l'association *Twin Cities Rise* située à Minneapolis, qui forme des personnes en situation de grande précarité afin de les réinsérer dans le monde économique, sont conditionnées au fait que les bénéficiaires aient toujours un emploi un an après la fin de leur formation.

Cette alliance entre utilité sociale et financement est aussi portée par les nouveaux courants du capital investissement.

***Le capital investissement philanthropique***

Face au peu d'enthousiasme des opérateurs classiques pour financer les entreprises sociales, à l'exception de quelques banques comme le Crédit coopératif, des organisations se sont spécialisées dans le financement de projets ayant une vocation sociale.

Il peut s'agir de personnes mettant en commun leur épargne dans des structures, qui investissent directement dans les projets : les *Cigales* (clubs d'investisseurs pour une gestion alternative et locale de l'épargne solidaire) ou la société coopérative de finance solidaire *Garrigue*. Ce sont aussi des professionnels comme la *NEF* (Nouvelle économie fraternelle), la *SIFA* (France Active), l'*IDES* (Institut de développement de l'économie sociale) et *Phitrust partenaires* qui offrent un accompagnement et un financement sous forme de participation au capital ou de prêts à des taux privilégiés. Ils en attendent alors un retour financier, *a minima* le remboursement du capital ou du prêt mais surtout un retour en termes de plus-value sociale.

Leurs décisions d'investissement s'appuient sur des analyses fouillées qui allient des critères économiques, sociaux, environnementaux et de bonne gouvernance. Le groupe *Phitrust* a adopté une approche originale qui, outre l'investissement solidaire, propose également des dons à travers son fonds de dotation.

# L'évaluation des programmes

Le débat sur la prise en compte et l'évaluation de l'immatériel dépasse largement le cadre des innovateurs sociaux. Il agite la planète tout entière et concerne tout type d'organisation. Déjà, il y a vingt ans, le Bhoutan avait inventé le concept de BNB (bonheur national brut), plus significatif d'après ce petit pays niché dans l'Himalaya que le traditionnel PNB (produit national brut). C'était un premier pas vers la prise de conscience que le quantitatif et le financier ne suffisent pas à définir la réussite. Aujourd'hui, de nombreuses instances internationales et nationales se penchent sur la question. Le gouvernement français a même missionné un groupe d'experts, dirigé par Joseph Stiglitz[6] sur le sujet.

Dans les entreprises, cela bouge aussi. Avec les notions de RSE (Responsabilité sociale des entreprises) et l'obligation pour les sociétés cotées en bourse de préciser, dans leur rapport annuel, leur impact social et environnemental, on n'est pas loin d'admettre la prise en compte de critères autres que financiers et économiques pour leur évaluation.

Mais il reste une question de fond : comment mesurer l'apport de « mieux-être » à la collectivité ?

Les innovateurs sociaux sont au cœur du débat, car, pour eux, l'utilité sociale est leur raison d'être. S'ils n'arrivent pas à la montrer, leur existence même est en cause. S'ils ne savent pas l'évaluer, leur crédibilité est menacée.

Mesurer la performance de ses actions est aussi l'occasion de prendre du recul, de dégager les priorités et d'améliorer ses pratiques. C'est un moment privilégié de réflexion sur le sens et les conséquences de l'action menée et de mobiliser ses équipes, salariés et bénévoles, autour du projet.

Mais comment évaluer ? Il convient tout d'abord de définir des critères, c'est-à-dire les valeurs subjectives sur lesquelles la mesure va être fondée, puis les indicateurs de cette mesure. Bien entendu, ceux-ci doivent être adaptés à l'activité et à la taille de chaque organisation.

Les institutions internationales comme la Banque mondiale, l'OCDE ou la Commission européenne ont fixé des critères de références. Ils prennent en compte principalement cinq aspects : la pertinence, c'est-à-dire le bien-fondé de l'intervention au regard des enjeux ; l'efficacité qui mesure le degré de réalisation des objectifs ; l'efficience qui étudie la relation entre les moyens mis en œuvre et leurs coûts ; l'impact qui analyse l'ensemble des effets d'une action de développement strictement attribuables à cette action et enfin la viabilité qui permet d'examiner si l'atteinte des objectifs, des résultats et des impacts obtenus sont de nature à se maintenir dans la durée.

Complexes à mettre en place car ils nécessitent la mise en place d'une série d'indicateurs, ils sont fréquemment repris par les grandes ONG mais les innovateurs sociaux, comme beaucoup de structures de taille plus modeste, ne peuvent les utiliser et ont préféré élaborer leurs propres référentiels.

Plusieurs d'entre eux, comme *As'trame* et *La Source*, ont choisi de mesurer le degré de mieux-être des enfants en proposant à chacun de positionner un curseur sur des échelles d'évaluation établies à partir d'une batterie de questions ou de choisir, parmi des masques décrivant une palette d'émotions, celui qui correspond le mieux à son ressenti du moment et de le placer devant son visage. La méthode est empirique, mais la comparaison entre les résultats avant, pendant et après la participation au programme permet de suivre l'évolution de l'enfant.

Le projet *Nanban* adopte une approche plus complète en intégrant les aspects à la fois quantitatifs comme le nombre d'enfants fréquentant les clubs, leur âge, la cadence de leurs visites et qualitatifs *via* des enquêtes réalisées auprès des enfants eux-mêmes mais aussi de leurs parents, de leurs professeurs et des autorités locales. Le croisement de ces questionnaires, qui ont été réalisés par *Chemins d'enfances* avec l'appui d'une psychologue, permet de mieux cerner l'évolution de l'enfant et de neutraliser quelque peu la tendance fréquente dans les pays d'Asie à toujours acquiescer pour ne pas contrarier son interlocuteur.

Nos porteurs de projets sont tous bien conscients de la nécessité de mener ces évaluations mais le coût qu'elles représentent est souvent un frein. Et cela amène à la question épineuse du processus. Si les évaluations sont menées par les équipes intervenantes, le risque de subjectivité n'est pas à écarter. L'enquêteur aura, aussi éthique soit-il, du mal à rester impartial et les personnes interrogées, dans le cas où elles sont en même temps les bénéficiaires, chercheront à ne pas ternir le lien qu'elles entretiennent avec ceux qui leur apportent une aide.

Faire intervenir une équipe externe est sans doute un moyen plus neutre et objectif mais qui engendre des coûts nettement plus importants voire inabordables pour la plupart des structures étudiées. Dans le domaine de l'humanitaire, la situation est particulièrement complexe. Aujourd'hui les bailleurs ont pris conscience de l'importance de la mesure de performance des actions qu'ils soutiennent, et même souvent l'exigent, mais n'acceptent pas, à quelques exceptions près[7], de la financer. Le serpent se mord la queue !

Une fois de plus c'est à l'innovateur social de mobiliser toute son énergie pour trouver des alternatives astucieuses. Par exemple *Roots of Empathy* a trouvé une solution à ce problème en faisant réaliser les évaluations par des équipes externes dans le cadre de programmes universitaires ; leur financement est assuré soit par le caractère gracieux de l'intervention, soit par des subventions publiques. L'association réussit ainsi à concilier professionnalisme, objectivité et gratuité. Belle réussite porteuse de fruits mais qui suppose d'intervenir dans des domaines disposant de fonds pour la recherche, ce qui peut être le cas de l'éducation mais moins dans celui du social. Autre piste, celle explorée par *Sport dans la ville* qui a obtenu un financement public pour réaliser une étude approfondie sur l'impact de son programme *L dans la ville* dans le cadre du lancement du fonds d'expérimentation pour la jeunesse porté en 2009 par le haut-commissaire Martin Hirsch.

Signe positif au niveau des politiques publiques, la tendance est bel et bien à la mobilisation de ressources sur toutes ces questions autour de l'expérimentation sociale. À la suite des États-Unis, pionniers sur ces sujets, des outils sont peu à peu lancés par les pays européens sous forme de fonds dédiés pilotés aux niveaux européen, national et local. Même si la mesure de l'innovation sociale n'a pas encore fait l'objet d'un consensus permettant d'élaborer un référentiel officiel commun, les choses bougent. Lentement mais sûrement !

Des pistes de solutions viendront peut-être de différentes organisations qui réfléchissent actuellement autour du SROI (*Social Return on Investment*)[8], ou d'outils de mesure existants comme ceux sur la performance sociale et environnementale utilisés par les entreprises cotées en bourse, mais l'outil universel est loin d'être trouvé. Dans les conditions actuelles où l'offre de réponse aux problèmes sociaux a tendance à diminuer alors que la demande s'accroît, c'est une question vitale.

**La mesure de la performance sociale**

*Entretien avec Olivier de Guerre,*
*président du groupe Phitrust*

**Quels sont vos critères pour mesurer le retour sur investissement des projets que vous soutenez ?**

Avec la fondation Phitrust, notre fonds de dotation, c'est essentiellement le rendement social. Dans Phitrust Partenaires, notre société d'investissement solidaire, nous nous appuyons à la fois sur des critères financiers et de « performance sociale ». Cette conception, déjà développée dans les pays anglo-saxons, n'était pas connue en Europe, ce qui expliquait la « frilosité » des philanthropes. Ils manquaient de repères pour appréhender l'utilité de leur don/investissement. C'est pourquoi nous avons contribué, il y a cinq ans, à l'implanter en France.

**Comment évaluez-vous la performance sociale ?**

Nous demandons aux porteurs de projets d'identifier les améliorations sociales à laquelle ils peuvent contribuer et de les mesurer régulièrement. Cette approche très « *bottom up* » est surtout qualitative car nous ne croyons pas possible de monétiser, au point où le font les Américains, cette performance sociale. En revanche, en la mesurant avec des éléments pratiques validés pour chaque projet, nous pouvons évaluer les progrès et les difficultés afin de chercher à améliorer cette performance sur le moyen terme.

**Qu'est-ce que l'« impact investment » ?**

Face à la multiplicité des concepts existants tant dans la philanthropie que dans l'ISR (Investissement socialement responsable), la fondation Rockefeller et le Monitor Institute aux États-Unis ont proposé de retenir la notion « d'impact investment ». Est qualifié d'« impact investment » tout investissement qui a une mission sociale et qui peut mesurer son impact. Ainsi certains investissements auront une stratégie « Finance first » avec un impact moindre et d'autres « Impact first » avec une perspective financière peu élevée. Cette nouvelle terminologie permet de qualifier des investissements ayant un fort potentiel financier (finance first) (hôpitaux pour des classes moyennes en Afrique) par rapport à ceux recherchant d'abord la performance sociale (impact first) (hôpitaux pour les plus pauvres en Afrique).

Cette notion nous paraît fondamentale pour aider à structurer les multiples propositions existantes aujourd'hui afin que l'investisseur recherchant une performance sociale s'y retrouve.

**Des projets s'occupant d'aider des enfants à surmonter leurs difficultés pourraient-ils entrer dans votre champ d'action ? Comment en évalueriez-vous l'impact ?**

Bien sûr si ces projets peuvent avoir à la fois un projet structuré avec des objectifs concrets et une volonté de chercher à améliorer la mise en œuvre du projet en fonction des mesures d'impact qui auront été validés par le/les porteur/s du projet. À chaque projet une méthodologie propre développée avec l'équipe du projet et permettant d'en mesurer l'impact.

**Pensez-vous que cette notion va se développer en France de la même façon que dans les pays anglo-saxons ?**

L'Europe est très motrice sur cette notion encore peu ou mal comprise en France. Certains l'utilisent un peu comme un outil marketing. Mais je pense que progressivement l'ensemble des acteurs financiers et extra-financiers vont intégrer ces nouvelles notions car elles sont beaucoup plus compréhensibles pour chaque potentiel investisseur/donateur qui a envie de constater que son argent qu'il soit donné ou investi « serve à quelque chose ».

Enfin, une dernière question à se poser : faut-il tout évaluer ?

Peut-on quantifier la valeur d'un rire qui libère les angoisses et peut aider à mieux supporter la maladie ? Comment introduire dans un tableau de chiffres le fait qu'un enfant, après le passage des clowns, avale sans broncher le médicament qu'il refusait depuis plusieurs jours ? Comment appréhender la notion de dignité retrouvée par les personnes handicapées qui ont appris à vivre de façon autonome ou les simples sourires qui éclairent les visages de tant d'enfants en détresse ?

Dans l'incertitude, les solutions parfois encore très empiriques adoptées par nos innovateurs sociaux semblent pertinentes car elles sont adaptées au domaine d'activité, à la taille, au type et aux moyens financiers de chacune des structures. Ils gagneraient tous à « prouver » leurs résultats si un coup de pouce en ce sens leur était donné, mais n'oublions pas qu'il faudra quand même toujours laisser une place au ressenti, à l'intangible.

## Le déploiement des actions

Si l'entrepreneur social est bien celui qui trouve une solution pour répondre à un problème systémique, pourquoi devrait-il limiter son champ d'action à son pré carré ? Si l'approche adoptée est innovante et bénéfique, pourquoi en réserver les effets à quelques bénéficiaires ?

Le déploiement des pratiques ou de la structure constitue une des conditions clés de la réussite des projets. On peut même se demander si la dissémination des activités n'est pas inhérente au domaine social. Là où le secteur privé craint la concurrence, les acteurs du social y voient une réussite. L'un d'eux que j'interrogeais sur sa vision à cinq ans « dans l'idéal » me répondait, non sans humour : « Qu'on n'ait plus besoin de nous ! » Effectivement le but n'est pas le succès personnel mais l'éradication d'un problème social majeur en proposant une solution alternative ayant vocation à devenir la solution.

En observant le travail, l'énergie des jardiniers de l'âme et les résultats qu'ils obtiennent, ce serait dommage que leur impact ne s'élargisse pas. Cela peut se réaliser de plusieurs façons.

***Le partage d'expériences***

Par exemple en mettant son savoir-faire et son expérience à la disposition d'autres personnes ou organisations. Cela permet à celles-ci de gagner beaucoup de temps et d'éviter bien des erreurs. Cette logique a été adoptée par le *Rire médecin*. Consciente qu'elle ne pourrait pas, par ses propres structures, couvrir l'ensemble des besoins, et en même temps soucieuse que le métier de clown hospitalier ne soit pas dénaturé, elle a lancé un cursus de formation certifiante « Comédien-clown à l'hôpital » ouvert à tous.

***L'extension géographique***

Une autre forme consiste à étendre géographiquement ses actions à d'autres territoires.

*As'trame* a prévu d'implanter en France un nouveau projet, qui, tout en s'appuyant sur son savoir-faire, est différent du programme d'origine. Il s'orientera vers la formation aux parcours de reliance de professionnels du médico-social, de psychologues et même de personnes de l'entreprise.

À l'inverse, le déploiement de *Roots of Empathy* se réalise en calquant l'activité actuelle. À travers l'élaboration d'un modèle rigoureux décliné en neuf modules, une documentation très fournie et un processus précis d'accréditation des instructrices, le programme a été dupliqué à l'identique dans de nombreux pays.

Quant à José Abreu, il a signifié, dans le nom même de son organisation, *El Sistema* (Le système), sa volonté d'en faire un modèle pouvant être répliqué non seulement au niveau du pays, mais aussi à l'international. Les Orchestres se sont étendus dans une grande partie de l'Amérique du Sud et aux États-Unis (Los Angeles). Les Nations unies ont même décerné à José Abreu un prix dès 1995, avec la mission ultime de développer le système d'orchestres et de chorales de jeunes au niveau mondial, à partir de son modèle d'origine.

De son côté, *Sport dans la ville*, après plus de dix ans d'expérience dans les quartiers sensibles de la région Rhône-Alpes, amorce son essaimage dans quelques cités de la région parisienne. La stratégie employée : s'appuyer sur les ressources propres de l'association en délocalisant des personnes expérimentées sur les nouveaux sites.

Enfin, à travers *La Source des sources*, Gérard Garouste développe et fédère de nouvelles structures s'appuyant sur les forces vives locales, tout en respectant la charte établie.

La volonté bien légitime d'accroître son impact social en changeant d'échelle ne doit pas faire perdre de vue les risques réels qui y sont attachés. Elle suppose un certain nombre de prérequis. Le concept doit être déclinable et ne pas dépendre d'une situation territoriale précise ou de la personnalité des dirigeants. C'est bien le challenge de *Sport dans la ville* dont l'action est très soutenue par les entreprises locales qui ont noué au fil du temps des liens de confiance avec Philippe Oddou. L'extension à d'autres régions suppose de recréer tout un réseau et exigera du temps et son implication personnelle.

Les questions organisationnelles et financières sont également à prendre en compte. Identifier de nouveaux territoires ayant un besoin non couvert, trouver les personnes adéquates ou les partenaires pour mettre en œuvre le projet peut requérir beaucoup de disponibilité et d'argent. Un risque encore plus important est celui de la dénaturation du projet dans le cas où la personne ou la structure chargée de l'implantation ne porte pas la même vision.

En clair, la question du déploiement nécessite de trouver les partenaires compétents en la matière et de les accompagner sur toutes les questions de l'adaptation à ces contextes nouveaux, en les aidant notamment à distinguer ce qui est modifiable dans l'approche essaimée et ce qui ne l'est pas.

Cette rigueur est indispensable pour quiconque veut faire grandir sa vision sans y perdre son âme.

Enfin, une autre question de fond se pose. Où se situe la limite du déploiement des innovateurs sociaux ? Pour accroître leur impact, peuvent-ils grossir indéfiniment ou faut-il qu'ils unissent leurs efforts avec d'autres ?

***La coopération***

Je suis allée interroger à ce sujet Bill Drayton, le fondateur d'Ashoka.

### Rien de plus puissant que l'entrepreneuriat collaboratif

*Entretien avec Bill Drayton*

**Il y a quarante ans, alors que personne n'évoquait l'entrepreneuriat social, vous avez compris l'importance que le mouvement allait prendre. Fort de cette vision, comment voyez-vous le monde dans les prochaines années ?**

C'est très clair. Le monde d'aujourd'hui fondé sur la hiérarchie, sur un petit nombre de personnes qui pensent et font faire aux autres des tâches répétitives, va disparaître. Nous allons évoluer vers un monde hautement plus fluide organisé en « équipes d'équipes ».

J'imagine le monde de demain comme une compagnie d'acrobates. Les protagonistes sautent d'un trapèze à l'autre et se tiennent fermement les uns aux autres. Si un seul n'attrape pas le suivant, tout s'écroule. Dans cette configuration, les clés de succès ne reposent plus sur des solutions spécifiques ou sur des technologies, qui deviennent obsolètes très rapidement, mais sur la façon dont les gens contribuent à faire le changement.

La qualité la plus importante devient alors l'empathie. Sur elle, reposent toutes les autres : l'aptitude à travailler en équipe, une nouvelle forme de *leadership* et la capacité à prévoir et déclencher le changement.

Et les innovateurs sociaux ont, plus que jamais, un rôle fondamental à jouer.

**Mais ne vont-ils pas, face à l'ampleur des enjeux, être limités par un problème de taille ?**

Le travail des entrepreneurs sociaux est de repérer où doit se faire le changement, de définir l'architecture à mettre en place et de chercher, sans relâche, à le configurer. Leur objectif n'est pas de bâtir une organisation, il est de changer le monde. C'est pourquoi, trouver les moyens de faire basculer les façons de penser et d'agir est fondamental. Et, pour cela, nous travaillons depuis cinq ans sur une voie révolutionnaire : l'entrepreneuriat collaboratif, qui va bien au-delà de l'entrepreneuriat individuel. Il permet aux meilleurs entrepreneurs sociaux, travaillant dans le même domaine à travers le monde, de penser et d'entreprendre ensemble. Cela permet d'atteindre des niveaux de valeur jamais vus auparavant.

Prenons l'exemple de Mary Gordon (Roots of Empathy), elle a augmenté le nombre de classes dans lesquelles elle applique son approche à plus de deux mille dans sept pays mais elle ne pourra jamais intervenir directement dans toutes les classes du monde.

Cependant, Mary fait partie maintenant de la tête d'une « équipe d'équipes » d'entrepreneurs qui œuvrent ensemble pour que, d'ici cinq à six ans, presque tous les enfants du monde puissent maîtriser cette qualité fondamentale dans la vie moderne que constitue l'empathie. Sur les trois mille principaux *fellows* Ashoka, sept cents s'occupent d'enfants et leur effet d'entraînement est essentiel. Des écrivains, des enseignants ainsi que des penseurs ont rejoint ce réseau.

**Alors vous pensez que ce sont ces réseaux d'innovateurs sociaux qui vont changer le monde ?**

Nous n'en sommes qu'au début. Nous réfléchissons ensemble pour détecter un nouveau paradigme, puis nous organisons une équipe d'entrepreneuriat collaboratif pour le prôner. Trois équipes d'équipes, dont celle concernant l'empathie, sont déjà pleinement engagées. Lorsqu'on aura fait basculer sept ou huit secteurs grâce à l'entrepreneuriat collaboratif, chacun saura comment s'engager.

N'oublions pas que déjà aujourd'hui, la moitié de nos *fellows* ont réussi en cinq ans à changer leur politique nationale !

La pertinence de la vision défendue par Bill Drayton ne fait aucun doute. Mais aujourd'hui d'autres acteurs, du secteur privé ou public, du domaine lucratif ou non, s'invitent à la table des réflexions sur le changement social.

Illustration de cette tendance, de nouvelles expressions fleurissent : *social business*, projets BOP, « *Bottom of the pyramid*[9] », CVH (chaînes de valeur hybride). Toutes ces approches, partant d'intentions très louables, vont-elles pouvoir s'articuler sans confusion et mener le monde vers plus d'équité ?

# CONCLUSION

## L'âme du jardin planétaire

Pour la chef d'entreprise que j'étais en commençant ce parcours à la découverte des jardiniers de l'âme, pour la responsable d'association que je suis devenue, chacune de ces rencontres a été très marquante par l'émotion et l'enthousiasme qu'elle a suscités en moi mais aussi par la satisfaction profonde de voir des fenêtres s'ouvrir sur quelque chose d'essentiel. Loin des déclarations doctrinaires de toutes sortes, les jardiniers de l'âme agissent sans faire de bruit mais, si l'on prend la peine de bien les observer, ils constituent sans doute les ferments des changements substantiels dont notre monde a besoin.

Car, en ce début de XXI^e siècle, la jeunesse ne va pas bien. Les inégalités sont de plus en plus flagrantes. Plusieurs centaines de millions d'enfants ou d'adolescents sont en difficulté de toutes sortes – situations de violence ou d'extrême pauvreté, guerres, maladies et handicaps, mauvais traitements – ou tout simplement ne trouvent pas leur place dans la société. C'est presque un sixième de la population mondiale et ce sera, dans les décennies à venir, une proportion encore plus importante avec la démographie galopante prévue dans les régions où précisément les difficultés sont les plus grandes[1], comme certains pays d'Afrique, d'Asie et d'Amérique latine.

Le phénomène ne touche pas seulement les pays en développement, il vient frapper à nos portes. En Europe, la violence ne cesse d'augmenter et concerne des enfants de plus en plus jeunes. Les journaux nous révèlent quotidiennement des cas de passages à tabac ou même de meurtres, à la sortie des écoles. Dans de nombreuses banlieues françaises, le taux de chômage chez les moins de vingt-cinq ans atteint plus de 50 %. Quelles peuvent être les perspectives de tous ces jeunes ?

Les crises financière et économique que nous traversons ont un effet paradoxal. D'un côté, elles aggravent la situation, en creusant encore les inégalités et en ajoutant de l'exclusion, mais, d'un autre côté, elles permettent une prise de conscience des limites du système « tout économique » et appellent à de nouveaux modèles. Des modèles où l'être humain est plus respecté, où la diversité est favorisée, où la qualité de vie prime sur l'abondance de biens.

Notre monde arrive aujourd'hui à un point de bascule où des changements profonds sont nécessaires. Dans ce contexte, on ne peut plus s'appuyer sur la connaissance ou le formatage de la pensée tels qu'ils découlent souvent du système éducatif traditionnel. Il faut savoir réinventer constamment, être créatif, expérimenter en acceptant le droit à l'erreur, tout en s'appuyant sur ce que Edgard Morin appelle un « socle de valeurs ».

Et, pour tout cela, les expériences de nos jardiniers de l'âme sont riches d'enseignements.

## Des enseignements essentiels pour notre futur

Tout d'abord, ils rappellent l'importance de s'intéresser aux enfants et aux adolescents. C'est fondamental sur un plan éthique car il n'y a pas de plus grande injustice que celle qui les touche. Il en va aussi de notre avenir. Des blessures non prises en compte peuvent marquer toute une vie, des mauvais comportements peuvent dégénérer, un sentiment de rejet peut entraîner la révolte. On ne doit pas laisser en friche toutes ces souffrances enfouies ni ignorer le développement d'une colère rampante. Les événements récents du printemps arabe ou des « indignés » sont là pour nous le rappeler. Or les jeunes ont une capacité exceptionnelle à enregistrer, comprendre, acquérir de bonnes habitudes. En les exhortant, dès qu'une difficulté survient, à « se composter eux-mêmes, c'est-à-dire transformer leurs toxines en ferments pour la vie », comme le dit Pierre Rabhi[2], en apprenant à vivre ensemble, en permettant à tous de s'intégrer dans la société, les jardiniers de l'âme tracent le chemin vers une société plus équitable et plus pacifique.

Ils cultivent aussi des valeurs dont le monde de demain aura besoin. D'un environnement de terre et de détritus, ils sont capables de faire sortir un parterre de fleurs vivaces et multicolores. Il leur faut beaucoup de courage et de ténacité pour laisser chaque plante pousser à son rythme. Certaines sont plus lentes, d'autres sont moins belles, ou moins conformes, ce n'est pas une raison pour leur prêter moins d'attention, bien au contraire. Ils savent que la richesse est dans la diversité. Reconnaître l'autre dans son altérité, élargir ses horizons constituent des piliers d'une société de plus en plus multiculturelle.

Ils incitent à l'empathie dès le plus jeune âge car c'est le meilleur rempart à l'incompréhension et à l'intolérance, à l'origine de nombreux conflits. Comme ceux qui s'intéressent à l'âme, ils savent que l'épanouissement passe par l'élévation de sa conscience, par le fait de donner un sens à ses actions et à sa vie. C'est bien la direction de l'ère postmatérialiste dans laquelle nous entrons.

Enfin, en adoptant des approches innovantes dont ils prouvent l'efficacité, ils ouvrent une réflexion nouvelle et un approfondissement de nos pratiques. Ils invitent à développer d'autres stratégies d'apprentissage dont tous les jeunes pourront bénéficier.

À l'instar du biologiste qui se concentre sur l'analyse d'un échantillon précis pour en étendre ensuite les résultats à un champ beaucoup plus large, les jardiniers de l'âme jouent un rôle de laboratoire pour apprivoiser l'art, l'humour, la symbolisation, les activités corporelles. Cet appel à l'intelligence sensible, intuitive et créative conduit à une éducation, ne se limitant pas à l'acquisition de savoirs, mais favorisant l'émergence de facultés nouvelles.

À l'époque de la dictature de l'immédiateté, ces expériences novatrices nous enseignent aussi que le détour est souvent la façon la plus sûre d'atteindre son but, même si cela doit prendre un peu plus de temps. Car ce temps « perdu » constitue une étape nécessaire pour le déroulement fluide des suivantes. Et ce qui est considéré comme superflu, par les obsessionnels du résultat immédiat, tangible et mesurable, peut se révéler l'essentiel.

Cette ouverture à la tolérance, à l'émotionnel et à la spiritualité, que suscitent les jardiniers de l'âme, est une des voies les plus efficaces pour combattre les points de vue rigides et dogmatiques, et par là apporter plus de paix et de solidarité. Mais comment transformer ces quelques expériences exemplaires en vecteurs de changement pour le monde ?

## Changer le monde : l'affaire de tous

Les jardiniers de l'âme n'y arriveront pas seuls. Dotés de structures de taille modeste, dispersés géographiquement, peu organisés entre eux, agissant souvent dans l'ombre, ils ne pèsent pas encore bien lourd dans la balance planétaire, même si un travail énergique est en train de s'opérer pour accroître la visibilité de l'ensemble des acteurs de l'innovation sociale[3].

Une première étape, outre le déploiement géographique des actions, consiste à travailler avec ses pairs pour atteindre un seuil critique, ce que Bill Drayton nomme « l'entrepreneuriat social collaboratif ». Et les résultats sont déjà surprenants. Mais cette force du réseau ne doit pas faire perdre de vue la nécessité, face à l'ampleur de la question, de se tourner aussi vers d'autres opérateurs.

Depuis peu, l'écosystème y est favorable. Institutions internationales, pouvoirs publics, entreprises prennent petit à petit conscience de la nécessité de participer à cette transformation, comme en témoignent des signaux clignotant ici et là.

À titre d'exemples : le grand emprunt (PIA), lancé fin 2010, consacre 100 millions d'euros pour financer des projets à finalité sociale ; la Commission européenne a intégré, en avril 2011, l'entrepreneuriat social comme un de ses chantiers prioritaires et, en novembre prochain, elle doit annoncer de nouvelles mesures en faveur du secteur. Un événement très attendu par beaucoup d'entre nous ! Sans compter plusieurs projets en discussion notamment sur la labellisation sociale, la création d'un fonds d'investissement solidaire et la mise en place d'une banque sociale européenne.

Le privé est également engagé dans une mutation. Il est passé du mécénat à la politique de la RSE (Responsabilité sociale d'entreprise), et aujourd'hui intègre de plus en plus la dimension sociale dans sa chaîne de valeurs. Cela se traduit par des rapprochements avec des organisations non lucratives pour lancer des *social business* ou encore par l'offre de produits ou services spécialement conçus pour les plus pauvres (stratégie BOP, « *Bottom of the pyramid* »).

Toutefois le moteur du changement social n'est ni dans les organisations, ni dans les finances, ni dans les concepts, mais dans les personnes. Pour bouger, la société a besoin de gens créatifs, animés d'une volonté inébranlable pour trouver des solutions innovantes et prêts à placer toute leur énergie à leur faire prendre racine. C'est ce que font beaucoup d'associations et plus généralement le secteur privé non lucratif, auquel se rattachent les innovateurs sociaux. Leur pragmatisme les affranchit des contraintes du « politiquement correct ». Ils peuvent, comme tout un chacun, se tromper mais leur souplesse leur permet de rectifier très facilement leurs erreurs d'autant plus qu'ils ne sont pas embourbés dans des intérêts contradictoires. Au moment du choix, c'est toujours l'intérêt social qui les guide car c'est leur raison d'être.

Ensuite, pour que le changement s'enracine, ils ont besoin d'être soutenus et d'agir à une échelle plus large. Les gouvernements et collectivités territoriales peuvent les y aider en leur apportant une légitimité, une visibilité et des financements. Même si les fonds disponibles se réduisent de façon drastique, les pouvoirs publics disposent d'autres leviers, comme la sous-traitance de prestations de service ou l'inclusion de clauses sociales dans les marchés publics, concernant l'insertion professionnelle de jeunes en difficulté par exemple, ou encore l'obligation faite aux entreprises de consacrer une partie de l'épargne salariale à des projets sociaux.

Les entreprises elles-mêmes peuvent mener des actions concrètes en finançant le développement des innovateurs sociaux et en les soutenant professionnellement dans leur déploiement. À travers les stages et les embauches, elles ont aussi les moyens d'aider beaucoup de jeunes en recherche de repères professionnels. Elles ont tout à y gagner : la notoriété, la découverte de nouveaux marchés et de nouvelles façons d'opérer. Et surtout de répondre à une attente de leurs salariés, car ceux-ci sont de plus en plus demandeurs d'engagements collectifs dans des initiatives à vocation sociétale. Pour les jeunes, c'est même souvent un élément dans le choix de leur futur employeur. 70 % des étudiants déclarent intégrer des critères éthiques dans leur recherche d'emploi.

Mais ne nous y trompons pas ! Fondamentalement, chaque acteur, si ouvert soit-il, restera en priorité dans sa propre logique : les politiques seront toujours tributaires des échéances électorales à court terme et les entreprises continueront à être soumises à des exigences de rentabilité.

La solution se trouve donc dans la conjonction d'intervention des différentes parties prenantes. Mais peut-on marier la carpe et le lapin ? Tâche complexe effectivement. Plutôt que d'union sacrée pour le meilleur et pour le pire, il est préférable de viser des alliances dans lesquelles les protagonistes partagent, pour une opération donnée, un même but, tout en restant conscients d'être mus par des motivations différentes.

Cette coconstruction entre les trois secteurs, mouvement associatif et solidaire, public, et privé lucratif, dans laquelle les intérêts ne sont pas confondus, mais où, au contraire, la réflexion se nourrit des différences, constitue sans doute une des directions qui permettra de porter à terme une mutation en profondeur.

En attendant, et depuis plus de vingt ans, nos jardiniers de l'âme se battent chaque jour pour exister. Ils ont besoin en urgence de soutiens tangibles. Ils sont en France, en Colombie, au Venezuela, en Suisse, en Inde, en Pologne et ailleurs, ils n'attendent souvent qu'un coup de pouce pour semer du bonheur chez toujours plus d'enfants et de jeunes.

Bien sûr, ils ne révolutionneront pas, à eux seuls, le monde, mais ils représentent les bateaux pilotes qui ouvrent la voie aux gros paquebots et donnent l'exemple. Ils sont aussi les fers de lance d'un mouvement beaucoup plus large. Des centaines de milliers de personnes, à travers les réseaux associatifs ou seules, de façon discrète et anonyme, s'occupent d'enfants défavorisés après l'école, pendant les vacances et cultivent chaque jour des semences d'espoir chez les plus démunis. Des jardiniers, eux aussi...

Nous sommes à une période passionnante de notre Histoire. Le changement sociétal est à notre porte, il connaît encore beaucoup de résistances. Les nouvelles générations, qui ont grandi dans l'ouverture des frontières et des cultures, ont pu constater les excès de nos systèmes. Elles pourraient incarner ce changement si elles arrivaient à ne pas se faire rattraper, en avançant dans leur vie, par leurs intérêts à court terme. Pour cela, elles ont besoin du soutien de l'ensemble des citoyens. Chacun de nous a un rôle à jouer en tant que parent, travailleur, consommateur, investisseur, contribuable.

Car le véritable enjeu est la mobilisation de tous pour conduire vers un futur où l'humain retrouvera sa juste place, où chaque enfant, chaque jeune, quelle que soit sa situation, se sentira plus utile, acteur et responsable au sein de notre jardin planétaire.

# ANNEXES

# Notes

## Préface

1. Glenn E. Richardson, « The Metatheory of Resilience and Resiliency », *Journal of Clinical Psychology*, vol. 58, 3, 307-321, 2002.

2. Serge Tisseron, *La Résilience*, Paris, 2007.

3. *Idem*, *L'Empathie, au cœur du jeu social*, AlbinMichel, 2010.

## Introduction

1. Pierre Ceyrac, *Tout ce qui n'est pas donné est perdu,* Desclée de Brouwer, 2000.

2. Parole d'un sage indien : Swami-Siddeswa-Rananda.

3. Ce centre existe toujours, il est aussi devenu centre de formation. Il est situé sur ECR (East Coast Road) à 60 km au nord de Pondichéry.

4. Carl Rogers, *Psychothérapie et relations humaines.*

## I. Surmonter l'adversité pour renouer avec la vie

### *James Sebastine*

1. Étude faite à Madagascar par REPER, réseau d'échanges pour les enfants des rues créé à la suite de la Charte de Rufisque de 1995 qui définit les principes fondamentaux devant régir les programmes en faveur des enfants des rues.
2. REPER, *op. cit.*
3. Boris Cyrulnik, *Un merveilleux malheur*, Odile Jacob, 1999.
4. La méthode ESAR (exercice, symboliques, assemblages, règles) a été établie par Denise Garon à partir des travaux de Jean Piaget.
5. 12e Conférence internationale de l'APCCAN qui s'est tenue en Australie en octobre 2009 (Conference on Child Abuse and Neglect).

### *Caroline Simonds*

1. *Le Rire médecin, journal du Dr Girafe*, de Caroline Simonds et Bernie Warren, Pocket, 2004.
2. *Op. cit.*
3. Nom donné par les clowns hospitaliers aux enfants de l'hôpital.
4. D.W. Winnicott, *Jeu et réalité,* Gallimard, Folio Essais, 1975.

### *Marie-Dominique Genoud-Champeaux*

1. Psychologue, auteur notamment de *Deuil et santé*, Odile Jacob, 1997.
2. R. A. Weller, E. B. Weller, M. A. Fristad et J. M. Bowes. Art. *Depression in Recently Bereaved Prepubertal Children*, by American Psychiatric Association, 1991.
3. Jean Piaget, *La Représentation du monde chez l'enfant*, Alcan, 1926.
4. Cette citation de M.-D. Genoud-Champeaux est extraite du chapitre « As'trame : un chemin de reliance pour les enfants

en deuil et pour leurs familles » dans *La Mort d'un parent, le Deuil des enfants*, ouvrage collectif sous la direction de Michel Hanus, Vuibert, Espace Éthique, 2008.

5. *Op. cit.*

## II. Sortir des situations d'exclusion et apprendre à vivre ensemble

### *Gérard Garouste*

1. Différents concepts ont été créés par les sociologues pour rendre compte du phénomène : « déclassement » (Bourdieu, 1978), « désaffiliation » (Castel, 1995), « désinsertion ou désaffectation » (Queiroy, 1996), « disqualification sociale » (Paugam, 1996).

2. Martin Hirsch, avec Sylvaine Villeneuve, *La Pauvreté en héritage : 2 millions d'enfants pauvres en France*, Robert Laffont, 2006.

3. Gérard Garouste et Judith Perrignon, *L'Intranquille*, L'iconoclaste, 2009.

4. *Télérama*, n° 3028, 26 janvier 2008.

5. *L'Intranquille, op.cit.*

6. *L'Humanité*, 29 juin 1999.

7. *L'Intranquille, op. cit.*

8. L'agrément officiel « centre social » a été délivré à *La Source* par la Caisse d'allocations familiales de l'Eure en 1998.

9. Centres sociaux, instituts médico-éducatif (IME), maisons des jeunes et de la culture (MJC), foyers de l'enfance, etc.

10. ADAE, Association départementale pour l'aide à l'enfance, UTAS, Unité territoriale d'action sociale d'Évreux, CDAS, centres départementaux d'action sociale, centres sociaux du département.

### *Maria Schejbal*

1. Étude de la Commission européenne : Pauvreté et exclusion dans les zones rurales, septembre 2008.

2. Rapport du programme des Nations unies pour le contrôle international des drogues (Pnucid) du 26 juin 2002.
3. Études financées par l'UE dans le cadre du programme MOSAIC. Ces chiffres sont extraits d'un article de Teresa Jakubowska dans www.genreenaction.net, 28 février 2007.
4. « The Giving Tree », pièce de Shel Silverstein.

*Mary Gordon*

1. Éric Debarbieux, *Violence à l'école : un défi mondial ?*, Armand Colin, 2006.
2. Tremblay, R., Nagin, D., Séguin, J., Zoccolillo, M., Zelazo, P., Boivin, M., Pérusse, D. et Japel, C. (2004), « Physical Aggression During Early Childhood : Trajectories and Predictors », *Pediatrics*, 114, e43-e50.
3. *Violence à l'école : un défi mondial ?*, *op. cit.*
4. Vincent Troger, « La violence scolaire », *Sciences humaines*, 2006.
5. Mary Gordon, *Roots of Empathy : Changing the World Child by Child*, Thomas Allen, 2007.
6. Exemple relaté dans le livre *Roots of Empathy*, *op. cit.*

## III. Bâtir un projet de vie et s'intégrer dans la société

*Hector Cobo et Felicity Simpson*

1. Ensemble de témoignages fournis par Manuel Ruiz Salazar, directeur administratif et financier de l'école *Circo para todos* à Cali.
2. *Idem.*
3. *Idem.*
4. *Idem.*

*José Antonio Abreu*

1. Fundación del Estado para el Sistema Nacional de las Orquestas Juveniles e Infantiles de Venezuela (Fesnojiv).

2. Jean-Claude Decalonne, luthier en instruments à vent. *Fellow* Ashoka. http://www.passeursdarts.org/

## IV. Les facteurs favorisant le mieux-être des jeunes

1. Philippe Porret, psychanalyste à Paris et écrivain.

2. *Un merveilleux malheur, op. cit.*

3. *L'Empathie au cœur du jeu social, op. cit.*

4. Voir notamment Stephan Vanistendael, « La résilience ou le réalisme de l'espérance. Blessé, mais pas vaincu », dans *Les Cahiers du BICE*, Bureau international catholique de l'enfance.

5. D'après Bruno Bettelheim. La citation complète est « la plus grande importance du jeu est le plaisir immédiat que l'enfant en tire et qui se prolonge en joie de vivre. Il est également l'outil essentiel qui le prépare dans les tâches à venir ».

6. Art. 31 : « Tout enfant a droit au repos et aux loisirs, de se livrer au jeu et à des activités récréatives propres à son âge. »

7. Entretien avec Odile Périno, fondatrice du Centre national de formation aux métiers du jeu et du jouet, 3 juillet 2008.

8. Youphil, 20 octobre 2010.

9. Des scientifiques anglais ont mené une étude en 2005, sous la direction du Dr Mark Griffiths de l'université de Nottingham.

10. Selon Labott, S. M. S. Ahleman, M. Wolever, and R. Martin, « The Physiological and Psychological Effects of the Expression and Inhibition of Emotion », *Behavioral Medicine*, 16.4 (1990).

11. D'après D. W. Winnicott : « L'activité artistique qui donne le sentiment que la vie vaut la peine d'être vécue » dans *Jeu et réalité, op. cit.*

12. Entretien avec Philippe Valls, cofondateur de l'association Enfants réfugiés du monde, 22 avril 2009.
13. Colas Duflo, *Jouer et philosopher*, PUF, 1998.
14. Sonali Ojha, fondatrice fondation Dreamcatchers.
15. André Malraux, *Les Antimémoires*, Gallimard, 1967.
16. Tim Guénard, *Plus fort que la haine*, J'ai lu, 2000.
17. IAPC (Institute for the Advancement of Philosophy for Children), Montclair State College, Upper Montclair, New Jersey, USA.
18. *Université intégrale* – 10 mars 2009 sur le thème : comment répondre de manière positive, durable et intégrale à la crise systémique contemporaine dans ses dimensions économique, sociale et écologique ?
19. Michel Manciaux, « L'enfant et la résilience », *Bulletin des médecins suisses*, 2000.
20. Unesco, rapport mondial, « Investir dans la diversité culturelle et le dialogue interculturel », 2010.
21. Aurobindo Sri, *Une nouvelle éducation pour une nouvelle conscience,* choix de textes de Sri Aurobindo et de la Mère, publié par Sri Aurobindo, Ashram Trust, 2010.
22. 23,3 % au second semestre 2010 (chiffres OCDE).

**V. Les conditions de réussite des projets**

1. *Développer l'entrepreneuriat social,* le livre blanc du Collectif CODES et de cent entrepreneurs sociaux : Osez maintenant. IDIES.
2. Amandine Barthélémy, Romain Slitine, *Entrepreneuriat social : innover au service de l'intérêt général,* Vuibert, 2011.
3. Maria Nowak, *L'Espoir économique*, Lattès, 2010.
4. European Venture Philanthropy Association, www.evpa.eu.com
5. L'association Siel Bleu est un acteur de prévention-santé qui utilise notamment l'activité physique adaptée comme moyen d'action.

6. *Le rapport Stiglitz : Pour une vraie réforme du système monétaire et financier,* Éd. Les liens qui libèrent, 2010.

7. La Fondation de France est en avance sur ce point et a, par exemple, financé l'évaluation d'un programme mené en Indonésie par *Chemins d'enfances* à la suite du tsunami en 2004.

8. Le retour social sur investissement (SROI) permet d'évaluer l'utilité sociale – voir la méthode développée par URD et l'outil Internet « *Social E-Valuator* » de la fondation Noaber.

9. C. K. Prahalad : « *Fortune at the bottom of the pyramid : eradicating poverty through profits.* »

**Conlusion**

1. 95 % de la croissance de la population mondiale a son origine dans les régions les moins développées et 5 % dans les pays développés. United Nations, World Population to 2003 Prospects, 2004.

2. Pierre Rabhi, agriculteur et philosophe, fondateur de « Colibris », Mouvement pour la terre et l'humanisme.

3. Notamment à travers le Mouves et Ashoka.

# Bibliographie


Aimar, Paule, *Les Bébés de l'humour*, 1988.

Aurobindo, Sri, *Une nouvelle éducation pour une nouvelle conscience*, choix de textes de Sri Aurobindo et de la Mère, publié par Sri Aurobindo, Ashram Trust, 2010.

Bacqué, Marie-Frédérique, *Deuil et santé*, Odile Jacob, 1997.

*Idem* et Hanus, Michel, *Le Deuil*, PUF, Que sais-je n° 3558, 2009.

Barthélémy, Amandine et Slitine, Romain, *Entrepreneuriat social : innover au service de l'intérêt général*, Vuibert, 2011.

Bergson, Henri, *Le Rire : essai sur la signification du comique*, La Revue de Paris, 1889.

Bettelheim, Bruno, *Psychanalyse des contes de fée*, Robert Laffont, 1999.

*Idem*, *Pour être des parents acceptables – Une psychanalyse du jeu*, Robert Laffont, 1988.

Borello, Jean-Marc, *SOS contre toute attente*, Conversations Solidaires, Rue de l'Échiquier, 2009.

Borstein, David, *Comment changer le monde*, La Découverte, 2005.

Ceyrac, Pierre, *Tout ce qui n'est pas donné est perdu*, Desclée de Brouwer, 2000.

*Idem*, *Mes racines sont dans le ciel*, Presses de la Renaissance, 2004.

Charençon, Géraldine et Pache, Anne-Claire, « Changer d'échelle », *Revue internationale de l'Économie sociale*, n° 305.

Cyrulnik, Boris, *Un merveilleux malheur*, Odile Jacob, 1999.

Dartiguepeyrou, Carine, *Prospective d'un monde en mutation*, Collectif sous sa direction, L'Harmattan, 2010.

Debarbieux, Éric, *Violence à l'école, un défi mondial*, Armand Colin, 2006.

Delaye, Laurence, *Handilud : un guide de 80 jeux et jouets*, Quai des Ludes, 2007.

Duflo, Colas, *Jouer et philosopher*, PUF, 1998.

*Entreprendre autrement*, Alternatives économiques, octobre 2007.

Garon, Denise, *Le Système ESAR. Guide d'analyse, de classification et d'organisation d'une collection de jeux et de jouets*, Électre-Cercle de la librairie, 2002.

Garouste, Gérard, avec Judith Perrignon, *L'Intranquille*, L'iconoclaste, 2009.

Genoud-Champeaux, Marie-Dominique, *La Mort d'un parent, le Deuil des enfants*, sous la direction de Michel Hanus, Vuibert, 2008.

Gordon, Mary, *Roots of Empathy* : *Changing the World Child by Child*, Thomas Allen, 2007.

Guénard, Tim, *Plus fort que la haine*, J'ai lu, 2000.

Harris, David Alan, « Dance/movement therapy approaches to fostering resilience and recovery among African adolescent torture survivors », *Journal on Rehabilitation of Torture Victims and Prevention of Torture*, 17(2) : 134-155.

*Idem*, « Dance and Child Soldiers », Foreign Policy in *Focus* : June 15, 2009.

Henckel, Jean-Guy, *Dans un pays de cocagne*, Conversations solidaires, Rue de l'Échiquier, 2009.

Hirsch, Martin, avec Sylvaine Villeneuve, *La Pauvreté en héritage*, Robert Laffont, 2006.

IDIES, *Développer l'entrepreneuriat social, le livre blanc, CODES* (Collectif pour le développement de l'entrepreneuriat social).

Malraux, André, *Les Antimémoires*, Gallimard, 1967.

Manciaux, Michel, « L'enfant et la résilience », *Bulletin des médecins suisses*, 2000.

Nowak, Maria, *L'Espoir économique*, Lattès, 2010.

Perino, Odile, *Des espaces pour jouer : comment les concevoir, comment les aménager*, Éres, 2006.

Piaget, Jean, *La Représentation du monde chez l'enfant*, Alcan, 1926.

*Idem*, *La Formation du symbole chez l'enfant*, Delachaux et Niestlé, 1978.

Porret, Philippe, *Joyce McDougall, une écoute lumineuse*, Campagne-Première, 2006.

*Idem*, *Paris sur le divan*, Parismages, 2011.

Ricard, Mathieu, *Plaidoyer pour le bonheur*, Pocket, 2004.

Rogers, Carl, *Psychothérapie et relations humaines*, ESF, 2009.

Rousseau, Jean-Jacques, *L'Émile ou De l'éducation*, Flammarion, 2009.

Schejbal, Maria et Molicka, Rachela, *Theatre and therapy*, édition polonaise.

Seghers, Virginie et Allemand, Sylvain, *L'Audace des entrepreneurs sociaux*, Autrement, 2007.

Sibieude, Thierry et Trellu-Kane, Marie, *L'entreprise sociale, aussi, a besoin d'un buisness plan*, Rue de l'Échiquier, 2011.

Sibille, Hugues et Ghezali, Tarik, *Démocratiser l'économie, le marché à l'épreuve des citoyens*, Grasset, 2010.

Simonds, Caroline et Warren, Bernie, *Le Rire médecin, journal du Dr Girafe*, Pocket, 2004.

Stora, Michael, *Guérir par le virtuel*, Presses de la Renaissance, 2005.

Tisseron, Serge, *L'Empathie au cœur du jeu social*, Albin Michel, 2010.

*Idem*, *La Résilience*, PUF, 2007.

Travert, Maxime, *L'Envers du stade. Le football, la cité et l'école*, L'Harmattan, 2003.

Troger, Vincent, *La Violence scolaire*, Revue Sciences Humaines, 2006.

Unesco, rapport mondial, *Investir dans la diversité culturelle et le dialogue interculturel*, 2010.

Vanistendael, Stefan, « La résilience ou le réalisme de l'espérance. Blessé, mais pas vaincu », *Les cahiers du BICE*.

Valls, Philippe, avec Nicole Dagnino, *La Malle de jeu internationale*, Fondation de France.

Verdiani, Antonella, *Thèse sur l'éducation à la joie.*

Winnicott, Donald W., *Jeu et réalité*, Gallimard, Folio Essais, 1975.

Yunus, Muhammad, *Pour une économie plus humaine*, Lattès, 2011.

## Sites Internet

| | |
|---|---|
| American Dance Therapy | www.adta.org |
| Association Antropia | http://antropia.essec.fr/ |
| Ashoka | www.ashoka.org |
| As'Trame | http://www.astrame.ch/ |
| AVISE | http://www.avise.org/ |
| Cap Saaa | www.capsaaa.net/ |
| Center for Victims of Torture | http://www.cvt.org/ |
| Chemins d'Enfances | www.cheminsdenfances.org/ |
| Child to Child International | http://www.childtochild.org/ |
| Cigales | http://www.cigales.asso.fr/ |
| Circo para Todos | http://www.cali.gov.co/sil/sil.php ?id=1847 |
| Club de Budapest | http://clubdebudapest.org/ |
| École 2e Chance Marseille | www.e2c-marseille.net |
| El Sistema | www.fesnojiv.gob.ve/ |
| Entreprendre autrement | www.reseau-entreprendre.org/ |
| ESSEC Chaire entrepreneuriat social | http://www.essec-entrep-social.com/fr/ |
| European Venture Philanthropy Association | www.evpa.eu.com |
| Formation aux Métiers du Jeu et du Jouet | www.fm2j.com |
| Fondation Dreamcatchers | www.foundationdreamcatcher.com/ |

| | |
|---|---|
| Fondation Schwab (Entrepreneuriat social) | www.schwabfound.org/ |
| Grodzki Theater | http://www.teatrgrodzki.pl/english/zaz.html |
| Guarrigue | http://www.garrigue.net/ |
| Harris David Alan | http://www.global-wellbeing.org |
| IDES | http://www.esfin-ides.com/ |
| La Source | http://www.associationla-source.fr |
| Le Rire médecin | http://www.leriremedecin.asso.fr/ |
| Les Invités au Festin | www.lesinvitesaufestin.fr |
| Mouves | www.mouves.org/ |
| Nanban | www.nanbanindia.org/ |
| NEF | www.lanef.com/ |
| Père Ceyrac (Association) | http://ceyrac.free.fr/ |
| Phi-Trust Partenaires | www.phitrustpartenaires.com |
| REPER | http://www.enfantsdesrues-reper.org |
| Roots of Empathy | http://www.rootsofempathy.org/ |
| SIFA-France Active | www.franceactive.org |
| Sport dans la ville | www.sportdanslaville.com/ |

# Autres initiatives remarquables
# Tour d'horizon

*Cette liste a été établie avec le maximum d'attention, en fonction des éléments que nous connaissons. Il est possible que nous ayons oublié certains projets tout aussi remarquables. D'avance, que leurs porteurs veuillent bien nous en excuser.*

## LE RIRE, L'HUMOUR ET LES ACTIVITÉS LUDIQUES

**Alliance for Childhood**
http://www.allianceforchildhood.org/playwork
Réseau de réflexion et d'action de personnes visant à travailler ensemble pour améliorer les soins et l'éducation des enfants. Plate-forme qui travaille aux niveaux local, national et international et qui place le jeu comme une activité essentielle pour l'enfant.

**Boundless Playgrounds**
http://www.boundlessplaygrounds.org
Aide à la création d'espaces ludiques adaptés au public d'enfants handicapés pour permettre aux enfants de mieux vivre ensemble.

**CIELO**
http://cielo.over-blog.org/
Développe un réseau de ludothèques dans des pays en voie de développement.

**Clowns sans frontières** (Association)
http://www.clowns-sans-frontieres-france.org/
Se développe autour de trois axes : les spectacles, les ateliers et l'échange avec des artistes locaux. CSF France fait partie d'un mouvement international, aux côtés d'autres Clowns sans frontières dans le monde.

**Disability challengers** (Association)
http://www.disability-challengers.org/ourservices/thefuture
Association britannique proposant des centres ludiques pour des enfants handicapés et non handicapés.

**Docteur clown** (Association)
http://www.docteurclown.org/index.html
Apporte aux enfants hospitalisés rires, couleurs, magie, contes et musique.

**Fondation Curarte**, Madrid
http://www.fundacioncurarte.org
Développe des jeux créatifs pour les hôpitaux comme une source thérapeutique pour les enfants qui séjournent longtemps à l'hôpital.

**Fondation Sabrina et Camillo**
http://www.sabrinaandcamillo.com
Programme « guérir les enfants malades avec le sourire ». Organisme qui a pour objectif de contribuer à l'amélioration de la qualité de vie des enfants défavorisés pour faire en sorte qu'eux aussi se sentent choyés. La fondation s'adresse essentiellement aux enfants du Canada.

**Les blouses roses** (Association)
http://www.lesblousesroses.asso.fr/
L'association a pour mission de distraire les malades de tout âge,

du bébé à la personne âgée, par des activités ludiques, créatives ou artistiques.

**Les enfants du lude** (Association)
http://www.lesenfantsdulude.org
Ludothèque fixe, ludothèque mobile et expérience du jeu dans un contexte humanitaire.

**Les enfants du jeu** (Association)
http://www.les-enfants-du-jeu.com/
L'association développe trois secteurs d'activité autour du jeu : la ludomobile, la formation, l'accompagnement, et la ludothèque, pour offrir le plaisir de jouer, en tous lieux, à tout âge.

**Petits princes** (Association)
http://www.petitsprinces.com/
En vivant sa passion et en réalisant ses rêves, l'enfant trouve une énergie supplémentaire pour se battre contre la maladie et se projeter dans l'avenir. Plusieurs projets sont organisés pour un même enfant en fonction de ses traitements médicaux et de son hospitalisation.

**Quai des ludes**
http://www.quaideludes.com
Quai des ludes est un lieu de jeu et de rencontres autour du jeu, pour les familles et les collectivités ; c'est un centre d'animation visant à faire reconnaître l'importance du jeu pour tous.

**Rêves** (Association)
http://www.reves.fr/
L'association réalise les rêves des enfants malades. Lorsqu'un enfant ou un adolescent très malade vit un rêve qu'il croyait irréalisable, il se dit qu'il faut avoir confiance en l'avenir, que la vie ne l'a pas oublié et que d'autres beaux projets se réaliseront encore.

**Right to play** (Association)
http://www.righttoplay.com
À travers les sports et les jeux, susciter des changements positifs

en travaillant auprès des enfants, des jeunes, des entraîneurs et des gouvernements, et ce dans des lieux et conditions parmi les plus difficiles au monde.

**Satya Special School**
http://www.satyaspecialschool.org/
Pondichéry, Inde. École spéciale pour enfants handicapés. A mis en place un espace ludique.

## LES ACTIVITÉS ARTISTIQUES, L'ART THÉRAPIE

**American Dance Therapy Association** (ADTA)
http://www.adta.org/
L'association forme des thérapeutes qui utilisent la danse et le mouvement comme des outils puissants pour promouvoir la santé mentale et émotionnelle.

**A.R.T. (Art for Refugees in Transition)** (Association)
http://www.artforrefugees.org/
L'association travaille avec les enfants déplacés et réfugiés (Thaïlande, Kosovo, Colombie, États-Unis). S'appuyant sur les formes d'art autochtones de chaque communauté, les programmes sont conçus pour permettre aux « anciens » d'une culture d'éduquer et d'intégrer la jeune génération dans leurs traditions culturelles (art, chant, danse), en aidant les communautés de réfugiés à surmonter le traumatisme lié à la guerre ou aux catastrophes naturelles.

**Couleurs du cœur** (Association)
http://www.couleursducoeur.org/p/association.html
Association humanitaire qui promeut l'art-thérapie en offrant les services d'art-thérapeutes aux personnes en difficulté sociale, psychique et/ou physique. L'action art-thérapie pour les enfants d'Haïti est actuellement menée dans des orphelinats, hôpitaux et écoles de Port-au-Prince auprès d'enfants victimes du séisme.

**DrawBridge** (Association)
http://www.drawbridge.org/
Association américaine qui travaille auprès des enfants abandonnés ou très vulnérables pour leur redonner joie et créativité à travers l'art.

**Fondation AMARTI**
(Art thérapie multiculturelle en aide à la résilience des traumatismes)
http://www.amarti.org/arttherapie.html
Amarti est un projet humanitaire fondé sur l'usage créatif et thérapeutique des arts. Il a pour cible des groupes sociaux ayant subi des traumatismes psychologiques profonds et durables, dommageables à long terme pour les générations suivantes (victimes de guerre ou de génocide, de catastrophes naturelles ou écologiques ; réfugiés et déplacés ; enfants des rues…).

**Maisons des adolescents** (Maison de Solenn à Paris)
www.mda.aphp.fr
Les MDA accueillent et proposent des soins pluridisciplinaires aux adolescents en difficulté en s'appuyant sur leur spécificité et leur créativité. Partant du constat que la création artistique est un moyen privilégié pour accéder à un besoin de rechercher son être par toutes les voies possibles, ce qui caractérise l'adolescence, elles développent toutes sortes d'ateliers artistiques et culturels.

**Médecins de l'imaginaire** (Association)
http://www.espace-imaginaire.com/
De nombreux hôpitaux (Necker, Saint-Louis…) accueillent l'association au sein de leurs services pour accompagner les petits ou les grands patients et leurs familles à l'aide de programmes d'art thérapie (peinture, musique, danse, théâtre).

## LA PRATIQUE MUSICALE

**Crear vale la pena** (Association)
http://www.artfactories.net/Crear-vale-la-pena-Buenos-Aires.html
L'association argentine cherche à développer et à diffuser un modèle de développement social luttant contre l'exclusion afin d'améliorer la qualité de vie des enfants issus des quartiers pauvres. Le projet vise à la formation musicale et instrumentale d'enfants et adolescents.

**Drapos**
(Développement rayonnement des pratiques orchestrales scolaires)
www.drapos.org
Association des pédagogies des orchestres scolaires.

**Musequality**
http://www.musequality.org
Donne la possibilité aux enfants vulnérables des pays en développement de monter des projets musicaux (projets actuellement en Ouganda, Afrique du Sud).

**Musique espérance région Lyon (MERL)**
http://www.musique-esperance-region-lyon.fr/
Se situe sur le registre de la prévention de la délinquance. Son action vise à promouvoir auprès des jeunes « la musique autrement », c'est-à-dire la musique comme mode d'expression pacifique de leurs sentiments : il est préférable « qu'ils chantent leur histoire plutôt que de brûler des voitures ».

## LES ACTIVITÉS SPORTIVES

**Athlètes du monde** (Association)
http://www.athletesdumonde.org/fr/Ses_Missions.html
Athlètes du monde met en place des programmes sur le terrain pour répondre à des problématiques humanitaires, notamment

celles de l'enfance en détresse (enfants des rues, enfants victimes de la guerre, enfants maltraités, enfants exploités).
Projet au Liberia – Centres sportifs pour ex-enfants-soldats – a pour objectif de réintégrer les anciens enfants-soldats libériens dans la société par le biais d'activités sportives en canalisant leur agressivité et en la réorientant de manière positive.

**Émergence** (Association)
http://www.emergence-asso.fr/
Émergence (Le Havre) agit pour l'insertion sociale et professionnelle par la pratique sportive, notamment la boxe, dans des centres sportifs permettant de désenclaver les quartiers.

**Magic Bus**
www.magicbusindia.org
Donner des expériences positives aux enfants défavorisés en Inde, grâce au sport.

**Sport Sans Frontières** (Association)
http://www.sportsansfrontieres.org/
Association de solidarité internationale qui met en place des programmes de développement en utilisant le sport comme outil éducatif, thérapeutique et de sensibilisation.

**Work and Box Company**
Élaboration d'un programme de coaching entre employeurs, tuteurs et jeunes délinquants, à travers la pratique de la boxe, pour faire face de façon constructive au problème de la violence dans la société.

## LES ARTS DU CIRQUE

**Cirque du Soleil/cirque du monde** (Association)
http://www.cirquedusoleil.com/fr/about/global-citizenship/default.aspx
L'Association a choisi de s'engager auprès des communautés, et plus particulièrement auprès des jeunes en difficulté. Le Cirque du

soleil se tourne maintenant vers des questions plus globales de lutte contre la pauvreté. En collaboration avec ses partenaires, le Cirque du soleil s'implique dans près de quatre-vingts communautés dans le monde, dans une vingtaine de pays sur cinq continents.

**L'association Caméléon et le cirque Zanzibar**
http://www.cameleon-association.org
Zanzibar est un cirque d'aujourd'hui qui a créé une école de réinsertion par les arts du cirque qui accueille et forme essentiellement un public d'enfants victimes d'inceste, d'abus et de maltraitance, public similaire à celui de l'association Caméléon. Aujourd'hui, les liens qui unissent Caméléon à Zanzibar se resserrent encore un peu avec la naissance d'un grand projet : la création d'une école de cirque aux Philippines et la formation des filles de Caméléon afin qu'elles deviennent, elles-mêmes, formatrices professionnelles, voire peut-être un jour pour certaines artistes de cirque professionnelles.

## LE SOUTIEN PSYCHOSOCIAL

**Antennas for children** (Association)
www.antenasporlosninos.org
L'association développe un programme multimédia qui permet à de nombreux enfants vulnérables d'avoir accès, grâce à l'informatique, à des soins thérapeutiques (une aide par des professionnels dans le domaine de la psychologie).

**Center for victims of torture**
http://www.cvt.org/
L'association propose des programmes de soutien psychosocial aux enfants et adultes victimes de la torture.

**Child soldiers**
www.child-soldiers.org/fr/
L'association propose des programmes de soutien psychosocial aux enfants victimes de la guerre.

**Mobile Schools**
www.mobileschool.org/
Concept éducatif novateur d'écoles mobiles pour développer la confiance en soi des enfants vivant dans les rues et leur donner la capacité de décider de s'en sortir.

**Save the children**
http://www.savethechildren.org.uk
L'organisation propose différents projets, dont des programmes de soutien psychosocial aux ex-enfants-soldats.

**Vivre son deuil (Île-de-France)** (Association)
http://www.vivresondeuil.asso.fr/
L'association organise des ateliers regroupant de quatre à sept enfants dans une même tranche d'âge, trois heures tous les mois pendant six mois. Un atelier est un lieu de rencontres et de partage où l'enfant se confronte à son deuil mais aussi à celui des autres.

**Warchild**
www.warchild.org
ONG (notamment Royaume-Uni, Pays-Bas), qui propose des programmes de soutien psychosocial aux enfants victimes de la guerre.

## L'ÉVEIL À L'EMPATHIE

**Fundación de Investigación y Desarrollo Educativo**
CIDEL (Center for Investigation in Ethical Development)
www.cidelatinoamerica.org
***Gilda Henríquez Darlas (Mexique)***
A conçu un modèle éducatif universel dédié à l'apprentissage de l'empathie et de la compassion. Grâce à ce programme, elle permet aux enfants de quatre à six ans de développer leur potentiel d'empathie et leur donne les clés pour devenir des adultes qui pensent et agissent avec sagesse. Elle développe les facultés d'ouverture d'esprit et de compréhension de soi et d'autrui.

**Papilio.e.V.**
www.papilio.de/download/papilio-englisch.pdf
L'association développe des programmes de « littératie affective » dans des jardins d'enfants (progamme PAPILIO).

## L'INSERTION SOCIALE

**Cap-SAAA**
www.capsaaa.net
Valoriser les personnes handicapées comme acteurs de changement et modèles positifs. Utiliser le handicap comme outil de prévention des comportements à risques, vis-à-vis des jeunes.

**Mozaïk RH**
http://www.mozaikrh.com/
Création du premier cabinet de recrutement et de conseil RH spécialisé dans la promotion de la diversité et prouve que les jeunes diplômés issus des quartiers apportent aux entreprises une nouvelle richesse de talents.

**Rêves de gosse et les chevaliers du ciel** (Associations)
http://www.revesdegosse.com
Projet pédagogique entre des enfants « ordinaires » et « extraordinaires » (malades, handicapés, cabossés par la vie) : faire découvrir les plaisirs du vol en avions légers à des enfants handicapés, malades ou défavorisés mais aussi conduire « ces petits êtres de lumière » vers des enfants bien portants, pour des rencontres durables entre eux. Et chacun découvre les joies de s'accepter et de vivre ensemble pour s'enrichir mutuellement de ses différences.

**Signes de sens** (Association)
www.signesdesens.org/
Il travaille sur l'idée simple que les personnes sourdes, et notamment les enfants sourds, ont des besoins de supports et d'outils pédagogiques adaptés dans l'accès aux savoirs. Il crée pour eux

des supports multimédia, un dictionnaire en langue des signes et propose des espaces communs sourds-entendants pour briser les barrières entre leur monde et celui des entendants.

## L'ÉDUCATION

**Agastya International Foundation**
http://www.agastya.org
Permettre aux jeunes en difficulté d'avoir accès et de découvrir le monde des sciences de façon concrète et vivante.

**Allô Prof**
http://www.alloprof.qc.ca
Ils aident un millier d'enfants chaque soir, qui courent le risque de décrochage scolaire, à bénéficier d'un programme de mentorat bénévole, engageant les étudiants des écoles secondaires à devenir les mentors des élèves des établissements élémentaires.

**ATD Quart Monde** (Association)
http://www.atd-quartmonde.org/fr.html
L'association développe des projets sur le terrain avec des personnes qui vivent en situation de pauvreté. Un des projets consiste à mettre en place une Bibliothèque de rue en Pologne, sur le lieu de vie des familles.

**CINDE** (International Center for Education and Human Development)
http://www.cinde.org.co
Développer l'éducation préscolaire en intégrant les familles et les communautés dans le processus.

**Créajeunes** (ADIE : Association pour le droit à l'initiative économique)
www.adie.org/
Le projet Créajeunes est un programme de formation s'adressant plus particulièrement aux jeunes de dix-huit à trente ans, en situation difficile socialement et financièrement. Il leur propose

des modules collectifs centrés sur la prise de confiance et la connaissance pratique du monde de l'entreprise, puis un accompagnement individuel destiné à les aider à créer une entreprise.

**CRI** (Centre de recherche interdisciplinaire)
Il crée des programmes pilotes d'enseignement scientifique et recherche, fondés sur l'ouverture disciplinaire, qui stimulent l'innovation et la créativité, en les mettant à la portée de tous.

**Dream a Dream**
http://www.dreamadream.org
L'association développe un réseau de bénévoles qui permettent aux enfants vulnérables de s'épanouir en développant leurs aptitudes tant créatives que sportives et émotionnelles, pour leur donner le goût d'apprendre.

**Fondation d'Auteuil** / Les orphelins apprentis d'Auteuil
http://www.fondation-auteuil.org/
Accueillir, former, éduquer, insérer l'enfance en difficulté.

**Going to School (GTS)** (Association)
http://goingtoschool.com/our_story
Association indienne utilisant des supports média innovants pour donner envie aux enfants d'aller à l'école (livres, multimédia, Internet).

**L'enfant@l'hôpital** (Association)
http://www.enfant-hopital.org/
Apprendre autrement : dialoguer par Internet avec des savants et des explorateurs, se former à l'informatique et à la photo numérique, participer à des ateliers d'écriture et de dessin.

**Le Valdocco** (Association)
http://www.le-valdocco.fr/association/
L'association développe une approche intégrale du jeune : il s'agit, pour l'équipe éducative, de saisir le jeune comme étant à la fois enfant de ses parents, élève à l'école et apprenti-citoyen sur l'espace public. Il mène des actions auprès des jeunes en

faveur de la prévention, de l'éducation et de l'insertion professionnelle.

**Mômartre**
http://www.momartre.com/
Elle crée des lieux inédits de prise en charge complète après l'école, favorisant l'épanouissement des enfants, notamment à travers l'art. Tout en assurant une véritable mixité sociale. Une solution de garde d'enfants innovante, des ateliers artistiques, des activités pour les familles.

**Nandala Way Program**
http://www.ashoka.org/fellows
Accompagner les enfants défavorisés *dans leur scolarité* en introduisant à leurs côtés des « tuteurs » dotés d'empathie pour les aider à développer leur potentiel.

**Pour un sourire d'enfant** (Association)
http://pse.asso.fr
L'association a pour objectif d'aider les enfants défavorisés et déscolarisés au Cambodge. Depuis 1996, elle s'occupe particulièrement des enfants chiffonniers de la décharge municipale de Phnom Penh. Si l'on veut sortir un enfant définitivement de la misère, il faut lui donner les moyens de se prendre en charge, c'est-à-dire le scolariser et l'amener jusqu'à un vrai métier grâce à une solide formation professionnelle.

**Unis-Cité**
www.uniscite.fr
En structurant et en valorisant l'engagement civique des dix-huit/vingt-cinq ans depuis 1995, elle leur permet de consacrer un temps de leur vie à l'intérêt collectif, de révéler leur potentiel et de devenir des acteurs de changement sensibles à la diversité. Elle a inspiré le lancement du service civique en France.

## L'éducation à la paix

**Reza Deghati**
http://www.ainaworld.org/
Grand reporter photographe iranien, qui sillonne le monde pour témoigner des tourments et des beautés de l'humanité. En formant aux métiers de l'information et de la communication, il donne aux populations bénéficiaires, particulièrement femmes et enfants, les moyens de contribuer à la reconstruction d'une société civile solide et à la restauration d'un climat pacifique dans les pays en crise ou postcrise.

**Umuseke** (Association)
http://umuseke1.afrikblog.com/
Association rwandaise d'éducation à la paix. Convaincue que le développement durable commence par l'épanouissement personnel, Umuseke élabore des outils pédagogiques innovants à destination des jeunes Rwandais : expositions images/textes, cercles de réflexion, formation d'animateurs… L'association travaille ainsi au recul des idées reçues et autres préjugés transmis aux enfants.

**YEN** *(Youth Empowerment Network )* (Association)
http://www.yen.org.za/
Programme en Afrique du Sud, qui vise à déconstruire la psychologie de l'apartheid chez les jeunes en leur donnant les moyens de revoir la vision souvent négative de leur communauté, qu'ils ont intériorisée. Développer leur capacité à penser de manière indépendante et leur créativité.

## LES DROITS DES ENFANTS

**Kids Company**
www.kidscompany.org
Soutient les enfants très vulnérables, en particulier ceux victimes d'abus et de violence, par une approche émotionnelle et affective

pour les aider à guérir de leurs souffrances et à se réinsérer dans la société.

**Organisation Shaishav**
http://shaishavchildrights.org/
Promouvoir les droits des enfants en Inde.

## Remerciements

Ma plus vive reconnaissance va tout d'abord :

Au père Ceyrac, pour son exemple et l'inspiration qu'il m'a insufflée et à Catherine Courty, mon amie prématurément disparue, grâce à laquelle je suis entrée en contact avec lui et avec l'Inde.

Je tiens aussi à remercier particulièrement tous ceux et celles qui m'ont soutenue et ont eu un rôle significatif dans l'aboutissement de ce livre :

Véronique Stevens, qui, avec sa perspicacité et sa persévérance, son regard plein d'humanisme, sa rigueur, m'a accompagnée sans relâche tout au long de l'écriture ;

Aurélie de Varax qui, par son enthousiasme et ses qualités rédactionnelles, a contribué avec efficacité et dynamisme à l'aboutissement de l'ouvrage ;

Jean-Éric Aubert qui, par sa réflexion et ses encouragements, m'a toujours soutenue dans ce projet, y compris dans les périodes de doute ;

Philippe Porret, qui a su me pousser dans mes retranchements face aux affres de l'écriture et m'a apporté son éclairage précieux dans le domaine de la psychologie ;

Laetitia Adam, qui, grâce à son expérience et sa sensibilité à la cause enfantine, a relu le manuscrit de façon éclairée, attentive et rigoureuse, traquant sans répit les imperfections entre les lignes.

Un immense merci aussi :

À Caroline Simonds, James Sebastine, Marie-Dominique Genoud-Champeaux, David Alan Harris, Gérard Garouste, Maria Schejbal, Mary Gordon, Felicity Simpson, José Abreu, Philippe Oddou, les dix porteurs des projets et leurs équipes, qui ont toujours répondu avec patience et ouverture à mes questions fort nombreuses et parfois mêmes tatillonnes.

Aux personnalités qui ont enrichi ma réflexion au cours d'entretiens personnalisés : Bill Drayton, Serge Tisseron, Boris Cyrulnik, Philippe Valls, Odile Périno, Jean-Louis Reiffers, ou au fil de rencontres plus informelles : Matthieu Ricard, Edgard Morin, Patrick Viveret, Muhammad Yunus, Maria Nowak.

À mon éditeur, Laurent Laffont, qui m'a fait confiance pour mener à bien cet ouvrage.

Aux amis qui, au détour de conversations ou d'expériences partagées en Inde ou en France, m'ont permis d'approfondir mes idées, de mieux comprendre les enjeux planétaires et de partager des rêves de changement, sans oublier ceux que je côtoie régulièrement au sein d'*Ashoka*, de *Phitrust*, du *Club de Budapest* et bien sûr de *Chemins d'enfances*.

À tous ceux qui ont apporté leur contribution par des recherches, traductions ou autres.

Et un merci du fond du cœur :

À ma famille et mes proches qui m'ont permis de puiser, dans leur affection et leur appui sans faille, l'énergie nécessaire pour mener à bien mes projets et en particulier la rédaction de ce livre.

Enfin, ma profonde gratitude s'adresse à tous les enfants, d'ici ou d'ailleurs, qui par leur capacité à surmonter les épreuves, leur spontanéité et leur sourire, ont été un encouragement constant à persévérer.

Pour l'éditeur, le principe est d'utiliser des papiers composés de fibres naturelles, renouvelables, recyclables et fabriquées à partir de bois issus de forêts qui adoptent un système d'aménagement durable.

En outre, l'éditeur attend de ses fournisseurs de papier qu'ils s'inscrivent dans une démarche de certification environnementale reconnue.

CET OUVRAGE A ÉTÉ COMPOSÉ
PAR PCA
ET ACHEVÉ D'IMPRIMER PAR CPI FIRMIN-DIDOT
POUR LE COMPTE DES
ÉDITIONS J.-C. LATTÈS
17, RUE JACOB – 75006 PARIS
EN SEPTEMBRE 2011

N° d'édition : 01 – N° d'impression : 107326
Dépôt légal : octobre 2011
*Imprimé en France*